Knaur

Originalausgabe 1988

Umschlaggestaltung Adolf Bachmann, Reischach
Umschlagfoto Studio Schmatz, Lindach
Satz IBV Satz- und Datentechnik GmbH, Berlin
Druck und Bindung Clausen & Bosse, Leck
Printed in Germany 5 4 3 2 1
ISBN 3-426-03882-X

Ute Reinhart:
Sie ist der Boß,

Karriere-Frauen berichten

auch wenn ich
manchmal Waschmaschinen
im Weg stehen, ... !?!
Ein fröhliches Weihnachts-
fest nachträglich,

Deine
Freundin
Steff

Knaur®

Inhalt

Einleitung

Karriere – welche Frau kann heute schon von sich sagen, sie habe Karriere gemacht? Erfolgreich zu sein ist für Frauen heute zwar nicht mehr ungewöhnlich, ihrem Streben nach Erfolg und Macht haftet jedoch noch immer etwas »Ungehöriges« und »Unerwünschtes« an.
Ungewöhnlich ist es immer noch, weil nur rund 3 Prozent aller Spitzenpositionen in Wirtschaft, Wissenschaft und Politik mit Frauen besetzt sind.
Ungehörig scheint das Erfolgsstreben der Frauen vor dem Hintergrund ihrer »eigentlichen« Bestimmung als Mutter zu sein. Zwar erwartet heute kaum noch einer, daß Frauen sich ausschließlich ihrer Familie widmen – ein bißchen Berufstätigkeit wird ihnen ja zugestanden –, aber die Priorität in ihrem Leben sollte nach herrschender Auffassung nach wie vor die Familie haben.
Unerwünscht ist eine Karriere oder auch beruflicher Erfolg oft genug auch von Frauen selbst, die glauben, dann auf ein Privatleben fast ganz verzichten zu müssen, und Angst davor haben, ihre Attraktivität zu verlieren.
Ein Hindernislauf scheint der Karriereweg für Frauen auf jeden Fall zu sein: Sie müssen gegen die Vorurteile ihrer Umwelt ankämpfen, müssen ihre eigenen, inneren Hemmschwellen überwinden und müssen schließlich, wenn sie auf eine Familie nicht verzichten wollen, die extreme Arbeitsleistung vollbringen, beides gleichzeitig zu schaffen: Haushalt und Kindererziehung auf der einen Seite und die Anforderungen im Beruf auf der anderen Seite.
Diese Frauen fingen an mich zu interessieren, als mir zum

erstenmal in meinem Leben, nach der Geburt meiner Kinder, Benachteiligungen begegneten, die nur in meinem Frausein begründet waren. Kein Ereignis hat meinen Alltag mehr verändert als die Geburt der Zwillinge. War mir vorher die Unterdrückung der Frauen abstrakt als gesellschaftliches Phänomen bewußt, erfuhr ich nun, was sie konkret bedeutet: die Zurückweisung auf ein Arbeitsfeld, das ich mir ursprünglich nicht als solches ausgesucht hatte: nämlich das der Hausfrau und Mutter. Ich versuchte zwar, gegen die Arbeitsbelastung und mein schlechtes Gewissen den Kindern gegenüber anzukämpfen, aber ich stand vor einer grundlegenden Entscheidung: Wo wollte ich in meinem Leben die Prioritäten setzen, im Beruf oder in der Familie?

Beides wird zwar heute von Frauen erwartet, und eine »Nur-Hausfrau« wird erleben, daß sie bei jeder Gelegenheit gefragt wird, ob sie nicht lieber arbeiten gehen wolle. Aber diese Frage ist heimtückisch: Sie signalisiert nur scheinbare Emanzipation. Die Entscheidung der Frauen für ihre Familie wird vorausgesetzt, der Beruf dient dann nur noch der Komplettierung ihrer Selbstverwirklichung. Die Emanzipation oder Selbstverwirklichung der Frauen von heute wird gleichgesetzt mit dem doppelten Kompromiß: ein wenig Beruf, ein wenig Familie – und die beiden anderen Extreme werden mitleidig oder mißgünstig betrachtet.

Ich begann mich zu fragen, wie es die erfolgreichen Frauen geschafft hatten: Sie hatten ja nicht nur ihren inneren Konflikt um die Verantwortung den Kindern und ihren eigenen Berufswünschen gegenüber gelöst und die Prioritäten in ihrem Leben konsequent gesetzt, sondern sie hatten es zudem noch geschafft, sich innerhalb ihres Berufes durchzusetzen, und sich nicht abschrecken lassen

von männlichen Vorurteilen und weiblichen Mahnungen. Denn auch das wurde mir immer bewußter: Weibliche Karrieren sind auch von vielen Frauen unerwünscht.
Schon das Wort »Karriere« löst – auch in bezug auf Männer – bei vielen nur negative Assoziationen aus: Menschen, die auf Karrieren erpicht sind, wird sofort unterstellt, sie seien nicht nur skrupellos, sondern auch ausschließlich an äußeren Erfolgen interessiert. Karrierefrauen wird gleich ein ganz besonderes Verhältnis zum männlichen Geschlecht nachgesagt. Dokumentiert ist das negative Image im deutschen Umgangssprachenlexikon, das von »Wer A sagt, muß auch Limente sagen« bis »Zypresse = Beischlafdiebin« alle Anzüglichkeiten des deutschen Wortschatzes enthält. Hier wackelt entweder die zickige »Karrieregans« allein durchs Leben, oder die etwas schnuckligere »Karrieremieze« klettert mit ihrem »Karrierebusen« durch verschiedene Betten die Leiter nach oben. »Karrierekurven« werden diesen Frauen nachgesagt, aber sie müssen trotzdem froh sein, wenn sie einen Mann »abkriegen«, und dieser kann – nach herrschender Meinung – nur ein »Karrieremuffel« sein, ein Held in Pantoffeln: Denn täten sie sich mit dem »Karrierehengst« zusammen, kämen vielleicht reinrassige Fohlen dabei heraus – aber wer sollte sie aufziehen?
Erfolgreiche Frauen sind keine Vorbilder für andere Frauen, haben keine »Seilschaften«, keine Nachahmerinnen – und das liegt nicht nur an den Männern. Viele Frauen setzen Karriere gleich mit dem Erlernen von Fähigkeiten, von denen sie glauben, sie seien »unweiblich«. Die Angst vor Attraktivitätsverlust und auch davor, den Partner zu verlieren oder erst gar keinen Partner zu fin-

den, treibt sie in den doppelten Kompromiß. Andere lehnen von vornherein das »Nachahmen männlicher Normen und männlichen Denkens« ab und verklären den Rückzug von Frauen ins Privatleben als die neue, weibliche Lebensqualität.

Ich beschloß, erfolgreiche Frauen zu fragen, wie sie die Probleme gelöst haben: den Konflikt zwischen Beruf und Familie, wie sie sich selbst als Frauen in der Männerwelt empfunden haben, ob und wie sie sich selbst veränderten, wie sie ihre Ängste vor Niederlagen, Rückschlägen und Unvermögen überwunden und wie sie die äußeren Belastungen bewältigt haben – die Vorurteile, Benachteiligungen, die Konkurrenz und nicht zuletzt die doppelte Arbeit als Mutter und berufstätige Frau.

Ich wollte den Preis, den sie für ihr engagiertes Arbeiten zahlen mußten, und die Rahmenbedingungen kennenlernen, unter denen sie ihre Entscheidungen getroffen haben. Ich wollte wissen, ob sie den Weg bereuen, den sie gegangen sind, oder ob sie sich heute noch einmal so entscheiden würden.

Ich beschloß, das Wort Karriere zu vermeiden oder allenfalls in Anführungsstrichen zu verwenden, denn wer würde sich freiwillig damit identifizieren? Die Reaktion der Frauen, die ich anschrieb, gab mir recht: Sie hätten keine »typische« Karriere gemacht, sie könnten kein Vorbild für andere Frauen sein, weil sie ihren Erfolg nicht geplant hätten und deshalb ihr Weg mit anderen nicht vergleichbar sei. Und die Interviews bestätigten, was ich vermutet hatte: Der Weg dieser Frauen ist nicht durch Streben nach äußeren Statussymbolen gekennzeichnet, sondern in erster Linie durch ihren Wunsch nach einer für sie interessanten und inhaltlich befriedigenden Arbeit. Aber noch eins zeigten sie mir, nämlich

daß diese Frauen in keiner Weise einem stupiden Vorurteil über »Karrierefrauen« entsprechen. Es sind Frauen, die den Eindruck vermitteln, zu sich selbst gefunden zu haben, die mitten im Leben stehen, in ihrer Arbeit engagiert sind, ihre Schwierigkeiten nicht verleugnen, aber auch nicht überbewerten – und die am wenigsten Verständnis für jene latente Unzufriedenheit haben, die ihrer Meinung nach viele Frauen auszeichnet, denen bisher der Mut zu konsequenten Entscheidungen fehlte.
Sie wollen anderen Frauen helfen, den Mut zu entwikkeln, aus einem traditionellen Frauenleben auszubrechen, und ich möchte ihnen an dieser Stelle danken für ihre Bereitschaft, öffentlich über ihre Erfahrungen zu berichten. Dies ist nicht selbstverständlich, im Gegenteil. Wer weicht schon gern freiwillig ab von dem Image der »Superfrau«, wer gibt gern Fehler oder Schwächen zu und beschreibt Schwierigkeiten? Humor gehört dazu, eine kritische Distanz zum eigenen Arbeitsumfeld und der Wille, anderen Frauen einen Einblick in die Machbarkeit des Erfolgs zu geben.
Ich habe neunzehn Frauen aus den unterschiedlichsten Berufen für dieses Buch interviewt, und zehn von ihnen waren schließlich bereit, das Gespräch in diesem Buch veröffentlichen zu lassen. Für mich war das Kriterium für die Auswahl der Frauen, daß sie eine Position bekleiden, die auch für Männer einen beruflichen Erfolg dargestellt hätte – es ging mir also um Frauen in Spitzenpositionen und nicht um Frauen in ungewöhnlichen oder sogenannten »Männer«-Berufen.
Mir persönlich haben die Gespräche Mut gemacht, weil sie mir gezeigt haben, was Frauen alles leisten können, wenn sie nur den festen Willen dazu aufbringen. Diese Frauen sind nicht in den täglichen Problemen »unterge-

gangen«, sondern haben ihre langfristige Perspektive im Auge gehabt, und sie haben sich durch die Erwartungen ihrer Umwelt nicht in ihren eigenen Bedürfnissen und Zielen verunsichern lassen.

Ich wollte mit diesem Buch die Erreichbarkeit von Erfolg für Frauen aufzeigen und gleichzeitig die Rahmenbedingungen ausleuchten, unter denen dies heute möglich ist, um anderen Frauen die eigenen Entscheidungen zu erleichtern. Ich will jenen Frauen Mut machen, die vor der Frage stehen, ob sie durch die Übernahme neuer Aufgaben im Beruf ihre Familie überfordern, oder die durch Vorurteile und scheinbar mangelnde Aufstiegschancen verunsichert sind und sich fragen, inwieweit es sich lohnt, ihr Engagement aufrechtzuerhalten. Ich denke, daß es wichtig ist zu wissen, daß man sich heute für eine engagierte Berufstätigkeit entscheiden kann, aber daß es auch nötig ist zu wissen, was für einen Preis man dafür zahlen muß. Eine Tatsache sollten wir allerdings auf keinen Fall vergessen: Je mehr Frauen Spitzenpositionen in Wirtschaft, Wissenschaft und Politik besetzen werden, desto selbstverständlicher wird ein engagiertes Arbeiten für Frauen werden, und desto kleiner wird auch der Preis ausfallen, den sie dafür zahlen müssen.

GESPRÄCHE

Angelika Pohlenz, 37, ist der erste weibliche Bundesvorsitzende der Wirtschaftsjunioren. Im »Privatberuf« Prokuristin bei der Deutschen Bank, entschied sie sich während ihrer Schwangerschaft zur Kandidatur. Heute ist ihre Tochter ein Jahr alt, und die anfängliche Skepsis: »Wie schafft sie das bloß?«, ist gewichen. Sie selbst sagt von sich, daß sie Streß als Motivation empfindet und nichts mehr fürchtet als einen leeren Schreibtisch oder einen Arbeitsplatz, der nur Routine erfordert.

Mein Mann und ich haben uns lange vorher darüber unterhalten, ob ich kandidieren soll oder nicht. Wir waren uns einig, daß die Organisation stimmen muß. Ansonsten hat er gesagt: »Mach das, das finde ich toll!« Aber gewisse Prämissen müssen natürlich erfüllt sein. So haben wir, als unsere Tochter drei Monate alt war, ein Haus- und Kindermädchen engagiert, eine sehr ruhige und nette junge Frau, die so etwas wie eine zweite Mutter für unsere Tochter geworden ist. Da ich zur Zeit sehr viel für die Wirtschaftsjunioren unterwegs bin, kann mein Mann eben erst aus dem Haus gehen, wenn das Mädchen da ist, und er muß abends rechtzeitig zurücksein, wenn sie ihren Feierabend hat. Das ist für ihn nicht immer einfach, denn auch er hat relativ viel zu tun. Das schlaucht teilweise ganz schön, aber es macht uns beiden auch Spaß.
Unsere beiden Berufe treffen sich ganz gut. Er ist stellvertretender Leiter des Liegenschaftsamtes in Wiesbaden und von daher ortsgebunden. Wenn er auch in der Industrie tätig wäre und sehr viel reisen müßte, gäbe es sicherlich sehr viel mehr Probleme. Früher sind wir natürlich öfter zusammen gereist.
Eine Menge Verständnis bei ihm rührt sicher daher, daß er seinen beruflichen Weg nicht als Beamter gestartet hat, sondern in der Wirtschaft anfing. Zudem hat er noch das Glück, daß in seinem Amt eine wirtschaftliche Denkungsart herrscht, er also nicht nur Schreibtischtäter ist.
Wenn wir weiter wegfahren – und es machbar ist –, nehmen wir unsere Tochter mit. Im Herbst waren wir in Kanada auf dem Weltkongreß der JCI. Da hatte ich sie mit. Tagsüber mußte mein Mann auf unsere Tochter aufpassen. Abends bin ich bei ihr geblieben, und er konnte dann zu den Festen und Parties gehen. Teilweise fanden die Aktivitäten auch in dem Hotel statt, in dem wir wohnten,

so daß wir sie einfach im Zimmer lassen konnten. Da sie nachts durchschläft, ist das ziemlich unkompliziert. Ab und zu habe ich nach ihr gesehen, und wenn sie schlief, konnte ich wieder gehen. Wenn sie so ganz klein sind, ist es kein Problem.
Wir haben immer gesagt, es sind zwei Komponenten wichtig: erstens die eigene Atmosphäre zu Hause und zweitens die gewohnten Personen. Wenn eine der beiden Komponenten erfüllt ist, dann geht es. Zu Hause hat sie entweder unser Mädchen, meinen Mann oder mich, unterwegs immer einen Elternteil um sich.

Haben Sie es sich während der Schwangerschaft anders vorgestellt?
Ja. Die Frage der körperlichen Verfassung habe ich mir ganz anders vorgestellt. Ich habe nicht geglaubt, daß es so anstrengend ist. Nach zwei Monaten ging ich ziemlich auf dem Zahnfleisch, einfach weil man es nicht gewohnt ist. Ich verkrafte einen harten Arbeitstag, der kann ruhig bis spätabends gehen, körperlich leichter, als den ganzen Tag mit meiner Tochter zusammenzusein. Nun haben wir sie ja nicht bekommen, als ich jung war, so daß es von daher vielleicht auch schwieriger ist.

Man hört häufig, daß unter den jungen Eltern nach der Geburt eines Kindes Konkurrenz ausbricht. Können Sie das nachempfinden?
Ich finde es verständlich. Das habe ich mir auch anders vorgestellt. Als Mutter fühlt man sich doch mehr für das Wohl des Kindes verantwortlich und gibt manchmal mehr nach und sagt: Nein, heute gehen wir nicht weg. Vielleicht hat man doch eine andere Bindung an das Kind als ein Mann, egal, ob er sich viel oder wenig um ein Kind

kümmert. Mein Mann kümmert sich sehr viel um unsere Tochter, aber ängstlicher bin ich, und ich stecke auch eher mal für mich zurück. Es ist nicht unbedingt von Übel, aber es hemmt natürlich viele Frauen, beides, Beruf und Familie, zu betreiben. Auf der anderen Seite wird es in einer normalen Ehe ja vorausgesetzt. Das ist eben der Denkprozeß, der nicht abgeschlossen ist.

Merken Sie das an den Reaktionen der anderen auf Sie?
Ja. Im Vorfeld meiner Kandidatur war es allerdings wesentlich stärker als heute. Besonders die Frauen konnten nicht begreifen, daß ich gesagt habe: Ich mache es. Die Männer meinten, es ginge vielleicht nicht gut, weil ich doch irgendwann die Priorität in der Familie sähe. Meines Erachtens können Sie das nur auflösen, indem Sie vormachen, daß es geht. Mehr Kritik habe ich von den Frauen bekommen. Die konnten das einfach nicht verstehen. Vielleicht gefährdete es auch ihre eigene Legitimation, ich weiß es nicht. Die Männer sagten nur immer: Was machst du, wenn dein Kind todkrank zu Hause liegt, und du hast eine Podiumsdiskussion? Dann fährst du doch da nicht hin. Meine stereotype Antwort auf diese Frage war immer: Wenn ein Kind todkrank zu Hause liegt, fährt auch ein guter Vater nicht weg. Insofern stellt sich für mich dieses Problem gar nicht. Und wenn mein Kind Schnupfen hat oder Masern, ist es für mich kein Grund, Termine abzusagen. Als Mann sieht man eben gern noch aus der Tradition heraus die Rolle der Mutter am Bett des Kindes. Das wird sich ändern, wenn sie sehen, es geht, ohne daß ein Kind darunter leidet.

Für die Wahl hat diese Problematik aber offensichtlich keinen Ausschlag gegeben?
Es war schon aufregend. Nachdem viele gesagt haben: Das kann doch nicht gutgehen, das wirst du auch am Wahlergebnis merken, zuckt man doch so einen Moment zurück. Aber ich habe gesagt: Es ist meine Entscheidung und die meines Mannes und von mir, ob ich kandidiere, und nicht die von irgendwelchen Junioren. Ich kann nicht mehr machen, als mich zu präsentieren und zu sagen, was ich mit diesem Amt machen will. Auf der Konferenz selbst waren die Reaktionen eigentlich genau umgekehrt. Es gab sehr viele Leute, die sagten: Klasse, endlich mal eine Frau! Es schlug mir sehr viel Wohlwollen entgegen. Das merkte man auch, als ich nach vorne ging, um die Wahl anzunehmen, das war ein sehr nettes Erlebnis. Natürlich sind nach der Wahl erst mal alle neugierig, die Junioren, die Leute hier im Haus oder in den Kammern, was ich für ein Typ bin. Das bleibt nicht aus. Aber man wird vollkommen akzeptiert, denn nach dem ersten neugierigen Moment zählt nur, ob Sie das so bringen, wie es sein soll.

Was war für Sie die Motivation, sich bei den Wirtschaftsjunioren zu engagieren?
Es ist bei mir ein Prozeß gewesen, der sich über ein paar Jahre hinweg erstreckt hat. Ich bin damals nach Wiesbaden versetzt worden, und ich kannte keinen in der Stadt. Ich kannte zwar meinen Mann schon, aber ich war nicht unbedingt darauf erpicht, über seinen Bekanntenkreis meine ganze Freizeit abzudecken. Ich wollte gern etwas Interessantes machen, wo ich etwas lernen konnte, sowohl für mich als auch für den Beruf, und so bin ich auf die Wirtschaftsjunioren gestoßen. In Absprache mit mei-

ner Firma habe ich mich angemeldet. Und kaum lag mein Anmeldeformular bei denen auf dem Tisch, fragten sie auch schon, ob ich nicht Interesse an Mitarbeit hätte, auch im Vorstand. Wenn ich so etwas mache, will ich natürlich auch mitarbeiten. So habe ich gesagt, daß ich gern Aufgaben übernehme, und dann ging es sehr schnell. Nach einem Jahr war ich im Vorstand von Wiesbaden, nach einem weiteren Jahr im Landesvorstand Hessen, und über die Arbeit im Landesvorstand bin ich in den Bundesvorstand hineingewachsen. Dann kam eben eines Tages die Frage: Willst du nicht für den Bundesvorsitz kandidieren?

Und es macht Ihnen Spaß?
Ja. Man muß dazu sagen – wahrscheinlich werden Sie das viel bei Frauen erleben, die sich sehr engagieren –, daß ich im Prinzip Streß nicht als Belastung, sondern als Motivation empfinde. Manchmal wünscht man sich schon, es wäre weniger Arbeit, aber ohne immer wieder die Herausforderung zu haben, ist man eigentlich nicht zufrieden. Ich glaube, das ist eine menschliche Seite bei Leuten, die sich mehr als üblich engagieren. Man kann Streß so oder so definieren. Für mich gibt es nichts Schlimmeres, als an einem Arbeitsplatz zu sitzen, an dem ich nur Routine machen muß. Aber diese Eigenschaft ist auch unabhängig vom Geschlecht. Ich kenne eine Menge Kollegen, die auf derselben Ebene arbeiten wie ich. Da gibt es viele, die es nicht durchstehen und immer hoffen, daß ihnen andere das nächste Problem abnehmen.

Hatten Sie mal das Gefühl: »Hoffentlich schaffe ich das!«?
Die Frage an sich selber, schaffst du das, packst du das, die kommt eigentlich automatisch. Das war im Vorfeld zu

meiner Kandidatur, das war bei meiner Vorstellung in Saarbrücken vor der Wahl, das ist auch jetzt immer noch vor jeder neuen Sache. Das ist auch richtig so, finde ich. Aber trotzdem lasse ich mich nicht davon verrückt machen. Ich hole mir irgendwo schon die Rückendeckung. Das fängt an in der eigenen Familie, daß man fragt: »Meinst du, ich pack' das?« Und wenn er dann sagt: »Du wirst es schon machen«, gibt es einem Sicherheit. Auch hätte unser Haus mich sicherlich nicht so freizügig behandelt, wenn sie nicht geglaubt hätten, daß ich das ohne Schande für die Firma mache. Außerdem bin ich optimistisch, von Natur aus. Selbst wenn es mal schiefgeht, werde ich meinen Kopf nicht dabei verlieren, denn ich sage mir: Fehler machen wir alle. Ich bin so aufgewachsen: Wenn man einen Fehler macht und sich erwischen läßt, muß man auch die Konsequenz tragen. Wenn man dazu nicht steht, dann macht man lieber gar nichts.

Was hatten Sie als junges Mädchen für eine Vorstellung von Ihrem Leben: Wollten Sie immer berufstätig sein, oder glaubten Sie, Sie würden mit Heirat und Familiengründung aufhören zu arbeiten?
Berufstätigkeit war für mich nie in Frage gestellt. Früher hätte ich es vielleicht nicht immer ausgeschlossen, daß ich, wenn ich heirate, aufhöre zu arbeiten. Aber in dem Moment, in dem ich berufstätig war, war das für mich nie mehr eine Frage. Mir hat der Beruf immer Spaß gemacht, und ich habe nie die Notwendigkeit gesehen aufzuhören. Natürlich, wenn man jetzt drei, vier Kinder hätte, dann wäre die Überlegung eine andere. Aber dadurch, daß ich erst im vorigen Jahr meine Tochter bekommen habe, haben wir gesagt: Da findet sich eine Lösung. Vielleicht auch ein bißchen bedingt dadurch, daß ich in einem

Haushalt aufgewachsen bin, wo meine Mutter zwar nicht berufstätig, aber sehr viel mit meinem Vater unterwegs war, und wir auch immer jemand im Haus hatten. Dadurch kannte ich das.
Mein Vater war im Vorstand einer AG aus der Textilbranche und mußte dadurch beruflich viel reisen. Meine Mutter ist sehr häufig mitgefahren. Wir sind dann von der Großmutter oder vom Mädchen zu Hause betreut worden, so daß ich wußte, es ist nicht nötig, daß die Mutter permanent im Hause ist. Wir waren fünf Kinder, und wir haben das nicht als Mangel empfunden. Das prägt natürlich. In dem Bekanntenkreis meiner Eltern haben die Frauen eigentlich alle nicht gearbeitet, und trotzdem haben sie eben nicht wie eine Glucke zu Hause gesessen, sondern sind im Betrieb des Mannes dabeigewesen oder haben gesellschaftliche Verpflichtungen gehabt. Es war früher in bestimmten Kreisen gang und gäbe, daß die Frau eben den gesamten gesellschaftlichen Teil abdecken mußte. Dann habe ich noch das Glück gehabt, daß meine Großmutter sich sehr stark sozialpolitisch und politisch engagiert hat. Da bekam man es einfach vorgeführt. Sie war im Stadtrat, dann im Landtag, und schließlich sogar im Bundestag. Mein Vater ist auch in der Verbandsarbeit stark engagiert. Da bekommen Sie natürlich auch das eine oder andere an Erfahrung mit, was einem selbst den Schritt relativ leicht macht.

Sie haben als Trainee angefangen. Waren Sie damals die einzige Frau?
Nein. Zu meiner Zeit wurden sechzig Trainees im Jahr eingestellt. Zwanzig Trainees wurden nach einem Jahr zu einem Trainee-Kurs zusammengefaßt, und in meinem Kurs waren sechs Frauen.

Ich weiß aus Gesprächen mit dem verantwortlichen Personalmann, daß man gern mehr Frauen einstellen würde, daß man aber nicht genug gute (und mobile) findet. Insgesamt schneiden Frauen bei ihren Bewerbungen in unserem Hause wohl schlechter ab als Männer. Es gibt ein paar Highlights, aber im übrigen...

Nach welchen Kriterien?

Es gibt ja zwei Dinge. Die Examina machen die Frauen im Schnitt besser. Dann kommt das persönliche Gespräch, und da wird im Grunde genommen auf Flexibilität, auf Mobilität Wert gelegt. Es gibt Frauen, die nur da eingesetzt werden wollen, wo ihr Freund oder Mann ist. Sie können ja auch nicht ausschließen, daß Kinder kommen, dann wird es noch schwieriger. In einem Hause wie dem meinen müssen Sie ja mit einer Versetzung rechnen. Ich habe z. B. in Mainz angefangen, bin dann nach Freiburg gegangen, war kurz in Luxemburg und Offenbach, dann in Wiesbaden und danach über eine Station in Mainz in der Zentrale, wo ich jetzt mein Büro habe. Wenn ich nicht verheiratet wäre, dazu mit einem Mann, der beruflich sehr statisch ist, dann wäre es sicherlich keine Frage, daß ich noch manches Mal räumlich versetzt würde. Da haben es Männer heute doch noch einfacher, obwohl viele von ihnen auch statisch geworden sind. Sie finden heute kaum noch Leute, die bereit sind, ins Ausland zu gehen. Natürlich spielen oft familiäre Zwänge eine Rolle. Ich habe das jetzt erst wieder erlebt, als ein Mann versetzt werden sollte, dessen Frau Lehrerin ist. Da nicht klar war, ob sie von Bundesland zu Bundesland tauschen könnte, sagte er nein. Es ist auch eine Frage der Priorität, die man setzt. Für die Frau ist so eine Entscheidung noch schwerer. Die Ehemänner sind ja zumeist äl-

ter und dementsprechend beruflich weiter in der Karriere. Und dann zu sagen: O.K., ich verzichte jetzt zugunsten eines Gleichziehens durch sie auf ein Stück meiner eigenen Karriere, das ist fast unmöglich.
Es gibt auch noch eine andere Einstellung, die mir schon begegnet ist. Wenn Ihnen ein Personalchef beim Versetzungsgespräch sagt: Wo steht eigentlich Ihr Mann in der Hierarchie? Was, Sie sind auf der gleichen Stufe? Dann müssen wir ja dafür sorgen, daß Sie keine Karriere machen, sonst gibt es ja Familienprobleme. Sie können sich vorstellen, daß man bei so etwas ganz schön mit den Zähnen knirscht. Mich hat diese Aussage ganz schön umgehauen. Meine Antwort war dann, daß das ja dann wohl meine Probleme seien. Gott sei Dank werden solche Einstellungen durch Pensionierungen weniger, aber man wundert sich doch, wie teilweise 28-, 29jährige Männer ihre Kolleginnen anfauchen, was sie hier eigentlich wollten, sie nähmen doch nur einem Mann den Platz weg.
Je mehr Frauen sich engagieren, desto stärker wird die Konkurrenz. Und das nicht nur untereinander, sondern auch den Männern gegenüber. Solange man uns noch nicht als Konkurrentinnen ansieht, ist man lieb und nett. Sobald aber der Konkurrenzgedanke auftaucht und die Herren mitkriegen, daß man eventuell besser ist als sie, wird natürlich mit Händen und Füßen gearbeitet.
Es gibt genügend Frauen, die sagen: Ich habe sowieso keine Chance. Die nicht die Zähne zeigen, sondern jammern: Um Gottes willen, wo bin ich hier gelandet. Ich versuche immer, wenn ich mal solch einer Kollegin begegne, sie wieder aufzubauen. Denn ich sehe das nun mal anders. Wenn mir einer dumm kommt, komm' ich ihm auch dumm.

Das schafft keine Nachteile?
Aggressivität kann man auch wieder abbauen. Als ich in meiner Position als Firmenkundenbetreuerin angefangen habe, gab es einige, die komisch geguckt haben. Man kann das auf nette und freundliche Art aus dem Weg räumen. Man muß eben auf die Leute zugehen. Das erstaunt schon mal, denn die meisten Männer kämpfen nur für sich. Um Gottes willen kein Teamwork! Das habe ich nie verstanden. Genauso wie ich nichts davon halte, wenn man immer nur so tut, als ob man alles allein gemacht hätte. Es ist nicht nur ehrlicher, sondern auch hilfreicher, wenn man zugibt, daß und wer bei der Arbeit geholfen hat. Das haben viele noch nicht kapiert. Oder zu sagen: O.K., machst du mir das, mach' ich ein anderes Mal etwas für dich. Auch mal hilfsbereit zu sein und nicht immer nur zu sagen: Ich habe keine Zeit.
Mal lachen können, die Atmosphäre auflockern, das können Sie wahrscheinlich als Frau eher. Kumpanei gibt es unter Männern auch, aber die hört in dem Moment auf, wo es um den eigenen Machtbereich geht. Oder mal mit dem Vorgesetzten ein offenes Wort reden, das ist für einen Mann sehr schwer. Das können Sie als Frau für meine Begriffe wesentlich leichter.

Woran liegt es?
Es gibt sicherlich einen Punkt, der sehr traditionell ist, der aber sein Gutes hat. Zwischen Männern und Frauen herrscht eine Höflichkeit, die unter Männern nicht üblich ist. Wenn Sie einen Vorgesetzten haben, der leicht aus der Haut fährt, der brüllt einen Kollegen eher an als eine Frau. Da können Sie viele Sachen auch mal mit einem freundlichen Lächeln verkaufen. Sie dürfen keine Angst haben. Sie müssen auch mal zu einem Vorgesetzten ge-

hen und sagen: Das mache ich nicht, das halte ich nicht für richtig. Sie müssen allerdings gute Argumente haben. Entweder hat er dann bessere, oder Sie müssen ihm klarmachen, daß es hier nur um die Befehlsgewalt geht, der Sie laut Arbeitsvertrag nachgeben müssen. Dann überlegt er sich schon, ob er nur seinen Willen durchsetzen will. Das zahlt sich auf Dauer aus. Ein Vorgesetzter, der sieht, daß der Mitarbeiter seine eigenen Ideen hat und sich auch argumentativ dahinterstellt, hat letztlich von ihm viel mehr als von einem, der immer nur Befehle ausführt.
Herr Dr. Commer vom DIHT hat in seinem Buch »Die Unersetzbaren« die Menschen in der Wirtschaft in bestimmte Kategorien aufgeteilt. Die Mehrheit, mit 80 Prozent sind die sogenannten Billardkugeln, also Leute, die man immer anstoßen muß. Die funktionieren dann zwar, aber man muß vorher mit dem Anstoß auch immer die Richtung angeben. Die meisten Mitarbeiter sind halt nun mal Billardkugeln. Wenn man sagt: Mach das, dann funktioniert das auch. Von der anderen Sorte gibt es eben nur einen kleinen Prozentsatz. Und von denen braucht man ja auch nicht so viele. Ich habe in meinem Büro auch schon gesagt: Ich brauch' keine Häuptlinge, ich brauch' mehr Indianer.

Wie gehen Sie mit Konkurrenzsituationen um?
Man sieht schon, daß Männer schneller in der Hierarchie aufsteigen. Daß es für einen Mann manchmal einfacher ist, empfinde ich nicht so. Man muß natürlich unterscheiden zwischen der Gesamtkonkurrenz im Hause und der am eigenen Arbeitsplatz. Letztere sind Leute, die das gleiche machen wie ich und genauso um ihren Aufstieg kämpfen, also die gleichen armen Würstchen.

Ich halte – wie gesagt – mehr vom Miteinander. Wenn es mal darum geht, etwas durchzusetzen, dann bleibt nur die sachliche Seite, bessere Argumente zu haben, und ansonsten sehe ich das Problem nicht. Für mich ist das sowieso eher ein Krampf. Vor allen Dingen dann, wenn man sich darauf zurückzieht: Ich habe es schwerer, weil ich eine Frau bin. In dem Moment, wo man diese Einstellung hat, hat man es auch schwerer.

Man sieht überall nur noch Fallstricke?
Ich gehe davon aus, ich habe es genauso schwer wie ein Mann. Auf manchen Gebieten habe ich es leichter, ich kann mir eher ein offenes Wort erlauben, bei mir nützt auch ein freundliches Lächeln mal was. Wenn man merkt, es wird emotional, dann muß man sich selber halt ein bißchen in der Hand haben. Man kann auch einem Mann sagen: »Wissen Sie, bisher dachte ich immer, Frauen seien emotionaler, aber jetzt habe ich das Gefühl, daß das hier falsch verteilt ist«. Dann hört das ganz schnell wieder auf. Wenn man ein bißchen pessimistisch veranlagt ist, kommt man da nie hin. Die Frauen, die ich kenne, die sich in der Wirtschaft ein bißchen nach oben gearbeitet haben, die haben auch fast alle einen ganz gesunden Optimismus. Man muß von dem, was man macht, überzeugt sein und sich nicht unterbuttern lassen.

Ist jemals Ihre Kompetenz in Sachfragen angezweifelt worden?
Mein Aufgabengebiet war ja die Firmenbetreuung, und wenn Sie zu einem Kreditgespräch gehen, wird eigentlich zu Anfang immer die Frage gestellt: Können Sie das denn entscheiden? Da muß man einfach »ja« sagen. Ich habe genau die gleichen Kompetenzen gehabt wie die männlichen Kollegen auch.

Das macht einen innerlich nicht kribbelig?
Nein. Wahrscheinlich weil man mit der Einstellung hingeht, sie wissen es nicht besser. Ich habe ja in meinem Beruf fast nur mit Männern zu tun, und die Neugierde, wer kommt denn da, die nutzt man eigentlich aus, um einen Fuß in die Tür zu kriegen. Ich sage mir, wenn ich die nicht innerhalb von ein oder zwei Gesprächen überzeugen kann, daß ich der richtige Gesprächspartner für sie bin, dann werde ich das auch in zehn Jahren nicht schaffen. Aber ich sehe auch, daß männliche Kollegen an Kunden scheitern, weil sie nicht akzeptiert werden. Ein dickes Fell muß man in diesem Geschäft sowieso haben. Man darf es nicht persönlich nehmen, es ist auch meistens nicht persönlich gemeint.

Sie meinen, die meisten Männer haben Vorurteile gegenüber Frauen, und wenn sie Ihnen begegnen, reagieren sie entsprechend ihrer Vorurteile und nicht auf Sie persönlich?
Ja, genau. Ich habe es nur ein einziges Mal erlebt, daß jemand gesagt hat: »Mit Ihnen möchte ich nicht zusammenarbeiten.« Ich meine, welcher Geschäftsmann legt schon gern seine innersten Zahlen offen, und die dann einer Frau offenzulegen, war für den undenkbar. Aber ansonsten war es immer eine Frage des Kennenlernens.

Wie gehen Sie damit um?
Man darf nicht beleidigt sein. Ich habe gesagt: O.k., wir haben auch noch ein paar Männer im Haus, ich schicke Ihnen einen. Da kommt man abends nach Hause und sagt: Das war heute ein Ding! Aber das vergißt man auch wieder. Ich kenne auch Kollegen, die sagen: Also, mit dem komme ich nicht zurecht. Die persönliche Sympa-

thie spielt ja in jedem Dienstleistungsbereich eine unheimliche Rolle. Ich kann es mir nicht leisten, jemanden als Kunden unsympathisch zu finden, der Kunde ist König.

Hat man als Frau auch Zugang zu dem informellen Beziehungssystem in so einer Firma?
Ich glaube, da gibt es im Prinzip keinen Unterschied. Sämtliche Trainees haben als Trainees der Zentrale angefangen, und das ist quasi das Potential, das die Bank hat, um über Jahre hinweg Führungspositionen zu besetzen. Diese Leute werden immer beobachtet, weil gerade diese Leute auch nicht immer nur in einer Filiale sind. Ich hatte nun immer Kontakt zu den Zentralleuten, weil ich Direktionsassistentin in Freiburg war. Es liegt an einem selbst, nicht in Vergessenheit zu geraten. Wenn man meint, man hat etwas gut gemacht, muß man das in die entsprechenden Kanäle hineinschieben, das gehört zur Konkurrenz dazu. Und in so einem großen Haus ist das besonders wichtig. In einem kleinen Haus, da sieht der Chef das schon, aber in einem Haus mit 38000 Beschäftigten im Inland, müssen Sie schon ab und zu mal »Hier!« schreien. Da müssen Sie Wünsche anmelden und nicht denken, die werden das schon richten. Wenn ich einen Mitarbeiter habe, der mit allem, was ich für ihn tue, zufrieden ist, habe ich keinen Anlaß, mich krummzulegen und für den noch mehr rauszuholen. Man muß schon mal selbst sagen: Das war mir nicht genug. Oder: Ich seh' noch andere Chancen für mich.
Haare auf den Zähnen kriegen Sie sowieso. Das bleibt nicht aus. Aber man kann trotzdem noch Frau dabei bleiben. Nur gibt es nachher viele, die an der Spitze stehen, bei denen spüren Sie nichts Weibliches mehr. Ich finde,

das ist sehr schade, das sollte nicht sein. In seinem Beruf muß man sehr hart sein, das versteht sich von selbst, aber wir haben nun mal die Chance, anders auf Menschen zuzugehen und auch im Führungsstil ein bißchen anders zu sein als Männer, und das laß ich mir nicht nehmen. Zum Beispiel ist es immer so gewesen, daß ein Vorgesetzter Befehle austeilt, und davon halte ich nichts. Ich kann mit einem viel besseren Ergebnis einem Mitarbeiter sagen: Machen Sie das bitte, ich glaube, das wäre richtig, als wenn ich sage: Das wird jetzt so gemacht.

Ist es nicht eine Generationsfrage?
Es ist sehr personenabhängig, und ich glaube, daß eine Frau weniger Probleme hat, es so zu machen, es sei denn, sie hat eine Profilneurose. Ich sehe das ja bei gleichaltrigen Männern. Wenn die mal einen unter sich haben, hat der nichts mehr zu lachen. Vielleicht hat man als Frau ein bißchen mehr Gefühl dafür, daß man das selber an sich nicht so gern hätte. Das passiert mir auch schon. Wenn ich merke, daß ich mit Freundlichkeit nicht durchkomme, dann befehle ich auch.

Was war für Sie das Schwierigste?
Etwas, was nach wie vor für mich sehr schwierig ist: die Notwendigkeit, sich intern zu verkaufen. Ich meine, ich habe keine Probleme, zu meinem Vorgesetzten zu gehen und zu sagen: Das habe ich doch gut gemacht. Aber mich jetzt hinzustellen und zu sagen, ich müßte jetzt dieses werden, weil... und und und. Da gibt es Leute, die können das hervorragend. Man kann schon mal sagen, man ist nicht zufrieden, und dann sollen sie selber anfangen nachzudenken und Verbesserungen vorzuschlagen. Heute braucht man das sehr viel mehr als früher. Im

Grunde genommen ist es doch ein Muß. Sie sind permanent im Verkauf, egal, was Sie tun. Wenn Sie heute in einer Organisation arbeiten, müssen Sie sich nach außen verkaufen, denn die Bank verkaufen, geht immer nur über das Sich-selber-Verkaufen. Wenn Sie einen guten Draht zum Kunden haben, sagt der: Die Bank ist gut. Und wenn Sie weggehen, es kommt ein Nachfolger, mit dem er nicht auskommt, dann sagt er: Die Bank ist schlecht. Das wird immer durchgängig gesehen, genauso geht es nach innen. Wenn Sie einen Kunden haben, der jetzt irgendwas möchte, dann müssen Sie das ja im Haus auch verkaufen. Und dann muß man auch noch sagen: Weil *ich* es gemacht habe, ist es richtig.

Kann man das lernen?
Über den eigenen Schatten zu springen, das wird nicht sehr einfach sein. Gewisse taktische Dinge lernen Sie schnell, z. B., wann Sie wen ansprechen, wann sie lieber den Mund halten, weil alle um Sie herum das auch machen.
Genauso ist es mit der Karriereplanung. Natürlich muß man gewisse Konzepte haben und sagen, da will ich mal hin. Aber es muß immer flexibel bleiben, denn irgend etwas kommt immer dazwischen.
Planen muß man schon, sonst bleibt man an seinem Platz sitzen. Und Tips holt man sich besser aus dem eigenen Unternehmen, das ist konkreter als aus Büchern.

Können Sie jungen Frauen etwas raten?
Sie sollten ein bißchen optimistischer sein, ein bißchen mehr Selbstvertrauen haben und nicht immer nur dahin schielen, wo es Probleme gibt. Männer haben auch Probleme, aber sie tragen sie nicht im Bauchladen vor sich

her. Sich ruhig mal sagen: Das schaff' ich schon. Den Mut haben, Verantwortung zu übernehmen, denn es gibt wenige, die sich das zutrauen.

Woran liegt das?

An der Erziehung, am Berufsleben und an der Ausbildung, je mehr qualifiziert sind und das gleiche leisten, desto mehr wird sich das ändern. Dann kommt natürlich das Abwägen hinzu: Was ist mir wichtig? Was ist mir vor allem wichtiger: Familie oder Beruf? Sie können eben nur in Einzelfällen beides miteinander vereinbaren. Je höher qualifiziert Sie sind, desto eher ist es vielleicht möglich. Wer kann sich schon ein Hausmädchen leisten, das sind nur wenige. Jeder kann seine Entscheidung treffen. Es gibt auch welche, die könnten sich's leisten und bleiben trotzdem zu Hause. Das ist sicherlich in dem Fall auch richtig, man soll bloß hinterher nicht jammern, daß man die Entscheidung getroffen hat. Denn wenn ich sage, mir ist ein Heim wichtiger, als Karriere zu machen, und ich habe nach zehn Jahren das Gefühl, ich möchte gern, dann muß ich eben wissen, ich fange wieder von unten an. Dann muß ich wissen, die ganz großen Chancen habe ich nicht mehr. Eins muß man ganz klar sagen: Wenn ich als Frau heute etwas werden will, dann muß ich mindestens genauso viel tun wie ein Mann.

Ich höre immer wieder, man müsse als Frau doppelt so gut sein wie als Mann – das halte ich nicht für richtig. Man muß sich vielleicht ein paarmal öfter beweisen, weil man als Frau doch sehr viel stärker beobachtet wird. Wenn sie die Männer beobachten würden, wie sie die Frauen beobachten, dann hätten sie viel zu tun. Man ist eben der Paradiesvogel, der auffällt. Das sehen Sie auf jedem Empfang. Wenn ich in der Kammer ankomme, zur Vollver-

sammlung, zum Jahresempfang, wenn ich nicht gerade mein kleines Schwarzes anhabe, bin ich ein ganz bunter Vogel. Alles in Nadelstreifen und Dunkelgrau, und die paar Frauen kommen in Bunt. Einfach vom Bild her fallen sie schon auf.
Zum Beispiel habe ich immer gesagt: Wenn ich mal Prokuristin bin, dann trage ich auch Hosenanzüge. Das habe ich mir inzwischen abgeschminkt, mache ich nicht. Ich habe immer gesagt: Ich bin eine Frau, ich komme im Rock. Das werde ich auch sicherlich durchhalten, obwohl ich in der Freizeit auch gern Hosen trage. Aber es schadet nichts, den Unterschied deutlich zu machen. Es gibt eben viele Frauen, die meinen, wenn sie Karriere machen, müßten sie so sein wie die Männer, und das funktioniert nicht. Das mögen Männer nicht.
Für mich war dieses Rock-Tragen immer so eine kleine Demonstration: Ich bin nicht so wie ihr. Auch den Kolleginnen gegenüber, weil ich zu häufig gesehen habe, wie häßlich es aussehen kann, wenn man ein bißchen schlotterig in Hosen kommt. Ich finde es nicht gut. Man sieht halt anders aus, und das sollte man auch zeigen.

Im Sinn einer weiblichen Strategie?
Nein, als Strategie nicht. Aber es kostet mich weit weniger Muskelkraft zu lächeln, als ein böses Gesicht zu machen. Man zeigt, daß man auch so anerkannt wird. Ich habe es nicht nötig, eine lange Hose anzuziehen.
Ich habe Kolleginnen, die in einem reinen Männerkreis gearbeitet haben und die sich genauso gebärdet haben – von der Sprache, vom Auftreten her – wie die männlichen Kollegen. Im Grunde haben sie einen aufgesetzten Mann gespielt.
Und ich weiß, die Männer sagten: Die geht uns so auf den

Keks, kann die sich nicht mal normal benehmen, muß die uns immer nachmachen? Und das finden Sie immer wieder. Ich meine, man hat es doch nicht nötig. Ich fange ja nicht an, auf die Tränendrüse zu drücken. Wenn mir mal danach ist, dann gehe ich erst mal hinaus. Aber das macht eigentlich das Bild von der Frau so negativ, weil die sagen: Die versucht ja nur so zu sein wie wir, und das ist sie nun mal nicht. Das wird nicht akzeptiert.
Ich bin eben kein Mann, also habe ich auch keinen Grund, mich so zu verhalten.

Michaela Geiger wurde 1943 in Oberammergau geboren. Sie ist seit 1971 Mitglied der CSU, war das erste weibliche Mitglied im Orts- und Kreisvorstand der CSU Garmisch-Partenkirchen und zog 1980 in den Bundestag ein. Sie war verheiratet, hat einen Sohn und kann sich immer wieder darüber ärgern, daß sie als Frau in der Politik oft gefragt wird: Wie vereinbaren Sie das mit Ihrer Familie?

Ich hätte gern studiert. Aber mein Vater war Beamter, war zwar der »Innenchef« der Verwaltung der Marktgemeinde Garmisch-Partenkirchen, aber für zwei studierende Kinder reichte die Familienkasse nicht. Bafög und so etwas gab es damals nicht, und so mußte ich etwas machen, was nur eine kurze Ausbildung erforderte. Nach dem Abitur habe ich eine Ausbildung zur Fernsehbildtechnikerin gemacht und mir vorgestellt, mich vielleicht später zur Mischerin weiterbilden zu können.
Dann habe ich jedoch geheiratet. Mein Mann lebte in Garmisch, und da mußte ich kündigen, denn ein Ehemann in Garmisch und ein Job beim Fernsehen in München, das ließ sich nicht vereinbaren.

Was war für Sie denn die Hauptmotivation, politisch aktiv zu werden?
Zum einen hat mich Politik immer interessiert. Ich habe das von meinem Vater, glaube ich, übernommen, der ja in der FDP sehr aktiv war und noch ist. Als Schülerin stand ich den Jungdemokraten nahe. Ich habe mich erst relativ spät umorientiert, zu dem Zeitpunkt, als die FDP mit der SPD zusammenging. Das hat mir nicht gefallen, und ich ging zur CSU. Auch während meiner Arbeit als Bildtechnikerin in München habe ich nebenher abends Politische Wissenschaften studiert. Ich hatte mich eingeschrieben und hörte nachmittags und abends Vorlesungen. Nebenbei verschlang ich eine Fülle von politischer Literatur. Politik hat mich also schon immer fasziniert, ich konnte mir aber damals nicht vorstellen, einmal einen Beruf daraus zu machen.
Nach meiner Heirat fand ich die Beschäftigung ausschließlich mit meinem Sohn und dem Haushalt eine Zeitlang sehr schön, aber dann bekam der alte Taten-

drang wieder die Oberhand. Ich arbeitete bei meinem Mann in seinem mittelständischen Betrieb in Garmisch mit. In die aktive Politik eingestiegen bin ich, wie die meisten Frauen, über kommunale Probleme am Heimatort. Man sieht, da müßte etwas getan werden, und wird dann selbst aktiv. Später wurde ich dann, ich will nicht gerade sagen eine Alibi-Frau, aber zumindest die erste Frau in vielen Vorständen. Eine Aufgabe zog jeweils die nächste nach sich. Es hat mir immer mehr Spaß gemacht, und ich habe auch an Schulungen aller Art, was man halt so am Anfang macht, teilgenommen. 1978 bin ich in den Gemeinderat gewählt worden, das war fast schwerer, als in den Bundestag zu kommen. Bei uns in Oberbayern ist es für Frauen in der Politik noch sehr schwer. Bei dem bayerischen Kommunalwahlsystem steht man auf der Liste der Partei, muß aber herausgewählt werden von den Bürgern. Ich war die erste CSU-Frau im Gemeinderat unter den zwanzig Männern meiner Fraktion. Inzwischen habe ich den Gemeinderat wieder aufgeben müssen. Die Aufgaben ließen sich mit dem Bundestag zeitlich leider nicht mehr vereinbaren. Die Zeit als Gemeinderätin war sehr lehrreich, denn dort kann man noch ganz direkt Politik machen. In der Sitzung wird entschieden, und draußen vor der Tür trifft man schon den ersten, der sagt, was er davon hält. Hier in Bonn merkt man erst Monate später, wie sich die Gesetze, die wir verabschiedet haben, in der Praxis auswirken. Der Gemeinderat war auch darin eine gute Schulung: Der Einfluß des einzelnen auf das Ganze ist ja ziemlich gering, und wenn man das frühzeitig mitbekommt, ist es gut.

War es schwer für Sie, in den ersten Vorstand gewählt zu werden?

Ja, es war schwer. Es war vor allem schwer, sich selbst als Frau zu überwinden, sich das zuzutrauen. Wenn man in unserer Region aufgewachsen ist, dann respektiert man im allgemeinen die geltenden Regeln. Man ist nicht immer einverstanden damit, aber man weiß ja, was üblich ist. Wenn man in eine Parteiversammlung kam, dann saßen da (inzwischen hat es sich geändert, es ist glücklicherweise besser geworden) siebzig, achtzig Männer und zwei Frauen. Wenn sich dann eine zur Verfügung stellte, dann wurde die meist auch gewählt. Aber es wird immer einige geben, die werden auch in zehn Jahren noch keine Frau wählen, es werden Gott sei Dank jedoch immer weniger. Die Scheu der Frauen vor der politischen Betätigung war auch der Hauptgrund, warum ich die Frauenunion, die es bei uns im Ort noch nicht gab, gegründet habe. Einfach um mehr Frauen an die Parteiarbeit heranzuführen. Zu wenige Frauen haben sich getraut, in die Versammlungen zu kommen, und wenn sie da waren, haben sie nicht gewagt, den Mund aufzumachen. Früher dachte ich immer: Ein reiner Frauenclub in der Partei, so ein Blödsinn! Aber um die Frauen zur Parteiarbeit hinzuführen, ist eine Frauenarbeitsgemeinschaft sehr wichtig. Unsere Frauenunion wuchs schnell, so etwas entwickelt sich im Schneeballsystem, da war dann sehr viel Leben und Aktivität, im Grunde mehr als in der Mutterpartei. Wir haben Programme diskutiert, teilweise nicht realisierbare Vorschläge gemacht, womit wir auch manchmal baden gingen, aber es hat sich etwas gerührt. Die Frauen lernten bei uns diskutieren, und wir haben es geschafft, einen gewissen Prozentsatz auch in die CSU zu bringen. Der Vormarsch der Frauen geht zwar langsam vonstatten, aber es geht vorwärts! Es ist schön, wenn man das beobachten kann.

Wie schafft man es denn, sich so zu überwinden?
Sich selbst zu überwinden, das hört nie auf. Das ist bei jedem neuen Schritt wieder so. Frauen sind zur Zurückhaltung erzogen, im Gegensatz zu den Männern. Frauen fragen sich immer: Schaffe ich das? Da muß man mutig sein und sich sagen: Ich probiere es mal! Nach einiger Zeit merkt man, ganz egal in welcher Position, daß die anderen auch nur mit Wasser kochen, daß sie sich vielleicht besser verkaufen können oder größere Sprüche machen, daß sie aber auch nicht besser sind. Eines muß man allerdings sagen: Man muß die Bereitschaft mitbringen, sich hineinzuknien. Eine Frau im öffentlichen Leben wird immer kritisch betrachtet. Männer können einmal einen Blödsinn machen, Frauen können sich das nicht leisten. Eine Politikerin kann sich weniger erlauben, keine Flops, kein Unvorbereitetsein. Man muß sehr viel Energie aufwenden, sich auf Vordermann bringen und sich dann auch überwinden, sich darzustellen, das gehört ganz einfach dazu. Und das hört nie auf. Es gibt immer wieder Momente, wo ich mir denke: Warum um Himmels willen tust du dir das an und gehst nicht nach Hause und hast ein gemütliches Leben? Aber das ist nur vorübergehend, und bald habe ich wieder Spaß an der Arbeit. Besonders wenn man ein Erfolgserlebnis hat, dann geht es wieder mit neuem Schwung weiter. Es gibt immer Rückschläge, aber bei mir hat stets die Freude an der politischen Arbeit überwogen.

Als Sie zur Marktgemeinderätin kandidierten, war das Ihr erster Wahlkampf für Sie selbst?
Ja, der erste für mich selbst. Aber ich habe natürlich viele Wahlkämpfe für andere gemacht. Gerade die Frauen sind ja diejenigen, die in den Wahlkämpfen an den Ständen stehen und die Zettel verteilen und diskutieren. Männer halten sich dabei gern zurück.

Kostet das auch Überwindung, auf der Straße mit Leuten zu reden, öffentlich zu reden?
Im Grunde kostet mich das keine Überwindung. Als Politiker muß man Menschen mögen, Menschenverächter sind keine guten Politiker. Wenn man Angst hat vor Menschen, kann man gleich aufhören. Gar nicht gern habe ich, was leider auch passiert, wenn man angefeindet wird, womöglich wegen unfairer Dinge, Privatleben oder ähnliches, das geht mir unheimlich unter die Haut. Daran werde ich mich auch nie gewöhnen können, und ich wünschte mir, daß mir ein dickeres Fell wüchse. Vor jeder Rede bin ich sehr aufgeregt, aber sobald der erste Satz glatt über die Lippen gegangen ist, macht es mir Spaß. Auch ein paar tausend Zuhörer machen mir nichts aus. Wenn ich spüre, daß ich Kontakt bekomme, ist dies die beste Bestätigung. Diese Nervosität im ersten Moment, das kennen Männer auch. Das gehört dazu, sonst ist man nicht gut. Reden zu halten ist nur ein Teil meiner Arbeit. Ich halte z. B. auch regelmäßig Bürgersprechstunden, zu denen jeder Bürger kommen kann. Dabei kann man wirklich noch etwas für den einzelnen bewirken. Darüber hinaus hört man, was schiefgelaufen ist, was die Leute für Sorgen und Anliegen haben. Dieser persönliche Kontakt mit den Menschen ist mir für meine Arbeit sehr wichtig.

Muß man auch am Biertisch anwesend sein?
Bis zu einem gewissen Grad ist dies nützlich. Denn in einer, ich sage mal: Männerpartei wird viel am Biertisch ausgemacht, was in den offiziellen Sitzungen dann nur noch bestätigt wird. Allerdings können wir Frauen nie so stark am Biertisch präsent sein wie die Männer. Wir sind meist doppelbelastet, wir haben also eine Familie zu Hause und keinen Mann, der uns die Hausarbeit abnimmt, und dadurch werden wir immer sehen, so schnell wie möglich nach Hause zu kommen.
Frauen haben leider meist auch keine Seilschaften. Die bilden sich z. B. schon in der Jungen Union, zwischen den jungen Männern. In der Jungen Union gibt es zwar auch Mädchen, aber die fallen meist bald durch die Familienphase vollkommen heraus. Aber die jungen Männer sind sich schon frühzeitig einig, wie etwas laufen soll. Man muß nur verfolgen, wer die Macht in unserem Staat hat. Es sind immer die gleichen Seilschaften, und diese Kontakte, die sich schon in der Jugend ergeben haben, die haben wir Frauen einfach nicht. Vielleicht wird es jetzt langsam besser, wenn mehr junge Mädchen früher mit der Politik anfangen. Wenn jetzt 28jährige JU-Männer in den Bundestag kommen, dann haben die uns Jahre voraus an Parteierfahrung, wenn auch nicht an Lebenserfahrung, da sind wieder die Frauen im Vorteil. Allerdings wird praktische Lebenserfahrung bei Aufstellungen meist wenig berücksichtigt. Da wird berücksichtigt, wer, wie in Bayern gesagt wird, besser »packelt«.

Gab es auch Ressentiments Ihnen gegenüber, weil Sie als Mutter sich haben aufstellen lassen?
Ja. Einer Junggesellin nimmt man das Engagement leichter ab. Wenn man Kinder hat, wird man sehr leicht

schlechtgemacht: Man vernachlässige die Familie, die Kinder sowieso, man sei nur auf Karriere aus. Politischer Ehrgeiz wird Frauen immer noch angelastet, bei Männern gilt dies als Tugend. Wenn man sagen kann, man hat erwachsene Kinder, wird man eher toleriert. Aber für die Ehemänner von Politikerinnen ist es besonders hart, denn sie müssen sich immer verteidigen an ihrem Stammtisch: Sind sie vielleicht schon ein Pantoffelheld geworden, und haben sie schon kochen gelernt?

Hat Ihr Mann Sie damals unterstützt?
Er hat es zumindest toleriert. Ich bin inzwischen geschieden, das wissen Sie ja, und die Scheidung hatte mit Politik nichts zu tun. Aber es wurde dann gesagt, wieder eine Ehe, die in Bonn kaputtgegangen ist. Das stimmt zwar nicht, aber es paßt ins Klischee! Es hat auch wenig Sinn, wenn man sich dagegen auflehnt, das habe ich früher immer wieder gemacht, heute denke ich: Laß sie doch reden. Ich war auch nie bereit, über die Gründe meiner Scheidung zu sprechen, denn ich sehe nicht ein, daß ich irgend jemandem Rechenschaft ablegen muß über mein Privatleben.
Die Gretchenfrage der Journalisten war nie, wie ich zu der und der politischen Frage stehe, sondern: Wie schaffen Sie das mit Ihrer Familie? Zugegeben, es ist schwer, Familie und Mandat unter einen Hut zu bekommen. Wenn Sie allem gerecht werden wollen, kommt immer irgend etwas zu kurz. Meistens die Zeit für sich selbst, für die eigenen Hobbys, das bleibt auf der Strecke. Auch Kinder müssen viel Verständnis haben, der Ehepartner sowieso. Aber das ist ja bei einem Mann gar nicht anders. Aber er wird danach nie gefragt. Er wird in seiner politischen Karriere nicht danach bewertet, ob er ein guter Ehemann und Vater ist. Das

spielt bei ihm keine Rolle, aber bei den Frauen wird sofort geguckt, ob auch alles stimmt.

Das ärgert Sie?
Na ja, ich habe mich jetzt an vieles gewöhnt, am Anfang hat es mich sehr geärgert. Ich habe immer gesagt, Sie waren doch beim Kollegen Soundso, haben Sie dem die Frage auch gestellt? Ich habe das Glück gehabt, zwei Omas für meinen Sohn zu haben, die immer präsent waren, und jetzt habe ich auch wieder Glück, weil mein Sohn in der Familie meines Bruders leben kann, wenn ich in Bonn bin. Aber es ist trotzdem immer schwierig, denn wenn dann der Sohn z. B. einen Fünfer schreibt, bezieht man das sehr schnell auf sich und denkt: Das war nur deshalb, weil du nicht da warst. Das ist etwas, was man selber schlecht aus seinem eigenen Denken wegschieben kann.

Was war für Sie das Schwierigste?
Das »Schwierigste« ist ständig etwas anderes, das ändert sich ständig. Zuerst waren es die öffentlichen Auftritte, heute habe ich mich an das Redenhalten gewöhnt. Was immer wieder schwerfällt, ist, hinzugehen und zu sagen: Das möchte ich jetzt machen, das kann ich, bitte, dafür bewerbe ich mich. Früher habe ich oft das Glück gehabt, vorgeschlagen zu werden, da brauchte ich dann nur noch zu sagen: Ich nehme die Wahl an. Im entscheidenden Moment muß man klar sagen: Ja, ich will das.
Man muß auch einmal gegen einen Mann antreten, das fällt immer wieder schwer. Und im Privatleben ist es immer wieder unangenehm, daß man so am Pranger steht, daß alles in der Presse breitgetreten wird – das hasse ich wirklich an dem Beruf. Das ist eine Seite, mit der schwer fertig zu werden ist.

Wie verarbeiten Sie denn Rückschläge?

Wenn wieder einmal etwas ganz Schreckliches kommt, bin ich ein paar Tage entsetzlich deprimiert und denke: Jetzt habe ich die Nase voll, jetzt höre ich auf. Nach ein paar Stunden oder Tagen wird's dann wieder, schlimmstenfalls weine ich mal, aber nie in der Öffentlichkeit, weil es dann gleich heißen würde: Die ist zu weich, die heult ja gleich. Aber ich finde Weinen gar nicht schädlich, sondern es hilft sehr, und dann geht's auch wieder mit frischen Kräften weiter. Es gibt ja auch nette Kollegen, die einem helfen, einen auf die Beine stellen und sagen: Mensch, das ist mir auch schon passiert. Es ist nicht so anonym in Bonn, wie oft gesagt wird. Es gibt gute Freundschaften, der Ton ist – nicht bei allen, aber bei vielen – sehr nett. Was mir immer sehr geholfen hat, auch heute noch, ist die Familie: meine Geschwister, meine Eltern, mein Sohn. Mein Sohn reagiert gut. Wenn er merkt, da kommt etwas Unangenehmes auf seine Mutter zu, wimmelt er die Presse schon am Telefon ab. Er fühlt, daß ich mich über irgend etwas ärgere, und das hilft mir schon. Ich zeige ihm böse Zeitungsartikel, und er sagt: »Also Mama, wegen dem Schmarrn regst du dich so auf!« Dann relativiert sich vieles schnell wieder.

Liegen Ihnen Konkurrenzsituationen?

Wenn es eine ganz normale gesunde Konkurrenz ist, betrachte ich es unter dem sportlichen Aspekt. Wenn es gemein wird, wenn unter der Gürtellinie gekämpft wird, wenn man unfair abqualifiziert wird, liegt mir das nicht, aber ich kämpfe erst recht. Wenn man hört: Erstens ist sie hübsch, zweitens ganz nett, weiß Gott, wie sie es gemacht hat – dann sind das Sachen, die stören. Ich glaube, das zieht sich aber durch alle Berufe, daß Frauen gern auf diese Weise abqualifiziert werden. Aus dem reichen Schatz meiner Erfahrungen kann ich nur sagen: Es tut zwar immer wieder weh, aber das erstemal war ich fassungsloser. Jetzt denke ich mir oft: Na ja, war auch schon mal da. Glücklicherweise werden diese Situationen jetzt auch weniger. Inzwischen traut man mir gute Leistungen zu.

Wie verändert man sich in diesem Prozeß?
Gemeinhin wird ja angenommen, daß man sehr hart wird. Ich glaube das nicht. Wenn ich die Kollegen betrachte, die lange dabei sind, das beziehe ich jetzt nicht nur auf Frauen, habe ich eher das Gefühl, sie werden immer dünnhäutiger. Als Schutzmaßnahme geben sie sich dann besonders robust nach außen. Es gibt aber Dinge, bei denen man das dicke Fell, das man gern hätte, nie bekommt. Bestimmte Situationen kann man zu meistern lernen, z. B. in einer Podiumsdiskussion, wenn es hoch hergeht: Da kann ich auch austeilen, das macht mir dann sogar Spaß, da kann man reinwachsen, aber in anderen Bereichen ist es schwer.

Was ist die Hauptmotivation für Sie gewesen, weiterzumachen?
Also erstens, vielleicht ist das kein erschöpfender Grund, aber mir macht Politik einfach Spaß. Ich habe Freude daran, ich bin ungeheuer interessiert an allem, was kommt, und daran, wie es weitergeht. Ich möchte mitreden, ich finde es interessant und aufregend, das ist der äußere Grund. Dann möchte ich auch mitgestalten, in welche Richtung wir uns entwickeln. Das dritte ist, daß ich sehr gern etwas bewirke – daß ich durch meine Arbeit eine schlechte Sache verbessern kann, daß ich irgend jeman-

dem helfen kann, das befriedigt mich sehr. Dazu kommt noch meine politische Grundeinstellung, die christlich und freiheitlich geprägt ist. Ein ganz wichtiger Beweggrund ist auch die Liebe zu meiner oberbayerischen Heimat, zu den Menschen, der Landschaft, den Bräuchen, für die ich mich in Bonn immer wieder einsetze.

War es für Sie ein großer Sprung, von Garmisch nach Bonn zu gehen?
Ja, das war schon ein großer Sprung. Ich war ja auf einmal tagelang von zu Hause fort, teilweise arbeitete ich zu diesem Zeitpunkt noch im Betrieb meines Mannes. Das ließ sich alles sehr schwer vereinbaren. Bundestagsabgeordnete ist ein Full-time-Job, wenn man so einen riesigen Flächenwahlkreis zu betreuen hat wie ich.
So eine starke Arbeitsbelastung der Mutter bedeutet für die ganze Familie eine große Umstellung. Auch für einen selber, denn man muß seine ganze Lebensweise umstellen, man hat viel weniger Zeit, z. B. für sein Kind. Aber im nachhinein glaube ich, daß man die wenige Zeit sehr viel besser nutzt. Man ist in den wenigen Stunden dann ganz da für die Menschen, die einem nahestehen. Wenn man tageweise ganz in Bonn ist, telefoniert man sehr viel. Mein Sohn hat sehr viel Verständnis für den Beruf, bei Aufstellungen war er immer besorgt, ob ich das auch wieder schaffe. Wenn es ihm nicht passen würde, würde er nicht soviel Anteil nehmen. Früher ist er oft zu Versammlungen mitgegangen, das macht er jetzt nicht mehr. Er ist jetzt sechzehn, und ich weiß nicht, ob er politisch ganz auf meiner Linie ist, denn ein bißchen kontra sind sie in diesem Alter ja alle. Ich will ihn nicht beeinflussen, aber manchmal kommt er und diskutiert mit mir und mit seinen Freunden, und das macht mir Freude.

In Bonn mußten Sie sich aber neue Kompetenz erwerben?
Ja, wir sind hier in Bonn reine Fachleute, jeder hat seinen Ausschuß, und in der Fraktion spricht man in der Regel nur zu Themen, die man bearbeitet. Dagegen wird im Wahlkreis mit der schönsten Selbstverständlichkeit vorausgesetzt, daß man über alles Bescheid weiß. Wenn ich dort eine Rede halte, so über alle Bereiche der Politik, und in der Diskussion werden sowieso alle Themen angeschnitten.
Am Anfang war ich im Bildungsausschuß, neue Abgeordnete haben meist nur die Wahl zwischen ganz wenigen Ausschüssen, sie müssen nehmen, was übrigbleibt. Ich konnte wählen zwischen Petition und Bildung. Ich habe Bildung genommen. In dem Ausschuß, in dem ich jetzt bin, dem Auswärtigen, befindet man sich unter lauter »Statesmen« und sonstigen hohen Würdenträgern, bei denen man als »Anfänger« lange nicht zum Zuge kommt. Im Bildungsausschuß herrschte kollegiale Zusammenarbeit. Zu Beginn war der Bildungsausschuß gut, denn jeder ist dort gefordert. Mit der Zeit war es allerdings wenig befriedigend, denn da der Bund wenig Kompetenzen in der Bildungspolitik hat, gibt es auch wenig zu entscheiden. Anschließend kam ich in den Wirtschaftsausschuß, wo ich derzeit immer noch als Stellvertreter tätig bin, und als sich die Chance auftat, in den Auswärtigen Ausschuß zu gehen, habe ich die sofort wahrgenommen. Ich habe immer bewußt Arbeitsgebiete gewählt, die keine typischen Frauenarbeitsgebiete sind, weil ich finde, daß Frauen auf allen Gebieten mitreden sollten. Außerdem sollten sich die wenigen Frauen, die im Bundestag sind, nicht gegenseitig auf die Füße treten. In der CSU haben wir drei weibliche Abgeordnete uns ganz gut geeinigt, eine macht Familien- und Sozialpolitik, eine Verteidigungspolitik und ich Wirtschafts- und Außenpolitik.

Gibt es eine Solidarität unter den Frauen in der CSU?
Sie wächst. Natürlich gibt es auch unter den Frauen eine ganz gesunde Rivalität, wenn es um Posten geht. Ich finde das auch legitim, das ist bei Männern ja auch nicht anders. Aber insgesamt habe ich schon das Gefühl, daß der Gedanke wächst, daß vieles nur möglich ist, wenn wir uns einig sind. Die ganze Politik schlagartig ändern können wir sicherlich nicht, aber mitreden können wir auf jeden Fall, und wenn wir mit einer Stimme reden, dann hat das Gewicht. Natürlich wäre es gut, wenn insgesamt mehr Frauen im Bundestag wären. Unsere Partei, die CSU, hat einen Frauenanteil von ca. 14 Prozent ihrer Mitglieder, das ist zuwenig. Es sieht so aus, als ob manche junge Frauen nicht so gern zu uns kämen, sie sagen sich: Was soll ich da, da habe ich sowieso nichts zu melden. Hier wäre es notwendig, den Frauen zu zeigen, daß sie auch in konservativen Parteien Chancen haben, daß sie gehört werden, daß sie mitreden können.

Wieso sind Sie in die CSU gegangen?
Bei mir waren es hauptsächlich wirtschaftspolitische und außenpolitische Gründe und meine christlich geprägte Grundhaltung. Es gibt immer Positionen in einer Partei, mit denen man nicht ganz einverstanden ist. Man muß sich die Partei aussuchen, mit der man in den wichtigsten Punkten übereinstimmt. Bei mir war das die CSU, und insgesamt gesehen bin ich mit meiner Partei ganz zufrieden.

Wenn man in Bonn in einem Ausschuß sitzt, hört irgendwann innerhalb einer Karriere mal die Skepsis auf, gibt es einen Punkt, von dem ab man anerkannt wird?
Das muß ich sagen, in Bonn, in der Ausschußarbeit, da

wird wenig unterschieden zwischen Mann und Frau, sondern nur nach Leistung und Können, da hat man gute Chancen, sich zu behaupten. Es wird wieder stärker unterschieden, wenn es um wichtige Positionen geht oder um gute Fernsehzeiten. Da haben meist die Männer die Nase vorn, weil die auch ganz oben sitzen. Aber in meiner Arbeit als Abgeordnete erlebe ich keine Diskriminierung als Frau.
Auch zu Hause im Wahlkreis erkennt man inzwischen mehr und mehr an, daß ich genauso hart und effektiv arbeite wie ein männlicher Abgeordneter. Das Vertrauen wächst, das drückt sich in der ständig wachsenden Zahl von Petitionen, von Bitten auf ein Gespräch und von zustimmenden Briefen aus. Wie sich das dann endgültig bei der Wiederaufstellung auswirkt, das kann ich im Moment noch nicht sagen. Denn man wird nicht von den Bürgern oder der Parteibasis aufgestellt, sondern von 60 ausgewählten Delegierten.

Könnten Sie Frauen Ratschläge geben?
Erstens würde ich möglichst vielen Frauen empfehlen, sich aktiv mit der Politik zu befassen, sich zu bilden, Kurse zu besuchen, viel zu lesen. Eine gewisse Grundüberzeugung sollte man allerdings schon haben, denn wenn man die nicht hat, tut man sich schwer. Bei dem ersten Gegenwind fängt man an zu schwanken und zu zweifeln. In gewissem Rahmen ist es ja sehr gut, daß die Frauen besser bei neuen Argumenten zuhören als Männer. Sie denken eher: Da könnte ja was Wahres dran sein und sehen die Dinge oft pragmatischer. Bei uns kommt erst die Praxis: Wie wirkt sich das auf die Gemeinschaft aus? Wie wirkt sich das auf den einzelnen Menschen aus? Auf die Familie? Auf die Wirtschaft? Dann kommt erst

die Ideologie. Bei Männern ist es oft umgekehrt. Trotzdem sollte man seiner Überzeugung und seiner Linie treu bleiben und nicht wanken, auch wenn die Auseinandersetzungen hart werden. Dann würde ich empfehlen, daß sich Frauen mehr zutrauen sollten, daß sie nicht zögern sollten, wenn zum Beispiel ein andrer ganz furchtbar gescheit daherredet, und daß sie nicht denken sollten: Der kann es ja viel besser als ich, ich schaffe das nicht.

Sie sollten sich sagen: Ich probiere es mal, ich werde es schon lernen. Sie sollten sich nicht ins Bockshorn jagen lassen, sich nicht gleich beim ersten Gegenkandidaten zurückziehen und sich dann nie mehr trauen zu kandidieren.

Es gibt durchaus Rückschläge, aber es lohnt sich, es immer wieder zu probieren. Wenn man dann Erfolg hat, dann macht dies alle Rückschläge wett.

Ingeborg Flagge lebt heute als freie Journalistin und Chefredakteurin der Verbandszeitschrift des Bundes Deutscher Architekten BDA »Der Architekt« in Bonn. Sechs Jahre war sie als einzige Frau in Bonn die Geschäftsführerin eines Verbandes, des BDA, ehe sie mit dem Bedürfnis nach neuen Herausforderungen ihre Stellung verließ.

Ich bin 1942 in Westfalen als einziges Kind eines kleinen Angestellten geboren und war die erste in der Familie überhaupt, die eine höhere Schule besuchte. Meine Mutter hat nie eine Ausbildung erhalten und wurde mit dreizehn zum Arbeiten in eine fremde Familie geschickt. Mein Vater war ein niedriger Angestellter. Ich habe die höhere Schule durchlaufen mit dem Ziel, Dolmetscherin zu werden. Nach dem Abitur, 1962, bin ich als Au-pair-Mädchen nach Cambridge gegangen, um Englisch zu lernen. Nach der Rückkehr in die Bundesrepublik habe ich in Köln meinen englischen Dolmetscher gemacht. Zu diesem Zeitpunkt war ich allerdings bereits entschlossen, nicht weiter Sprachen zu studieren, da ich sie nicht mehr als Ziel, sondern vielmehr als Mittel bei einem Beruf ansah. Deswegen begann ich in Köln mit dem Archäologiestudium. Auf dieses Fach bin ich durch Zufall gestoßen, weil ein Freund behauptete, das sei genau das richtige für mich.
Ich habe mit Philosophie und Gotik angefangen, habe dann Alte Geschichte belegt und im fünften Semester mit Klassischer Archäologie begonnen, Nebenfach Ägyptologie. In diesen Fächern habe ich dann auch promoviert. Studieren konnte ich, solange ich wollte, denn mein Studium habe ich selbst finanziert. Das Geld dazu verdiente ich durch Unterricht an der Berlitz-Schule. Meine Eltern weigerten sich nämlich, ein derart exotisches Studium, wie sie meinten, zu fördern. Sprachen waren für sie etwas Reelles, unter Archäologie konnten sie sich nichts vorstellen. Ich habe sechzehn Semester studiert und alles gehört, was mir interessant erschien. Die letzten sechs Semester hat mich die Studienstiftung des Deutschen Volkes gefördert und mir ein Auslandsstipendium an der Universität in London finanziert.

Es war einer der glücklichen Zufälle in meinem Leben, daß ich dieses Stipendium bekam, denn mit ca. 600 Mark konnte man damals sowohl in der Bundesrepublik als auch in England sehr gut leben.

Haben Sie sich an der Universität wohl gefühlt, und hätten Sie gern nach Ihrer Promotion wissenschaftlich gearbeitet?
Ja, aber ich hatte den falschen Lehrer. Er war seinen Kollegen aus vielen Gründen ein Dorn im Auge, und deshalb waren auch seine Studenten nicht sonderlich gesucht. Sie müssen sich vorstellen, daß der Clan der Archäologen in jedem Lande ein überschaubarer Club ist, in dem jeder jeden kennt und – angeblich – auch immer alles über den anderen weiß. Mir unterstellte man ein Verhältnis mit meinem Professor und begegnete mir mit entsprechender Skepsis. Dabei mochte ich ihn nur sehr – fast wie einen Vater – und bewunderte ihn. Das Mißtrauen mir gegenüber machte sich auch an meiner Dissertation fest, die vom wissenschaftlichen Ansatz her sehr breit angelegt war und sich nicht auf ein enges Thema konzentrierte, wie es damals Mode war. Natürlich hätte ich nach der Promotion gern eine Assistentenstelle angenommen, aber damals waren Frauen auf Assistentenstellen durchaus nicht die Regel. Die Aufklärung der 68er-Bewegung ist an den Archäologielehrstühlen damals weitgehend vorbeigegangen. Es waren und sind exotische Zirkel.

Sie haben es also sehr bedauert, keine Assistentenstelle zu bekommen?
Ja. Ich hätte für mein Leben gern wissenschaftlich gearbeitet. Die Arbeit an der Uni als Arbeitsort hätte mir gelegen. Und mit dem Übersetzen von ägyptologischen

Texten und mit archäologischer Forschung, allerdings nicht mit Ausgrabungen, hätte ich mich gern ein Leben lang beschäftigt. Heute bin ich aus dem Fach völlig draußen und übersetze nur noch ab und an zum eigenen Amüsement einen Hieroglyphentext, um das nicht auch noch völlig zu vergessen.

Und wie sind Sie dann an Ihre erste Stellung gekommen?
Aufgrund der geschilderten Umstände mußte ich mich fragen, was ich nach der Promotion tun sollte. Praktisch hatte ich ja verdammt wenig gelernt. Was kann man schon mit einem Archäologiestudium in der freien Wirtschaft anfangen? Die Bundesrepublik ist ja nicht England, wo auch das exotischste Studium als Training des Geistes und damit als Voraussetzung auch für ganz realitätsnahe und praxisbezogene Berufe akzeptiert wird.
Bei meinen Überlegungen stieß ich damals in der *Zeit* auf eine Stellenanzeige des BDA. Der BDA suchte eine Referentin für »Information, Dokumentation und Öffentlichkeitsarbeit«. Ohne genau zu wissen, was sich hinter diesen Formulierungen verbarg, dachte ich: Information, klar, kannst du. Öffentlichkeitsarbeit, schaffst du auch – jeder, der reden kann, kann das. Dokumentation, na, das hast du doch an der Uni jetzt sechs Jahre lang gemacht. Ich habe mich also beworben und weiß bis heute, ehrlich gesagt, nicht, wieso ich die Stellung bekommen habe. Der BDA, bis dahin eine kleine Geschäftsstelle, wollte ein wissenschaftliches Sekretariat aufbauen – auch ein Ausfluß der Endsechziger-Diskussion. Insofern war man vielleicht auf Universitätsabsolventen besonders scharf. Außer mir wurden noch ein Soziologe und ein Architekt eingestellt.
Beim BDA bin ich dann hängengeblieben – zunächst

eben als Referentin, dann als Redakteurin, dann als Bundesgeschäftsführerin. Insgesamt war ich zwölf Jahre bei dem Verband.

Wie war der Anfang in dem neuen Job?
Schwierig, denn ich hatte von praktischer Tätigkeit wirklich keine Ahnung. Ich hatte Angst vor Leuten. Die schiere Vorstellung, eine Sekretärin zu beschäftigen, also jemandem zu sagen, was er für mich tun solle, jagte mir Angst ein. Dann war ich das Arbeiten mit Terminen nicht gewohnt; die ganze Arbeit im Büro mit anderen zusammen fiel mir schwer. Das Wichtigste jedoch: Ich war Archäologin und wurde plötzlich mit Architektur konfrontiert, von der ich nichts wußte. Zwar war ich mit einem Architekten verheiratet und hatte insofern eine gewisse Affinität zu dem Fach, doch das langt eben nicht, wenn man plötzlich Architektur verkaufen soll.

Hat Ihr Mann Ihre Entscheidung, zum BDA zu gehen, gefördert?
Durchaus, aber ich hätte diese Stellung auch ohne seine Unterstützung angenommen. Ich habe die Anzeige gesehen und mir gesagt: Das machst du. Mit einer normalen Portion Intelligenz kannst du das. Und genauso war es dann auch.

Wie sind Sie mit der Anfangssituation umgegangen?
Ich habe zunächst mit einer gewissen Sturheit drei bis vier Monate lang nur zugehört. Pressemitteilungen konnte ich aus Mangel an Wissen nicht machen. Strukturelle Veränderungen konnte ich dem BDA nicht vorschlagen, solange ich die Struktur nicht kannte. Also lesen, hören, nachdenken. Diese Zeit ließ man mir auch. Jedem war

klar, daß eine Archäologin nicht innerhalb eines Vierteljahres zu einer überzeugenden Architektur-Pressesprecherin werden würde. Der einzige, der dieses nicht gelten lassen wollte, war mein eigentlicher Vorgesetzter im Präsidium des BDA. Er meldete bereits nach sechs Wochen Kritik an mir an, und zwar mit Kopie an alle Landesvorsitzenden in der Bundesrepublik. Er schrieb damals – und ich weiß das noch sehr genau, weil es mich damals ungeheuerlich mitgenommen hat, daß jemand dies über mich, die er kaum kannte, schrieb –, ich sei eine Fehlbesetzung und hätte »die ausgelatschten Allüren eines Bonner Ministerialdirigenten«. Dieser Angriff auf mich, sechs Wochen nach der Einstellung, war so rüde und unqualifiziert, daß für jeden erkennbar war, daß dies wohl kein wirkliches Urteil darstellen könne, sondern daß der Mann mich schlichtweg nicht mochte. Jedenfalls hatte er sich mit seiner Kritik selbst disqualifiziert und mußte nun seinerseits gehen. Das schien zwar eine Art von Sieg für mich zu sein, aber ein sauerer. Denn diese erste frontale Attacke meines Berufslebens auf mich hat mich mitgenommen und eigentlich sogar jahrelang beschäftigt. Ich konnte auf sie nicht reagieren, mir fehlte jede Erfahrung im Umgang mit solchen Menschen.

Drei Jahre habe ich als Referentin gearbeitet. Dann kündigte der BDA dem Chefredakteur seiner Zeitschrift, weil das Geld, ihn zu bezahlen, nicht mehr vorhanden war. Es wurde auch überlegt, die Verbandszeitschrift gänzlich einzustellen. Sie war damals ein ziemlich heruntergekommenes Blatt, um dessen Verschwinden es wirklich nicht schade gewesen wäre. Aber irgend jemand kam auf den Einfall, ich als Referentin für Öffentlichkeitsarbeit könnte doch probieren, die Zeitschrift zu retten. Deswegen übertrug man mir, zusätzlich zu meiner bishe-

rigen Tätigkeit, die Verantwortung für die Redaktion. Da saß ich nun und hatte nach drei Jahren, in denen ich mich in eine neue Tätigkeit eingearbeitet hatte, wiederum eine neue Stellung. Nicht daß es mich nicht gereizt hätte, mich mit dem Schreiben und Organisieren von Artikeln zu beschäftigen, die Frage war nur wieder die, mich in ein total neues Feld einzuarbeiten. Ich konnte zwar inzwischen ein wenig schreiben und kannte mich aus, aber eine Zeitschrift zu machen war eine unbekannte Größe. Wie entwickelt man Themen, woher nimmt man Autoren, was hieß überhaupt drucken – alles unbekannte Faktoren. Doch mit Hilfe einiger engagierter Leute, mit ein wenig Geld, einem guten Designer haben wir dann ein neues inhaltliches Konzept entwickelt und auch umgesetzt. Heute ist die Zeitschrift, die ich immer noch mache, kein Verbandsblättchen mehr, sondern eine gesuchte Architekturzeitschrift. Sie hat es als Verbandszeitschrift mit einem festen Bezieherkreis vielleicht einfacher als andere Architekturzeitschriften auf dem Markt, die sich um Abonnenten schlagen müssen. Trotzdem ist es nicht einfach, mit wenig Geld, mit wenig Personal, mit viel Improvisation und Phantasie jeden Monat eine gute Ausgabe herauszubringen.
Die Redaktion damals zu übernehmen und die Zeitschrift gut zu machen, hieß, die Öffentlichkeitsarbeit aufzugeben. Die Zeitschrift forderte die ganze Frau und eine Sekretärin. In dieser Konstellation habe ich bis 1978 gearbeitet.
Dann wurde ich zusätzlich Bundesgeschäftsführerin. Diesmal auf eigene Initiative hin. Zwischendurch jedoch hatte mich noch einmal die Sehnsucht nach der Uni gepackt. Es war jedoch nicht mehr das Fach Archäologie, was mich anzog, sondern die Architektur. Ich hatte mir

vorgenommen, mich an einer Technischen Hochschule zu habilitieren, und kannte auch schon das Thema: »Symbole in der Architektur des zwanzigsten Jahrhunderts«. Ich mußte jedoch bald feststellen, daß ich für die wissenschaftliche Tätigkeit, die ich früher so geschätzt hatte, inzwischen gänzlich verdorben war. Sich auf ein Thema konzentrieren zu müssen, das wochenlange Sitzen über Büchern, das kontinuierliche Arbeiten – das reizte mich nicht mehr. Mein Leben war, hier einen Artikel zu organisieren, dort mit Leuten zu sprechen, hier etwas zu schreiben, dort einen Text zu redigieren, hier einen Kongreß zu besuchen, dort eine Moderation zu machen. Dieses Hin und Her, dieses sich Immer-wieder-neu-Einstellen auf andere Situationen und Personen – dies reizte mich mehr als die wissenschaftliche Arbeit. Ich habe die Habilitation dann aufgegeben, überlegte jedoch, was ich außerhalb der Redaktion, die ich in Halbtagstätigkeit betreute, noch machen könnte. Zu diesem Zeitpunkt ging der Bundesgeschäftsführer des BDA, ein Jurist, der jahrelang mein Vorgesetzter gewesen war, weg. Seine Nachfolge reizte mich, obwohl nie zuvor eine Fachfremde, eine Nichtjuristin, eine Frau, auf diesem Posten gewesen war. Nun, die Verantwortlichen im BDA kannten mich, waren aber über meine Bewerbung dann trotzdem sehr überrascht. Und so ganz wollten sie sich auf mich auch nicht einlassen: Man teilte die Stelle des Geschäftsführers, ich wurde Geschäftsführerin für Öffentlichkeitsarbeit, Pressewesen und Publikationen und ein Jurist mein gleichberechtigter Partner. Als ihm wegen Unfähigkeit nach einem halben Jahr gekündigt wurde, blieb ich alleinige Geschäftsführerin und habe einen Juristen zu meiner Hilfe dann als normalen Angestellten eingestellt.

Wie war die Reaktion auf einen weiblichen Geschäftsführer in Bonn?
Man war überrascht. Denn im Bonner Regierungsviertel hat man es vorwiegend mit Männern zu tun. Von den 528 Abgeordneten sind rund 90 Prozent Männer; der Anteil der Frauen hat erst nach dem Einzug der Grünen in den Bundestag zugenommen. Auch die Verbandsgeschäftsführer, die Journalisten, alles, was in Bonn Lobby macht, rekrutiert sich aus der Männerszene. Das ist übrigens unter Architekten nicht anders. Der BDA hat als Mitglieder fast 4000 freiberufliche Architekten; freiberufliche Architektinnen, die nicht nur als Ehefrau im Büro des Mannes mitarbeiten, sondern allein verantwortlich tätig sind, sind nach wie vor nur in geringer Zahl vorhanden. Trotzdem war es nicht schwer, sich in der Männerwelt zurechtzufinden. Man hat mich eigentlich nur fair behandelt. Und sicher hätte ich auf diesem gutbezahlten Posten, der zudem wirklich interessant war, 65 Jahre alt werden können. Zudem hatte ich die Alleinverantwortlichkeit für die Politik des BDA in Bonn; diese Politik habe ich zwar nicht so wahrgenommen, wie einige Lobbyisten dies von mir erwartet haben, trotzdem glaube ich, dem BDA in Bonn einen guten Ruf und das Renommee für ein gewisses Niveau geschaffen zu haben.
Die Arbeit hat mir Spaß gemacht. Was mir keinerlei Spaß gemacht hat, ist das, was in meinen Augen der unangenehmste Teil der Lobbyisten-Tätigkeit ist, das Auf-Partys-Herumstehen, Sich-sehen-Lassen, hier mit jemand Small talk machen, dort sich mit jemandem zum Mittagessen treffen. Dazu gehört eine Mentalität, die ich nicht habe. Ich verfasse lieber eine geharnischte Kritik an der Einstellung der Bundesregierung zur Honorarordnung für Architekten, als daß ich versuche, mit Tricks und

Überredungskunst jemanden für diese Sache zu gewinnen. Wenn überhaupt, so hat mir dieser Mangel an Fähigkeiten – einige Leute sahen ihn als sehr gravierend an – Kritik von außen und den Ruf von Hochnäsigkeit und von Arroganz eingetragen.
An diesem Punkt bin ich vielleicht doch stärker die Wissenschaftlerin geblieben, als ich gedacht hatte. Überall seine Finger und Füße drinzuhaben geht mir ab.

Hat sich dieser Mangel an bestimmten Qualitäten Ihrer Arbeit negativ ausgewirkt?
Das kommt auf die Einstellung der Leute zur Lobbyisten-Tätigkeit in Bonn an. Der BDA ist Mitglied des Bundesverbandes der Freien Berufe, der von einem der rührigsten Animateure in Bonn gemanagt wird. In den Augen dieses Mannes war ich unkooperativ, unfähig zur Leitung eines Verbandes, unflexibel. Mir dagegen war wichtiger, den BDA als kritischen Verband zu etablieren, der, mitverantwortlich für die Gestaltung unserer Umwelt, kritisch Stellung nimmt zu Fragen des Planens und Bauens. Es erschien mir vorteilhafter, einen Verband inhaltlich zu profilieren, als ihn politisch – mit minimalen Ergebnissen – zu verkaufen. Man muß wissen, daß es nur wenige Abgeordnete gibt, die von Architektur überhaupt eine Ahnung haben, sie für wichtig halten und sich insofern auch für Architekten und ihre Belange einsetzen. Für die Politiker ist die Gruppe von ca. 65000 Architekten – also nur ein kleiner Teil potentieller Wähler – nicht sehr interessant.

Würden Sie sagen, daß Ihre Arbeitsweise eine Ausnahme darstellte?
Ja. In Bonn stehen Verbandsvertreter und Politiker nicht

unberechtigterweise in dem Verdacht, mit kleinen Geschenken und Aufmerksamkeiten bestechlich zu sein. Das war und bin ich nicht. Ehrlicherweise muß ich auch zugeben, daß kaum jemand versucht hat, meine Meinung mit nicht sachlichen Mitteln umzudrehen. Das mag ganz einfach damit zu tun haben, daß ich weit und breit das einzige weibliche Wesen war und die Beschäftigung mit mir die Herren ohnehin herausstellte.
Darüber hinaus muß ich jedoch grundsätzlich einmal feststellen, daß ich aus der Tatsache, daß ich als Frau fast ausschließlich mit und unter Männern gearbeitet habe, nur Vorteile hatte. Ich bin wirklichen Benachteiligungen, Diskriminierungen durch Männer nie ausgesetzt gewesen. Ich habe bis auf diesen ersten Herrn im BDA eigentlich nur Unterstützung von Männern erhalten. Unterstützung, Förderung, ja, ich würde soweit gehen zu sagen, daß die Tatsache, Frau zu sein, mir sogar Vorteile verschafft hat, die Männer nicht hatten. Das mag nicht zuletzt dank eigener Eigenschaften so gewesen sein, die jedoch mit Frau-oder-Mann-Sein nichts zu tun haben. Ehrlichkeit, Radikalität, Glaubwürdigkeit, Initiative, Phantasie, kreative Unzufriedenheit. Wenn ich sagen müßte, wo ich anders war als Männer in vergleichbaren Positionen, so müßte ich zugeben, daß ich nicht besser als Männer in der gleichen Situation war, sondern vielleicht nur schneller und zupackender.

Meinen Sie also, daß nur der Erfolg zählt?
Schwer zu sagen. Ich glaube, daß der Erfolg meiner Tätigkeit mit meinen bereits genannten Eigenschaften zu tun hat. Ich habe meine Umgebung immer durch unkonventionelles Auftreten überrascht, durch Ehrlichkeit verblüfft, durch Phantasie angeregt. Diese Eigenschaften

mußte ich deshalb verstärkt pflegen, weil mir das Handicap, inhaltlich von Architektur aufgrund eines nicht vorhandenen Studiums immer weniger zu verstehen als die Menschen, die ich vertrat, jederzeit schmerzlich bewußt war. Diese Tatsache war ja auch allgemein bekannt, so daß mir der Hinweis, daß ich zu bestimmten inhaltlichen bzw. technischen Dingen nicht Stellung beziehen könne, nie als Vorwurf angedient wurde. Daß ich trotzdem in manchen Situationen bluffen mußte, Bluff zu einem gewissen Perfektionsgrad zu entwickeln gezwungen war, blieb nicht aus.

Wie lange hat es gedauert, bis Sie wirklich das Gefühl hatten, Sie seien Ihrem Job gewachsen?
Mit der Zeit zunehmender Erfahrung stellte sich natürlich eine große Sicherheit und Selbstverständlichkeit ein. Trotzdem habe ich aufgrund des, wie erwähnt, nicht vorhandenen Architekturstudiums nie das Gefühl verloren, daß ich dilettiere. Ich habe eine gründliche wissenschaftliche Ausbildung genossen; die führt dazu, daß ich bei jedem Artikel, bei jeder Pressemitteilung, bei jeder Vorbereitung zu einem Gespräch das Gefühl hatte, nicht genug, sei es recherchiert, sei es vorher gedacht zu haben. Vieles von dem, was ich in den sechs Jahren meiner Geschäftsführertätigkeit getan habe, erschien und erscheint mir auch noch heute zuwenig fundiert. Ich habe gerade in den ersten Jahren immer die Angst in mir herumgetragen, daß ich irgendwann einmal aufgrund mangelnden Wissens unheimlich auf die Schnauze falle. Mit zunehmender Routine verliert sich diese Angst ein wenig. Doch, wie gesagt, eine leichte Unsicherheit war immer da. Andererseits war mir natürlich auch rasch bewußt, daß meine Anforderungen sowohl an mich selbst als auch an andere

sehr hoch, vielleicht zu hoch gehängt waren. Die positive Seite meiner bleibenden Unsicherheit, die ich nach außen allerdings zu verbergen wußte und weiß, ist eine permanente innere Unruhe, die mich treibt, die mich aufgeschlossen, neugierig macht, nach immer neuen Ansätzen für mein Handeln suchen läßt. Das Ausruhen auf Erfolgen finde ich eine langweilige Sache. Gewisserweise war und ist meine Unsicherheit ein Stimulus und eine Motivation.

Und Sie haben nie Ressentiments oder Skepsis von Männern Ihnen gegenüber gespürt?

Doch, aber das bezog sich mehr auf Unerfahrenheit in der Tätigkeit bzw. auf andere Ansichten, die ich gegenüber meinen Partnern vehement vorgetragen habe. Mit der Tatsache, daß ich eine Frau bin, hatte das wenig zu tun.

Ich wirke allerdings sehr groß, sehr selbstsicher, sehr überzeugend. Das hat mit Erscheinung und Auftreten zu tun und hat mir immer geholfen. Dieses Aussehen, dieses Auftreten, nicht unbedingt sehr ausgeprägt unter Frauen, habe ich weder antrainiert noch unter Druck entwickeln müssen. Es ist mir wohl in die Wiege gelegt worden, und ich habe es weidlich benutzt. Hinzu kommt, daß ich mit Worten und Sprache recht gut umgehen kann. Meine leicht ironische und spöttische Art ängstigt manche Männer eher, führt jedenfalls nicht dazu, daß man sich mit mir leicht anlegt.

Ich finde, daß man zur Ehrenrettung der Männer einmal bemerken muß, daß sie in den letzten zehn Jahren einiges dazugelernt haben. Die Aufgeschlossenheit der Männer, mit Frauen zusammenzuarbeiten, ist gestiegen. Männer haben sich daran gewöhnt, daß Frauen Positionen einnehmen, die früher ausschließlich ihnen vorbehalten waren. Allerdings fällt es mir schwer zu entscheiden, was hier echte Entwicklung, was Anpassung an eine entsprechende politische Situation ist. Das eine Märchen allerdings, was vornehmlich Männer in die Welt gesetzt haben dürften, hat sich in meiner bisherigen Berufstätigkeit immer nur als falsch erwiesen: daß nämlich Frauen nicht mit Frauen zusammenarbeiten können. Ich habe nie so gut und so intensiv mit Männern gearbeitet, wie ich dies mit Frauen getan habe. Keine Rede von Intrigen, kleinkarierter Privatwäsche, Wehleidigkeit usw.

Waren Sie mit sich und der Art und Weise, wie Sie Ihre Tätigkeit ausgeübt haben, ganz glücklich?
Nein. Man muß einfach sehen, daß man sich nicht ungestraft in Situationen, in Einflüsse, hineinbegeben kann und hoffen bzw. sicher sein kann, daß sie einen nicht tangieren, verändern. Ich habe mich selbst häufig wie auf einer Bühne agieren sehen. Ich sah, daß ich Eigenschaften ausspielte, die ich lieber ein wenig verlernt als gefördert hätte; ich beobachtete, daß ich – durch die Situation gezwungen, aber auch herausgefordert – Virtuosität vorgetäuscht habe, jongliert habe. Was ich eigentlich nicht besonders schätze. Nicht zuletzt fühlte ich mich häufig zu einseitig beurteilt: die kompetente, die harte Frau Flagge, die Selbstsichere, Gewandte. Und hinter diesem Image sah ich viele Eigenschaften verkümmern, die nicht gefördert werden, die ich aber hatte und habe.
Ich glaube, daß jeder, der einigermaßen sensibel ist, sich gerade auf dem Bonner Parkett die Frage vorlegen muß, wieweit er in dieser Käseglocke, die das Regierungsviertel örtlich wie inhaltlich darstellt, mitmischt und sich verbiegen läßt.

Glauben Sie, daß ein Mann ähnliche Konflikte haben kann?
Ich kann das für die Männer nur hoffen. Wer sich selbst in einer bestimmten Situation nicht gleichzeitig kritisch und distanziert sehen kann, macht sich so abhängig von den täglichen Vorkommnissen, daß ein Verkümmern, meiner Meinung nach, unausweichlich ist. Man muß, Mann oder Frau, gegenüber bestimmten Tendenzen des täglichen Arbeits-»Kampfes« Bollwerke setzen; im Privatleben sich davon absetzen; sich Freunde suchen, die einen anders sehen, anders ansprechen. Was mir immer in meiner Arbeit geholfen hat, auch dort, wo sie mir Eigenschaften abverlangte, die ich an mir nicht mag, war die Tatsache meiner Identifikation mit dem, was ich tat. Das machte mich engagierter und überzeugender als viele Männer, die ich getroffen habe. Mir war die Sache immer wichtiger als die Karriere, was die Männer, bei allem, was sie tun, wohl ständig stärker im Auge haben als Frauen.

Warum arbeiten Sie heute als freie Journalistin?
Ich habe vor vier Jahren das getan, was ich eigentlich nach Beendigung meines Studiums auch getan habe: Ich habe mich in eine völlig unabgesicherte und für mich unüberschaubare Situation hineingestürzt. Wie ich bereits sagte, hätte ich den Verband auch noch zehn Jahre weiterführen können. Aber es gibt so ein inneres Gefühl, das einem sagt, wann es an der Zeit ist zu gehen. Ich hatte das Gefühl, ich ertrüge meine bisherige Tätigkeit nicht mehr so recht, aber auch das Gefühl, daß mich einige Leute gerne gehen sähen. Neugier auf anderes, Sattheit, es kam vieles zusammen. Zweierlei war für meine Entscheidung, mich freiberuflich in Bonn niederzulassen, von Bedeutung: Ich bin ein Einzelgänger, allein am besten, schwie-

rig im Team. Insofern blieben für mich nicht allzu viele Jobs übrig. Darüber hinaus wollte ich schreiben: länger an einer Sache, an einem Artikel, an einer Recherche dranbleiben, als mir das bisher möglich gewesen war. Ich hatte das Management ein wenig satt. Aber es stellte sich sehr schnell heraus, daß ich mich, was die Art des Arbeitens anging, getäuscht hatte. Hatte ich bisher auf fünfzig Hochzeiten gleichzeitig tanzen müssen, so mußte ich auch jetzt weitertanzen, und zwar noch schneller und noch überzeugender als bisher. Als Ein-Frau-Journalistin sind Sie Ihre eigene Sekretärin, Sie müssen Akquisition betreiben und inhaltlich arbeiten. Keine leichte Sache. Ich hatte einige Verbindungen, aber die stellten sich als nicht so sicher heraus, wie ich vermutet hatte. Hinzu kam, daß Bonn für Fragen der Architektur und Stadtplanung eigentlich kein Pflaster ist. Hier wird Architektur unter den Gesichtspunkten Wirtschaft, Rechtswesen betrieben. Es war ein harter Anfang, und, wenn ich ehrlich bin, es ist heute noch genauso hart. Ich arbeite meine zwölf Stunden am Tag und habe höchstens einmal im Monat ein Wochenende frei. Zwar habe ich als Bundesgeschäftsführerin des BDA über zehn Jahre lang Freiberufler vertreten, so anstrengend hätte ich mir das Freiberuflerdasein jedoch nicht vorgestellt.

Bereuen Sie Ihre Entscheidung?
Nein, denn gleichzeitig liebe ich das, was ich tue. Ich bin allerdings gezwungen, meine Vorstellungen von dem ruhigen und langen Arbeiten, das ich so gern möchte, aufzugeben. Auch die Vorstellung, daß man als Freiberufler nur seinen eigenen Zielen und Vorstellungen folgt, ist ein Irrtum. Ich muß an allen Ecken inhaltlich Kompromisse schließen. Arbeiten unter Zeitdruck ist normal gewor-

den; daß dies keinen Abstrich an Qualität bedeutet, davon wird selbstverständlich ausgegangen. Nein, bereut habe ich den Entschluß, freiberuflich zu arbeiten, nie. Allerdings – ich muß es dem BDA als Kompliment sagen –, so frei, wie ich heute bin, war ich auch in meiner Bundesgeschäftsführerinnentätigkeit. Die Vorstellung, in einer Behörde, auch in einer Rundfunkanstalt, die heute ja nichts anderes ist, zu sitzen, in eine Hierarchie eingebaut sein, macht mich krank. Dann lieber das angestrengte und gehetzte Leben, das ich heute führe. Wenigstens bin ich da meine eigene Herrin.

Hatten Sie als Jugendliche eine Vorstellung von Ihrem Leben? Wollten Sie eine Familie gründen? Wollten Sie immer berufstätig sein?
Ich hatte nie die Idee von Familie. Mir war von Anfang an klar, daß ich berufstätig sein wollte, allerdings hatte ich keine konkreten Vorstellungen von diesem Beruf. Ich habe dann trotzdem recht früh geheiratet, den ersten und besten in des Wortes schönster Bedeutung. Das glückliche Zusammenkommen war, daß auch er kein Familienleben im üblichen Sinne anstrebte. Die Frage nach Kindern haben wir zu unterschiedlichen Zeitpunkten unserer Ehe gründlich erörtert und festgestellt, daß wir beide aufgrund unserer familiären Erfahrungen keine Kinder wollen. Hinzu kam, daß wir uns beide keine Einschränkungen unseres Wander- und Reiselebens durch Kinder auferlegen wollten. Was die Vorstellungen eines konkreten Berufes anging, so haben sich die bei mir relativ spät entwickelt. Sie wurden gespeist von den Träumen meiner Mutter, die mich (wie ich selbst) Sprachen studieren und, telegen zwischen zwei Politikern stehend, den Rest meines Lebens schwierige politische Verhandlungen führen

sah. Ein Bild, dem ich so mit siebzehn nachhing. Kaum jedoch eine konkrete Vorstellung.

Hatten Sie Vorbilder?
Nein, ich komme aus einem sozialen Umfeld, in dem es nur Ehefrauen und Mütter ohne jede Ausbildung gab. Ärztinnen, Juristinnen, Frauen, die aufgrund eines persönlichen Erlebens evtl. einen Eindruck hinterlassen hätten, kannte ich nicht. Als weibliche Vorbilder für mich wären höchstens Lehrerinnen an der eigenen Schule in Frage gekommen – die waren jedoch alles andere als nachahmenswerte Figuren.

Wie haben andere Frauen auf Sie reagiert?
Die meisten positiv, wie ich schon sagte. Die einzigen Frauen, die auf mich negativ reagiert haben, waren die Ehefrauen der Männer, mit denen ich zusammenarbeiten mußte. Der Grund war wohl ein gewisser Neidkomplex, weil ich mit diesen Männern derart intensive Auseinandersetzungen führte, wie sie die Ehefrauen zu Hause wohl nicht erlebten. Die gemeinsame Herausforderung, das Suchen nach einer Lösung, die Diskussion vieler inhaltlicher Fragen hat mit einigen der Männer, mit denen ich zusammengearbeitet habe, zu wirklichen Freundschaften geführt. Da tauchte häufig der Verdacht auf, gerade von seiten der Ehefrauen, daß hier mehr im Spiel sei. Schwierigkeiten? Ich habe sie, wenn überhaupt, nur mit solchen Frauen, die ihrer selbst nicht sicher sind, die sich auf Titel oder sonstige Meriten etwas einbilden, die nicht direkt und ehrlich sind. Da reagiere ich allergisch und die andere Frau ebenso.

Könnten Sie jungen Frauen irgendwelche Ratschläge geben?
Daß die beste Ausbildung gerade gut genug ist, daß man sich durch nichts und keinen einschüchtern lassen sollte, seinen Weg zu gehen, daß man keine Erfahrung vermeiden und aus jeder das Beste machen sollte. Sprachen lernen. Neugierig bleiben. Vor allen Dingen den Menschen im Auge behalten, mit dem man arbeitet und der man selbst ist.
Einen Job verlassen oder einschränken, dort, wo er einen zu verbiegen beginnt in eine Richtung, die man nicht will. Ehrlichkeit auch dort, wo sie nicht erwünscht ist. Keine Kompromisse, die die eigene Glaubwürdigkeit aufs Spiel setzen. Um Himmels willen keine Anpassung an stromlinienförmige Erwartungen der Umwelt.

Erika Heß war von 1981 bis 1986 Bezirksbürgermeisterin in einem traditionellen Arbeiterbezirk in Berlin: im Wedding. Nach 20 Jahren war sie die erste Frau in Berlin, die zuerst Stadträtin und dann Bezirksbürgermeisterin wurde, und nur ihrer Popularität hatte es die SPD zu verdanken, daß sie bei den letzten Wahlen die Mehrheit im Bezirksparlament behielt. Sie war verheiratet, Mutter von zwei Töchtern und sagte von sich selbst, daß ihr nichts im Leben so viel Spaß gemacht hätte wie dieser »Job«. Ein Dreivierteljahr nachdem dieses Interview entstand, starb Erika Heß an einer Krankheit, gegen die sie bis zuletzt mit ihrem ganzen Willen und ihrer ganzen Kraft gekämpft hatte.

Ich komme aus einem ganz kleinen Dorf in Westfalen, bin 1934 geboren und habe nach der Schule eine kaufmännische Lehre zur Industriekauffrau gemacht. Zum Glück hatte ich einen Chef, der mich sehr gefördert hat. Er hat mich zur Fachhochschule geschickt, ich konnte mich weiterbilden, und ohne diese Sonderförderung wäre ich vielleicht in diesem kleinen Ort sitzengeblieben. So habe ich dann aber bald diesen engeren kaufmännischen Rahmen verlassen und bin in die Industrie gegangen. Dort wurde ich sehr schnell Abteilungsleiterin einer Einkaufsabteilung und lernte die Faszination des Umgangs mit überprüfbaren Daten und Erfolgen kennen. Für mich war das ein großes Erlebnis, jeden Monat genau zu wissen, was ich vollbracht hatte, ob ich den Umsatz steigern konnte, wie die Lagersituation aussah usw.
In dieser Position, die ich ja quasi schon mit zwanzig Jahren wahrgenommen habe und wo ich viel ältere Mitarbeiter im Team hatte, bin ich zunächst mit sehr viel Skepsis aufgenommen worden. Und dies war etwas, was mir angst gemacht hat, weil ich nicht wußte, ob ich damit umgehen kann. Ich war überzeugt von meinem beruflichen Können, aber nicht überzeugt, ob es mir gelingen würde, dieses Stück Reserviertheit zu überwinden. Es ist mir dann gelungen, aber ich habe damals schon gelernt, daß man sich nicht verbiegen lassen darf. Ich habe bis auf den heutigen Tag Wert darauf gelegt, mich so zu geben, wie ich bin. Es hat für mich niemals die Versuchung gegeben, männlichen Normen nachzueifern – weder in der Wirtschaft noch später in der Politik. Ich habe sehr viel Kritik an diesen Normen, und, das klingt vielleicht etwas seltsam, ich habe immer darauf geachtet, daß das, was ich tue, mir auch Spaß macht. Ich habe immer gesagt, wenn mir etwas keinen Spaß mehr macht, dann höre ich auf.

Ich glaube nicht, daß man das verallgemeinern kann. Es sind ja nicht alle Menschen in wirtschaftlichen Situationen, sich das leisten zu können. Von daher halte ich mich für ein bißchen privilegiert, aber aus eigener Kraft, denn ich habe mir diese Freiheit selbst erarbeitet. Diese Unabhängigkeit habe ich auch, was ich persönlich als großes Glück empfinde, mitnehmen können in die Ehe, d. h., ich habe immer gewußt, daß mein Mann für den Lebensunterhalt aufkommt und daß das, was ich dann mache, quasi meinen inneren Wünschen entsprechen kann. Zwar kann niemand eine solche Partnerschaft und Familie festschreiben, aber ich habe bis heute kaum Kompromisse schließen müssen wie manche männlichen Kollegen, die an bestimmten Punkten ja gesagt haben, auch wenn sie etwas anderes dachten, weil sie davor Angst hatten, nicht wiedergewählt zu werden.
»Wir Frauen sind immer die Benachteiligten«, das halte ich für ein großes Gerede. Ich glaube, daß eine Frau, wenn sie sich logisch mit ihren Chancen beschäftigt, auch sehr viele Vorteile hat. Und der größte Vorteil besteht darin, zumindest wenn man in einem traditionell geprägten Familienverband lebt, nicht unbedingt den Lebensunterhalt garantieren zu müssen. Dies gilt für die jüngeren Frauen vielleicht nicht mehr in dem Maß, aber mein Leben hat es im Beruf und vor allem in der Politik leichter gemacht.
Von daher sage ich: Mit Ausnahme meines Einstiegs in das Berufsleben, wo ich nicht so sehr Schwierigkeiten hatte, weil ich eine Frau war, sondern weil ich einfach noch sehr jung war und man mir die Autorität nicht zugetraut hat, habe ich durch mein Frausein mehr Vorteile als Nachteile gehabt.
Ich will das auch erklären. Als ich mit meinem Mann nach

Berlin kam, hat mich Berlin natürlich mit politischen Herausforderungen konfrontiert, die ich von so einem kleinen Dorf her gar nicht kannte. Ich erlebte damals den Mauerbau mit, und mir war klar, daß man sich jetzt engagieren mußte. Meine erste große Auseinandersetzung hatte ich damit, daß ich keine für mich ideale Partei gefunden habe, denn wenn man neu in die Politik geht, ist man ja sehr absolut in seinen Forderungen. Mein Mann hat viel Geduld mit mir haben müssen, um mir klarzumachen, daß ich mich dort engagieren muß, wo ich am meisten von meinen Vorstellungen verwirklicht sehe. Und das waren die Sozialdemokraten.
Ich bin hingegangen als eine Lernende, aber ich hatte den Vorteil, daß mir immer alle zugehört haben, wenn ich mich gemeldet habe. Das ist ja heute nicht mehr ohne weiteres übertragbar. Aber in der Zeit, wo sich wenige Frauen in der Politik engagiert haben, war es für mich ein schneller Erfolg. Alles, was ich wollte, habe ich auch erreichen können. Die negative Tatsache, daß es wenig Frauen in der Politik gab, hat gleichzeitig für die, die sich sehr engagiert haben, und das gilt für diese ganze Frauengeneration, die Möglichkeit gebracht, sehr schnell »Karriere« zu machen. Natürlich wurde man auch mit Vorurteilen konfrontiert, aber man hatte immer hohen Aufmerksamkeitswert und konnte erfolgreich kämpfen.

Nur fangen hier die Frauen ja mit eigenen Schwierigkeiten an.

Ich hatte die Schwierigkeit, mich nicht kompetent zu fühlen, weil ich sehr wenig von Politik verstand. Was ich aber auf keinen Fall ertragen konnte, war politisches Gelaber. Jetzt den Mut aufzubringen, in einer Gemeinschaft zu sagen: Das ist nicht das, was ich unter Politik verstehe, eigene Ansprüche anzumelden und zu sagen: Könntet ihr nicht mal ein Projekt machen, das den Menschen wirklich hilft?, hat mich Überwindung gekostet. Aber ich habe großes Glück gehabt, weil ich immer Leute gefunden habe, die so etwas mitgemacht haben, vermutlich weil ich Leute gut mobilisieren kann. Das hat mich zum Glück bis heute nicht verlassen, und das hat mir auch geholfen, zusammen mit meinem Machtinstinkt, zu dem ich mich bekenne. Ich wollte von Anfang an kein Mitläufer sein, ich wollte dahin, wo etwas entschieden wurde, ich wollte das Leben in dieser Stadt verbessern helfen.

Mich hat damals fasziniert, Arbeit für Frauen zu machen. Es war die Zeit der auseinandergehenden Ehen, auch im Bekannten- und Freundeskreis, wo man immer mit dem Schicksal von Frauen konfrontiert wurde, die wie die dummen grauen Mäuse nach zwanzig Jahren Pantoffelschleppen dasaßen. Meinen politischen Einfluß habe ich stetig und auch sehr systematisch gesteigert, und ich glaube, daß Frauen das ein bißchen fehlt. Ich halte es für einen der wesentlichen Minuspunkte bei vielen Frauen, daß sie sich so hin- und herschieben lassen, mal Kassierer sind, mal Schriftführer, all die gern an Frauen vergebenen Posten, aber niemals einen zielgerichteten Willen dafür einsetzen zu sagen: Da will ich hin, diese Position strebe ich an, ich will Macht und Einfluß.

Ich versuche, das den jüngeren Frauen ein bißchen zu vermitteln. Männer kochen auch nur mit Wasser. Man darf seine eigenen Möglichkeiten nicht zu gering einschätzen, das tun Männer auch nicht, und man sollte auf ein Ziel hinarbeiten.

Ich habe Frauenarbeit im Kreisverband der SPD gemacht, dann wurde ich Landesvorsitzende der Frauen, dann stellvertretende Bundesvorsitzende, bis meine Kin-

der kamen. Da war alles schon ein bißchen schwieriger miteinander in Einklang zu bringen, weil mein Mann politisch sehr engagiert ist. Er war zu der Zeit Mitglied des Abgeordnetenhauses. Natürlich gingen die Termine vor, Geld für einen Babysitter hatten wir auch nicht. Da habe ich in unserer Nachbarschaft ein altes Ehepaar gefunden, das keinen Fernseher hatte. Also ließen sich die Interessen koppeln: Die haben bei uns ferngesehen und den Schlaf der Kinder gehütet, und ich konnte wenigstens den Anschluß an die Partei halten.
Das zweite, was Frauen in ihrer Karriere hindert, ist ihre Unfähigkeit, die Strukturen der Macht zu durchschauen. Kandidaten werden am Biertisch ausgehandelt, und wenn Frauen nicht dabei sind, werden sie leicht vergessen. Ich habe meine Ansprüche immer ziemlich deutlich angemeldet, aber mir keine »Hausmächte« gesammelt. Das stellte sich später als Fehler heraus und brachte mir eine politische Niederlage ein.
Zunächst war ich aber eine begeisterte Mutter zweier Töchter. Diese Zeit habe ich sehr genossen, und aus dieser Sicherheit und diesem Sich-glücklich-Fühlen strahlt man, glaube ich, eine ganze Menge Anziehungskraft nach außen aus, so daß die Leute einen gern mögen und man auch keine Schwierigkeiten hat, seine Forderungen, wenn man sie vernünftig vorträgt, durchzusetzen. Mir war immer klar, daß ich in der Zeit, in der meine Kinder klein sind, den Anschluß nicht verpassen darf. Meinen Beruf hatte ich zu dem Zeitpunkt schon beerdigt, weil ich beschlossen hatte, in die Politik zu gehen.

Als Sie nach Berlin zogen, haben Sie aufgehört zu arbeiten. Warum?
Ich habe mein Leben lang gearbeitet, und als ich dann

hierher kam, hatte ich keine Lust. Ich fand das so schön, eine Wohnung einzurichten und in den blauen Tag zu leben, ich habe das genossen. Wir waren jung verheiratet, wir hatten keine Kinder, und wir haben uns natürlich ein schönes Leben gemacht. Mein Mann war zu der Zeit Inspektor, und immer wenn wir kein Geld mehr hatten, habe ich gejobbt, in Boutiquen und weiß der Kuckuck wo, immer nur so viel, um die Kasse wieder aufzufüllen. Dazu kam das Studium meines Mannes. Mein Mann studierte Politologie während seiner Berufstätigkeit. Ich bin also vormittags in die Uni gegangen und habe die Vorlesungen gehört. Das hat mich sehr fasziniert. Viele bekannte Professoren lehrten damals in Berlin. Ich habe das mitstenographiert, zu Hause in die Maschine getippt, und mein Mann hat das gelesen und gelernt. Blöd, wie ich war, habe ich das dann, als die Kinder kamen, nicht für mich zu Ende geführt. Darüber kann ich mich heute noch ein bißchen ärgern und würde meine Töchter in ähnlichen Situationen anders beraten.

Hatten Sie denn vor, auch zu studieren?
Ich hätte dann auf jeden Fall mein Abitur nachholen müssen, und das kam mir so langweilig vor. Aber ich habe immer mit mir gekämpft und mir gesagt: Das ist ja dusselig, du sitzt hier, kapierst das auch alles, du könntest ja die Scheine genauso gut machen wie die anderen. Mein politisches Wissen hat sich natürlich in dieser Zeit geformt und erweitert.
Aber wenn die Kinder schnell hintereinander kommen und viele Gäste im Haus sind, wird das im Moment überdeckt. Ich wußte nur, wenn ich politisch etwas werden wollte, mußte ich den Kontakt zur Partei halten. Das habe ich auch gemacht. Ich lebte mit meinen Kindern wie

auf einer glücklichen Insel und lernte aber bald, daß in der Kommunalpolitik vieles nicht stimmte: der Hundedreck auf dem Spielplatz, die rasenden Autos, die langen Wartezeiten beim Impfen. Da ich praktisch veranlagt bin, dachte ich, da könnte ich vielleicht dran drehen. Ich habe dann gesagt, daß ich Bezirksverordnete werden wolle. Ich wüßte soviel über Zehlendorf und was hier konkret nicht in Ordnung sei... auf jeden Fall ließ sich meine Partei überzeugen, und so wurde ich Kommunalpolitikerin.

Engagiert habe ich mich in der Jugend- und Kinderarbeit, und nach einer Weile habe ich gesagt, daß ich gern den Ausschuß leiten würde. Das war eigentlich ein Sakrileg, denn man mußte mindestens vier Jahre da sein, ehe einem so ein Ausschuß anvertraut wurde. Aber nun paßte ich gerade in die Frauenszene rein und bekam den Ausschuß. Es hat mir viel Spaß gemacht, und ich hatte einen Jugendstadtrat, der mich sehr gefördert und der mir viel über sein Amt beigebracht hat. Dann wurde er krank und mußte seine Position aufgeben. Als Nachfolger bewarben sich der ehemalige Bürgermeister und ein Bundestagsabgeordneter. Am Tag der Wahl sagte ich morgens zu meinem Mann: »Nun krieg mal nachher keinen Schreck, ich werde nachher auf die Bühne gehen, ich möchte Stadtrat werden.« »Nun schnappt sie völlig über«, sagte mein Mann, »so geht das doch nicht. Man braucht doch seine Freunde, du hast keine Abteilung hinter dir, nichts!« Ich habe aber gesagt: »Ich probiere es, ich weiß, ich bin besser als die beiden Männer.«

Und ich bin nach oben marschiert und habe den staunenden Kreisdelegierten erklärt, daß ich als Vorsitzende des Jugendausschusses Zehlendorf so gut kenne, so viele gute Ideen für die Jugendarbeit hätte, daß das, was die beiden Männer eben dargestellt hätten, mich nicht überzeugen würde, ich sei gewiß, ich könne das besser. Jetzt teilten sich die Sympathien in die, die sagten: »Also, so eine Arroganz, wie kann man sich nur so einschätzen«, und die, die sagten: »Vielleicht sollte man es mal mit ihr probieren. Vielleicht ergäbe das ja ganz neue Aspekte.« Kurz und gut: Ich habe das dann mit Hängen und Würgen geschafft. Ich war seit Ewigkeiten in Berlin wieder die erste Stadträtin.

Was für ein Gefühl hatten Sie, als Sie nach oben gegangen sind?

Es hätte ja eigentlich nicht gutgehen können, die Lager waren genau abgezählt, man weiß das ja vorher. Da sie aber halbwegs gleich stark waren, habe ich gedacht, daß es sich lohnt, darum zu kämpfen für mich, aber ebenso um die Sache. Ich habe schon Bauchschmerzen bekommen bei dem Gedanken, daß hilfesuchende Familien zu diesen theoretisierenden Männern gehen sollten. Ich konnte mir mich in dieser Rolle für die Bürger besser vorstellen.

Ja, dann war ich Stadtrat, zur Verblüffung meines Mannes, und da es wohl eine überzeugende Vorstellung war, haben sie mich gleich noch zum stellvertretenden Bürgermeister erkoren, und dieses Amt hat mir dann sehr geholfen, mir ein gutes Image aufzubauen.

Im Jugendamt hab' ich überhaupt keine Schwierigkeiten gehabt, denn ein Jugendamt ist unbürokratisch, unkonventionell, und ich habe heute dorthin noch viele gute Kontakte und Freundschaften. Verschont geblieben bin ich allerdings von Rückschlägen auch nicht, und ich kann nicht behaupten, daß ich sie gut verwunden hätte. Ich hab' auch erst jetzt die Souveränität, darüber zu reden.

Lange Zeit habe ich das nicht gekonnt. Ich bin eine sogenannte rechte Sozialdemokratin, die sich allerdings in Sachentscheidungen wenig um rechts oder links kümmert. Aber in Personalentscheidungen, die manchmal kontrovers getroffen werden müssen, neige ich dem rechten Flügel zu. In Zehlendorf gab es damals zwei Stadträte der SPD, und mein Kollege kam vom linken Mehrheitsflügel. Und dann beschlossen sie, ich sei in Zehlendorf bekannt wie ein bunter Hund und ich bräuchte das Amt des stellvertretenden Bürgermeisters nicht mehr. Mein Kollege, der die Abteilung Finanzen und Wirtschaft hatte, könne keine Öffentlichkeitsarbeit machen und bräuchte das Amt dringend, um bekannt zu werden. Ich wollte es partout politisch nicht einsehen. Ich konnte nachweisen, wie wichtig dieses Amt zum Repräsentieren bei den vielen Zielgruppen ist, daß ich als stellvertretender Bürgermeister mit diesem Pfund wuchern konnte für meine Partei. Aber sie haben mir das Amt dennoch weggenommen, und das hat meine Eitelkeit wahnsinnig gekränkt. Neben dem Sachargument konnte ich einfach die Ungerechtigkeit nicht überwinden, weil ich auch wußte, wieviel ich aus diesem Amt gemacht hatte. Der Titel war inzwischen mein Zehlendorfer Markenzeichen, und der Verlust ohne Grund war demütigend und hat mich verletzt.

Sie haben sich nicht anerkannt gefühlt?
Die Argumentation hat mich so geärgert. Die linke Parteimehrheit sagte: »Du brauchst das Amt nicht mehr, jeder kennt und mag dich, du wirst die Wählerstimmen sowieso an uns binden.« Der Bürgermeister war viel krank, so daß ich eigentlich immer Bürgermeister war. Natürlich wurde gefragt: »Warum sind Sie das denn nicht mehr?«

Und jedem mußte man es erklären. Ich war keine Niederlagen gewohnt, aber ich habe in meinem Zorn viel und erfolgreich mit Modellprojekten für Berlin gearbeitet.

Es war also de facto keine Eingrenzung Ihrer Möglichkeiten?

Nein, nur beim Repräsentieren. Ich blieb ja für viele Leute, was ich vorher auch gewesen war. Aber ich habe eben die Argumentation abgelehnt, und ich wußte, wir haben einen Pluspunkt verplempert für die Partei. Neben dem sachlichen Argument war ich zutiefst verletzt. Es hat mich selbst sehr erstaunt, daß ich zu solchen Gefühlen fähig war, und ich betrachtete das eigentlich als Schwäche. Ich hätte es ja akzeptieren können. Ich bin in meinem Leben gefördert worden, habe Glück gehabt, aber überwunden habe ich diese »Niederlage« nur durch den Wedding. Als die Weddinger Genossen kamen und fragten: »Willst du nicht kandidieren als Bürgermeister?«, bin ich stolz erhobenen Hauptes aus Zehlendorf weggegangen. Meine Familie hat übrigens diese Phase genauso wie ich erlebt. Als ich mit dem Vorschlag der Weddinger ankam und sagte: »Wir müssen uns mal zusammensetzen, und wenn ihr nein sagt, dann werd' ich es sicherlich auch nicht machen, weil es ein Dreizehn-Stunden-Tag wird«, sagte meine Familie wie aus einem Mund: »Zeig's ihnen!«

Der Wedding ist ein sehr traditioneller Bezirk, wo Frauen es nicht immer einfach hatten, zumal noch eine, die den Ruf hat, etwas unkonventionell zu arbeiten. Die Weddinger Genossen haben mir am Anfang ganz schön auf den Zahn gefühlt, und in solchen Situationen hat man als Frau, wenn man nicht mit der alleinigen Verantwortung für die Familie belastet ist, unwahrscheinliche Vorteile der Unabhängigkeit. Ich finde, man muß den Arbeitseinsatz von Männern mit dem Arbeitseinsatz von Frauen zumindest gleichsetzen, wenn man auch die gleichen Erfolge haben will. Aber dieses Stück Unabhängigkeit, was einem eine gute Partnerschaft bringt, wo der Partner das, was man tut, unterstützt, aber man weiß ganz genau, wenn es danebengeht, geht die Welt auch nicht unter. Man behält genug Aufgaben, das ist etwas, was Männern ja so nicht geschenkt wird. Ich bin der Meinung, wo solche Situationen gegeben sind, sollten Frauen auch ein Stück Dankbarkeit empfinden. Von der Klagerei halt' ich gar nichts.

Als ich in den Wedding kam, war ich sehr neugierig, wie alles hier läuft, was der Sozialbereich macht, wie es mit den Tagesmüttern läuft, war insgesamt an der Entwicklung des Bezirks interessiert. Wenn ich Änderungen vorschlug, bekam ich oft zur Antwort: »Das geht nicht, da gibt es ein Gesetz, das haben wir nie so gemacht.« Das ist ein typischer Geist, der ein Rathaus durchdringen kann, und ich glaube, daß Frauen hier unheimlich viele Chancen haben. Männer kommen sich oft schrecklich überlegen vor, wenn man als Frau nicht so genau weiß, was im 3. Gesetzbuch im § 5 steht. Ich weiß das nicht. Ich hatte einen sehr tüchtigen Vorgänger, der aber jeden Tag am Schreibtisch saß und seine Akten studierte. Jetzt kam ich und sagte: »Nun macht mal schön, ich unterschreibe nur das Wichtige.« Ich glaube, daß ich eine große Herausforderung für viele Beamten war, genauso wie sie mich herausgefordert haben. Ich mußte durchsetzen, daß ich nicht alles hierarchisch geordnet haben wollte, jeder sollte Kompetenzen in seinem Verantwortungsbereich haben, aber man sollte sich auch darauf verlassen können, daß, wenn etwas schiefgeht, ich mich dahinterstelle. Denn die

dreißigmal, wo etwas allein entschieden wird, helfen dem Bürger und decken das eine Mal, wo es nicht hinhaut, ab. Ich hatte aber nicht den Eindruck, daß alle meine Mitarbeiter glücklich darüber waren, und so haben wir uns aneinander gewöhnt. Ich mußte lernen, daß man als Bürgermeister in den Bereichen Personal und Verwaltung nicht so viel machen kann wie in einem Betreuungsressort. Aber für meine Seele habe ich mir den Ausgleich erhalten: Ich mache hier wöchentlich Bürgersprechstunden, und die Leute kommen wirklich mit allen Problemen und sagen: »Sie wird's schon richten.« Ich habe gelernt, daß man Bürokratie nicht immer überwinden kann, aber ich habe mir als Schwerpunkt meiner Arbeit, neben der Arbeit im Bezirk, gesetzt, von dieser Art Bürokratisierung unseres Lebens wegzukommen. Ich bin Mitglied der Senatskommission für die Verwaltungsreform, und ich habe z. B. in der letzten Woche meine elf Bürgermeisterkollegen dazu angestiftet, neue Gesetze an den Senat zurückzugeben, mit der Begründung, daß alles auf ein Drittel zusammengestrichen werden könnte.
Man muß eben versuchen, sich eine positive Phantasie zu erhalten. Ich sage immer: Wenn man nicht mehr träumen kann, kann man auch nichts mehr fortentwickeln. Männer lassen sich viel zu leicht von irgendwelchen Zwängen abschrecken, weiterzudenken. Dieses und jenes geht dann nicht, weil es auch vor drei Jahren nicht ging. Ich würde nie so denken, würde immer wieder versuchen, neue Anfänge zu machen.
Ich will mir auch den Rücken freihalten, frei von diesen täglich wiederkehrenden Aufgaben, die wie ein Ritual diese Rathäuser durchströmen. Wenn ich weiß, damit verändere ich nichts, es muß eben nur gemacht werden, gebe ich es weiter. Freihalten für zwei Sachen: Ich bin

nicht gern abhängig von meinen Beamten, d. h., ich möchte schon selber wissen, wie alles läuft, und dann mache ich jeden Tag zwei Außentermine mit Bürgern im Wedding. Das habe ich durchgehalten, manchmal auch mehr, und sonnabends sowieso, denn am Sonnabend feiert der Wedding. Am Sonntag nehme ich nur vormittags höchstens zwei Termine an.
Aber um noch einmal die Chance der Unabhängigkeit der Frauen anzusprechen, ich merke sie oft im Rat der Bürgermeister. Zu manchen Dingen braucht man doch sehr viel Courage, wir sind dort zwölf Bürgermeister, und ich bin die Sprecherin der Opposition. Aber oft kommen CDU-Bürgermeister und sagen: »Können Sie nicht mal dieses Problem ansprechen?« Das könnte mir z. B. nicht passieren. Mir wäre das egal: Wenn ich etwas nicht für richtig halte, dann nehme ich keine Rücksicht auf die Partei. Männer scheinen da folgsamer und parteitreuer zu sein. Denn wenn man Ärger macht und nicht so marschieren will wie die Regierung, dann kriegt man das schon mal in den Bezirken zu spüren.

Im Kreis Ihrer Kollegen werden Sie also respektiert, Ihre unbürokratische Herangehensweise, z. B. nicht jeden Gesetzestext zu kennen, wird Ihnen nicht als Schwäche ausgelegt, sondern die denken, Sie haben mehr Mut?
Das würde ich schon denken. Aber ich glaube, das entscheidende ist der Erfolg. Haben Sie Erfolg damit, dann sagen Politiker: »Donnerwetter, die ist ganz toll.« Ein positiver Ruf festigt sich recht schnell. Wenn z. B. die Bürger sagen: »Weißt du, da habe ich angerufen, und dann haben die einfach durchgestellt, und ich hatte die Bürgermeisterin am Apparat!« Es ist natürlich wichtig, wenn man etwas verändern will, daß man es nicht in die

Bürokratie zurückspeist, sondern sich Bundesgenossen sucht. Nur hat der Bürgermeister ja nicht viel Macht, denn die Stadträte haben die Ressorts in eigener Verantwortung. Ich bin zwar deren Dienstvorgesetzte, und wenn mir etwas nicht paßt, kann ich sagen: »Kommen Sie, erstatten Sie mir Bericht«, aber reinreden kann ich in die Ressorts nur, indem ich mit der Sachkenntnis aus Sprechstunden und Briefen Politik für die Bürger mache.
Ich kann auch einen Konflikt aufzeigen. Sie wissen ja, wir haben immer weniger Mitarbeiter, aufgrund der Sparmaßnahmen, und in diesen Konflikt – immer weniger Mitarbeiter und immer mehr zu betreuende Bürger – geraten jetzt auch Bürger, die noch nie etwas mit dem Sozialamt zu tun hatten und die sowieso schon mit großen Hemmungen hingehen. Sie geraten unter Umständen an eine überarbeitete Sachbearbeiterin, die sagt ein paar kesse Sätze – einer alleinstehenden Mutter wurde z. B. gesagt: »Was, Sie kriegen schon wieder ein Kind, Sie bekommen ja die Kinder nur, damit Sie nicht arbeiten müssen« –, und anschließend brechen Ihnen die Leute zusammen. Dann sind viele aber mindestens in der nächsten Woche in meiner Sprechstunde. Das heißt aber auch, daß ich einen unglaublichen Überblick über dieses Rathaus habe, und wenn das dann das viertemal derselbe Mitarbeiter ist, kümmere ich mich um ihn im Gespräch. Geliebt werden Sie natürlich deshalb nicht. Aber ich sage, die Verwaltung ist für den Bürger da und nicht umgekehrt! Und manchem müssen Sie das eben sehr oft sagen.
Jeden Morgen fahre ich mit innerer Freude in dieses Rathaus, es macht halt einen unglaublichen Spaß, einen Bezirk gestalten zu können – zu wissen, weil man in einem

Senatszimmer partout nicht nachgegeben hat, steht jetzt hier ein Brunnen – und den Leuten wirklich helfen zu können und sie in ihrer Not auch zu erreichen. Das ist etwas, was einen selbst immer wieder in Gang setzt und unter Volldampf hält.
Und ich glaube, daß gerade Frauen sich für die Kommunalpolitik sehr eignen, weil sie einen viel natürlicheren Zugang zu Bereichen des engeren Lebensumfeldes haben, schärfer hingucken und näher am tatsächlichen Leben sind. Deshalb wünsche ich mir auch ganz viele Frauen in der Politik. Und noch eines: Viele Frauen sind mutiger als Männer, wenn es auch mit der Solidarität untereinander noch hapert.

Sie haben zwei Töchter, wie sind Sie mit dem Konflikt fertig geworden, Familie und Politik miteinander zu vereinbaren?
Ich bin sehr konventionell erzogen, stamme aus einer traditionsreichen Familie, in der die Mutter immer zu Hause war, und ich wollte nun einen anderen Weg gehen. Und es gibt einen Konflikt, der mich nie verlassen hat: Als ich Jugendstadtrat war in Zehlendorf und sehr viel Verantwortung in diesem Ressort übernehmen mußte und meine Tochter mit zwölf Jahren nach Hause kam – und niemand war da. Das habe ich innerlich nicht verkraftet. Meine Kinder haben nie etwas gesagt, und ich bin dann manchmal nach Hause gefahren und habe ein schönes Essen gekocht, aber dieses Gefühl: Hoffentlich ist auch alles in Ordnung, bin ich nicht losgeworden. Ich dachte immer: Was hast du für ein Glück gehabt, wenn du von der Schule nach Hause kamst, war immer jemand da, du konntest alles erzählen – was tust du eigentlich deinen Kindern an. Mich hat das fast verrückt gemacht. Heute ist es nicht mehr

so brisant, weil meine Kinder ihre Freunde haben, ihren Sport, meine große Tochter studiert, dann verliert das an Schärfe. Aber dieses Gefühl, einem kleinen Kind doch einiges entzogen zu haben, was ich eigentlich schuldig gewesen wäre, schleppe ich mit mir herum. Immer noch. Obgleich es keinen erkennbaren Grund gibt. Unsere Töchter sind ausgeglichen, haben sich auch nie beschwert und sind vor allen Dingen unheimlich solidarisch. Sie würden niemals ein Oberhemd nicht bügeln wollen, allerdings haben wir auch darauf geachtet, immer strikte Abmachungen zu haben. Wir haben die Hausarbeit durch vier geteilt, wobei mein Mann um den Garten und die Getränkebeschaffung gebeten hat. Bis vor drei Monaten hatten wir auch eine Putzfrau, aber dann beschlossen meine Kinder, sie wollten niemanden mehr im Haus haben, und jetzt kriegen sie das Gehalt der Putzfrau. Ich muß am Wochenende auch arbeiten, und wenn ich sehr fleißig war, bekomme ich eine Überraschung.
Aber dieses Schuldgefühl meiner kleinen Tochter gegenüber – der großen gegenüber hatte ich es selten, die ist ein bißchen robuster –, ist eigentlich der einzige Widerhaken in dieser kommunalpolitischen Karriere. Das war so die Zeit, als sie so zwölf, dreizehn, vierzehn war; immer der Gedanke, es nicht vernünftig miteinander vereinbart zu haben.

Vorher hatten Sie dieses Gefühl gar nicht?
Ich war zu Hause, bis die kleine Tochter im vierten Schuljahr war.

Aber Sie waren zu der Zeit schon in der BVV?
Das kann man ja vereinbaren. Das ist ja nachmittags, meine Schwiegermutter ist auch in Berlin, und ich sagte

ja, wir hatten so ein nettes älteres Ehepaar, die waren wie Großeltern zu meinen Kindern. Es war natürlich eine ideale Situation, ich konnte oft weggehen, aber da waren sie ja immer umhüllt, um es so zu sagen. Dieses Gefühl kam erst später, als sie aus der Schule nach Hause kamen, und niemand war da. Meine Töchter sehen das mit wenigen Ausnahmen gar nicht tragisch. Wir wohnen nah bei der Schule, und in den Freistunden waren sicher unsere sehr toleranten Nachbarn und ich mit meinem schlechten Gewissen die einzigen Leidtragenden. Hier, würde ich sagen, liegen die Nachteile der Frauen, weil ein Mann gar nicht so sensibel reagiert. Der fühlt sich nicht zuständig, allenfalls abends, aber nicht im Lauf des Tages. Ich muß mich immer wieder damit auseinandersetzen, obwohl es keinen äußeren Anlaß gibt, instinktiv spüre ich, ich bin da etwas schuldig geblieben.

Es gibt ja zwei Ebenen des Konflikts, einmal die eigene Vorstellung, wie man als Mutter sein möchte, und zum zweiten, was die anderen sagen, wie eine Mutter zu sein hätte. Wie waren damals die Reaktionen Ihrer Umwelt?
Ja, da war was los. Aber mich hat noch nie interessiert, was andere Leute über mich denken, ich bin da eher unabhängig. Aber sogenannte »Freunde« sind immer die Kinder angegangen: »Ach, du mein armes Schätzchen!« Aber meine Kinder fanden das widerwärtig. Ich habe mich da nie eingeschaltet, mich aber immer gefreut, daß sie emanzipiert genug waren, die richtigen Antworten zu geben. Nun muß ich sagen, ich lebe wirklich in einem Umfeld netter Menschen, aber es sind keine berufstätigen Frauen darunter, alle sind zu Hause und haben auch Zeit, sich Gedanken zu machen, was vielleicht nicht alles ideal ist. Aber wenn man das überhaupt kann, daß man

Kindern einen Negativstatus einredet, dann – muß ich sagen – haben sich viele Leute daran bei uns versucht. Es liegt aber sicher auch daran, daß es für viele Frauen besonders unangenehm ist, wenn eine Frau erfolgreich in die Politik geht.

Sie meinen, unangenehmer als eine normale Berufstätigkeit?
Ja. Vielleicht ist das ein Status, in den man sich nicht so hineindenken kann. Die Frauen können verstehen, daß man in einer Boutique schöne Sachen verkauft, aber in diese Männerwelten einzubrechen wird als ziemlich fremd empfunden. Es gibt sehr viele Frauen mit traditionellen Gefühlen, aber ich habe immer auch Frauen gekannt, die gesagt haben: »Ich finde es schön, daß Sie das machen.«
Eine Distanz ist oft da. Sie wird besonders deutlich bei den vielen Empfängen und Feiern zu Hause. Mir wird immer gesagt, ich sei auch eine gute Hausfrau und Köchin. Es bleibt wohl nicht aus, daß manche Frauen etwas säuerlich auf männliche Komplimente reagieren und sich – welcher Unsinn – als »Nur-Hausfrau« bedrückt fühlen. Heute bin ich älter, da ist es nicht mehr so schlimm, weil diese Konkurrenzsituationen wegfallen. Wenn man jünger ist, wird man häufiger noch als weibliche Gefahr betrachtet. Und auch heute ist es eben so, daß ich mich mit Männern besser unterhalten kann. Es ist eben eine Männerwelt, in der ich lebe, es gibt zuwenig Frauen in der Politik. Seit sechsundzwanzig Jahren bin ich der erste weibliche Bürgermeister eines Bezirks, und als ich Stadträtin wurde, hatte es seit über zwanzig Jahren keinen weiblichen Stadtrat in Berlin gegeben. Das ist ja Wahnsinn. Ein anderes Verhältnis habe ich zu Frauen in der Politik,

mit denen kann ich gut zusammenarbeiten. Sie kennen Marie Schlei, sie war meine Richtschnur. Ich säße hier nicht ohne sie. Ich habe mich immer an ihr ausgerichtet. Ich glaube, ich war nicht blind gegenüber ihren Fehlern, aber ich habe sehr viel von ihr gelernt und sie geliebt. Sie hat immer gesagt: »Du bist eine kommunalpolitische Begabung, und du wirst das machen.« Auch noch zu Zeiten, wo ich dachte, ich will noch ein bißchen zu Hause bleiben, hat sie gesagt: »Du mußt jetzt anfangen.« Auch sie ist in Gesprächen mit Frauen auf diese Skepsis gestoßen, und ich glaube, je höher man in der Karriere klettert, desto einsamer wird man in bezug auf Frauenfreundschaften. Bei mir ist das vielleicht ein bißchen anders, weil ich noch so viele Frauen kenne aus der Zeit, in der ich Frauenpolitik in der Partei gemacht habe, und ich mich von den tüchtigen und sehr herzlichen Frauen im Wedding und ihrer Vorsitzenden unterstützt weiß.

Sie haben vorhin gesagt, Sie hätten auch viel Glück gehabt, können Sie das noch mal näher beschreiben?
Ich würde sagen, Glück war, als Nachbarn ein altes, sehr liebenswertes Ehepaar zu haben, das immer da war und mir gestattet hat, wenn etwas wichtig war und man einen Baustein in einer Karriere legen mußte, fortzugehen. Das hat meinen Kindern Großeltern geschenkt. Leider ist der Mann sehr früh gestorben, aber die Frau hat bei uns bis zu ihrem Tod noch ein glückliches Leben gehabt. Glück ist auch, eine Familie zu haben, die das, was ich mache, akzeptiert. Ich könnte, da ich auf Harmonie in meiner Umgebung angewiesen bin, nicht damit leben, zu Hause noch Widerstände zu überwinden. Ich muß mir die Kraft, das Auftanken von zu Hause holen, und das kann ich. Mein Mann ist politisch selber sehr engagiert, und so

kann ich auch jede Fachfrage mit ihm erörtern. Mein Mann bringt auch die Geduld mit, mir zuzuhören, selbst wenn er manchmal sagt: »Jetzt spinnt sie wieder«, aber er akzeptiert, daß ich das erst mal loswerden muß. Ich bin auch glücklich über meine Kinder, die mich mit einer großen Liebe umgeben.

Vor zwei Jahren war ich sehr krank, ich habe Krebs. Ich entschloß mich dann, vier Wochen nach der Operation wieder ins Rathaus zu gehen, und außerhalb meines normalen Urlaubs habe ich nicht einen einzigen freien Tag beansprucht. Ein Jahr lang habe ich Chemotherapie gemacht, bin jeden Freitagmittag in das Klinikum gegangen und war jeden Sonnabendmorgen wieder im Rathaus. Mein Körper hat es ausgehalten, mit dem Willen kann man das nicht nur steuern. In dieser Zeit habe ich sehr viel Liebe gebraucht von zu Hause und auch erfahren, und mich hat dieses Erlebnis stärker gemacht. Ich bin also nicht immer nur von den Sonnenseiten des Lebens beschienen worden und dürfte, wenn es nach der damaligen Diagnose der Ärzte ginge, gar nicht mehr leben. Die haben mir das ganz brutal gesagt, als ich alles wissen wollte.

Großes Glück habe ich gehabt, daß die Therapie angeschlagen hat. Aber das Leben wird ja nicht einfacher, d. h., im Unglück Glück zu haben, macht einen stärker. Ich glaube nicht, daß es nur positiv ist, wenn man immer alles erreicht, was man möchte. Man reift ein Stückchen an Widerständen und Herausforderungen.

Ich will dazu noch ein Beispiel erzählen. Es ging damals ja durch alle Zeitungen, daß ich Krebs hatte, und da wunderten sich die Leute, wie ich das denn mit der vielen Arbeit vereinbaren könnte, ich müßte doch sterbenskrank sein. Dann kamen sie und sagten: Ich habe auch Krebs und kann

Ihren Dreizehn-Stunden-Tag nicht verstehen. Viele Kranke konnte ich überzeugen, daß man sich Aufgaben suchen sollte, und einen Teil dieser Menschen finden Sie heute in Berlins ehrenamtlicher Arbeit, zwar geplagt, aber vergnügt, wieder. Von Marie Schlei, die selbst Krebs hatte, habe ich gelernt: Man muß auch Beispiel sein können. Aber innerlich habe ich oft rebelliert.

Aber wenn ich ein Fazit ziehen soll, muß ich sagen, ich habe noch nie so viel gearbeitet wie jetzt. Es ist etwas, was ich mir in meinem Leben erträumt habe. Und es liegt viel an den Weddingern, die sind so offen, aufgeschlossen, herzlich und geradeheraus.

Mir ist auch soviel angeboten worden, weil es so wenig Frauen in der Politik gab, Bundestagsmandat, für den Regierenden Bürgermeister zu kandidieren, stellvertretende Landesvorsitzende zu werden, aber mir geht nichts über Kommunalpolitik. Vielleicht hängt es auch mit meiner dörflichen Herkunft zusammen. Mein Mann lacht sich immer krümelig, denn manchmal klettere ich hier auf das Dach, nehme den Fotoapparat mit und sage: »Ich muß mal den Wedding knipsen.« Es macht halt so viel Freude.

Wie zieht man eigentlich Grenzen zwischen Privatleben und Beruf?

Das ist schwer, das ist sehr schwer. Mit klareren Grenzen würde ich mich manchmal wohler fühlen, aber ich kann sie nicht ziehen. Nur wenn es wirklich zuviel wird. Zum Beispiel versuche ich, wenn ich zu Hause bin, mich voll auf die Kinder zu konzentrieren, und dann stört es mich sehr, wenn dauernd das Telefon klingelt. Ich stehe nicht im Telefonbuch, und dennoch riefen am Sonntag bis zu fünfzehn Leute an, mit Dingen, die man genausogut auch am Montag erledigen könnte. Meine Kinder wurden knatschig, und ich habe mir überlegt, ob die Leute es wohl begreifen könnten. Wir haben hier im Wedding eine Bezirkszeitung, in der ist eine Meckerecke, in der die Leute schreiben können, was ihnen nicht paßt, und ich antworte. Damals habe ich geschrieben: Heute meckere ich mal. Ich habe meinen Terminkalender veröffentlicht von so einem Sonnabend, denn ich bin sonnabends so gut wie nie zu Hause, und diese kleinen Freiräume am Sonntag beschrieben, habe aufgelistet, mit welchen Problemen angerufen wurde, und habe das dann in seiner teilweisen Lächerlichkeit kommentiert. Das hat geholfen. Ich habe sehr viele Briefe dazu bekommen und gehe seit dieser Zeit an Sonntagen nicht mehr ans Telefon.

Glauben Sie, daß die Leute Ihnen mit anderen Erwartungen gegenübertreten, weil Sie eine Frau sind?
Ich glaube eher, daß das am Typ liegt. Manche kommen allerdings und sagen: Wir sind gekommen, weil wir gehört haben, Sie haben auch Kinder. Die Brücke zu schlagen ist eben leichter. Es ist ja ein Überwinden von Hemmschwellen, in so ein Rathaus zu gehen.

Gibt es etwas, was Sie jungen Frauen raten würden?
Zunächst würde ich mir eine Partnerschaft suchen, in der die Erfüllung meiner Vorstellungen eine Chance hat; solange man noch ein bißchen suchen kann... sollte man das auch ruhig tun.
Dann: Ohne Sachwissen funktioniert nichts. Wenn man Anerkennung und Erfolg haben will, muß man was wissen. Es ist nur meiner Meinung nach ein völlig falscher Ansatz und nur für Frauen typisch zu meinen, sie müßten überall Bescheid wissen. Das Gefühl, erst mitreden zu

können, wenn man eine Allround-Frau ist, damit verstellen sich viele Frauen eine Karriere. Es genügt, wenn man sich ein Gebiet aussucht, das einem Spaß macht, dort Bescheid weiß, seine Vorstellungen entwickelt und Anhänger mit ähnlichen Interessen sucht.

Drittens dürfen sich die Frauen nicht so schnell entmutigen lassen. Ich habe schon so viele Frauenkarrieren gefährdet gesehen nach einer mißlungenen Rede. Ja, du liebe Zeit, welchen Unsinn reden Männer manchmal, und wie oft sind ihre Prognosen falsch. Haben Sie schon mal erlebt, daß das einen Mann zum Aufgeben gebracht hätte? Seinen persönlichen Redestil zu entwickeln, die Ruhe zu haben, das auszuprobieren, das ist sehr wichtig. Dieses Stück Gelassenheit zu entwickeln und Angst als etwas Natürliches zu akzeptieren ist schwierig, aber notwendig. Männer haben auch Angst, sie verbergen es bloß besser, und es kommt auch nicht in ihrer Stimme so zum Ausdruck. Politische Karrieren hängen aber auch von der Repräsentation ab, und Frauen müssen lernen, damit umzugehen.

Weiter würde ich sagen, daß man möglichst nicht so ein Einzelkämpferdasein führen, sondern sich irgendwo einbetten und mit Gleichgesinnten etwas machen sollte.

Wichtig ist, daß man sich selber leiden kann und daß man den Humor behält. Ich habe einen wahnsinnigen Horror vor Leuten, die so todernst und säuerlich Politik machen. Ich kann doch nicht Politik machen für Menschen aus einer Haltung, die eigentlich gar nicht menschenfreundlich ist.

Die Frauen müssen sich zu sich selber bekennen. Jeder ist nun mal, wie er ist, man muß seine Stärken pflegen und seine Schwächen vielleicht ein bißchen bekämpfen, aber manchmal sind sie ja auch ganz liebenswert.

Frauen sollten ihr Sosein bejahen. Ich würde niemals Männer bekämpfen, außer in direkten Konkurrenzsituationen, denn wenn man gemeinsam auf der Welt ist, dann ist es doch nur natürlich, zusammenzuarbeiten. Wenn man um mehr Solidarität und Gemeinsamkeit im Leben wirbt, auch im Leben in einer Stadt, dann darf man das doch nicht so tun, daß man damit viele Leute in die Flucht schlägt. Männer und Frauen, Junge und Alte, sie alle können die Welt verbessern helfen. Und sei es auch oft nur mit ein bißchen mehr Mitmenschlichkeit, einem kleinen Dienst oder Hilfe bei Ungerechtigkeit. Wer will, hat alle Hände voll zu tun. Meine Familie findet das reichlich flachbrüstig. Wie gut, daß ich da meinen geliebten Wedding habe.

Lieselotte Mettler ist stellvertretende Chefärztin und Leiterin des Forschungsteams über extrakorporale Befruchtung an der Universität Kiel. Sie ist die einzige Frau, die in leitender Position in diesem Bereich sogenannter Spitzenforschung arbeitet, und eine der wenigen Frauen, die in dem leider immer noch männerdominierten Fach Gynäkologie Karriere gemacht haben. Sie ist verheiratet mit einem Perser, Professor für Pathologie an der Universität Kiel, hat zwei eigene Söhne; vier weitere Kinder ihrer Familie aus dem Iran leben ebenfalls bei ihr in Kiel.

Mein ursprüngliches Ziel war es, Missionsärztin zu werden. Ich war in der evangelischen Jugend sehr aktiv, hatte mich als Schülerin stark mit religiösen Fragen auseinandergesetzt, und wenn ich in dieser Zeit überhaupt so etwas wie ein Vorbild hatte, dann war es Albert Schweitzer. Aber im Lauf meines Lebens sind die kirchlichen und die Glaubensfragen gegenüber dem direkten und unmittelbaren Helfenkönnen in der Medizin zurückgetreten. Heute versuche ich beides, Religion und Beruf, miteinander zu verbinden.
Geboren wurde ich 1939 in Wien, meine Eltern zogen aber bald nach Stuttgart, mein Vater ist Diplomingenieur, meine Mutter Hausfrau, und so habe ich dort 1959 das Abitur gemacht.
Das Studium habe ich in Tübingen, Wien und Kiel absolviert. Nach Kiel bin ich zum einen deswegen gegangen, weil ich gern segeln lernen wollte, zum anderen lebte hier ein Onkel von mir, der auch Mediziner war und den ich sehr bewunderte. Schon während meines Studiums habe ich Krankenhäuser in Entwicklungsländern besucht, und dabei lernte ich auch das Amazonas-Hospital Albert Schweitzer kennen, das mir so gut gefiel, daß ich beschloß, nach Beendigung meines Studiums dorthin zurückzukehren. Ich habe aber dann doch noch erst zwei Jahre Medizinalassistentenzeit in Kiel und Stuttgart gemacht, ehe ich dorthin gegangen bin, weil ich einfach eine bessere Grundausbildung brauchte. Dort war ein hoher Arbeitseinsatz erforderlich, und ohne tiefere Kenntnisse wäre das schlecht möglich gewesen.
Die Arbeit in diesem Urwaldhospital – ich war insgesamt ein Jahr da – hat schon sehr viel Spaß gemacht und war auch für mich selbst als Ärztin sehr befriedigend. Man bekam dort wirklich das Gefühl, unmittelbar helfen zu kön-

nen. Es kamen so viele Patienten, daß sie teilweise eine Woche in Hütten vor dem Eingang sitzen mußten, weil wir sie alle gar nicht so schnell behandeln konnten. Es gab eben niemanden, der das sonst hätte tun können, kein weiteres Hospital um die Ecke, keine Sozialfürsorgestelle oder ähnliches.

Von meinem Ziel, Missionsärztin zu werden, bin ich während dieser Zeit aber ganz abgekommen. Der Wettstreit zwischen den Konfessionen, den ich dort beobachten konnte, stieß mich ab. In diese Fragen wollte ich mich überhaupt nicht einmischen, und so entschied ich mich, nur noch im medizinischen Bereich tätig zu sein. Letztendlich muß man sich eben entscheiden, in welchem Bereich man sich mehr engagieren will, denn beides miteinander zu vereinbaren ist sehr schwer.

In diesem Hospital habe ich auch meine Neigung für die Gynäkologie entdeckt. Ich war die einzige Frau und habe von daher sehr viele Geburten gemacht. Außerdem operiere ich gern, und als Frau in die Chirurgie zu gehen ist schon sehr anstrengend. Die Operationen dauern dort fünf bis acht Stunden, in der Gynäkologie vielleicht zwei, höchstens drei Stunden, und Gynäkologie ist auch ein Fach, in dem sich konservative Behandlungsmethoden und operative Fähigkeiten gut verbinden lassen. In dem Amazonas-Hospital gab es keine gynäkologische Abteilung, und ich habe immer bedauert, keine größeren Kenntnisse zu haben. Ich überlegte mir dann, den Facharzt für Gynäkologie in Kiel zu machen und anschließend wieder nach Peru zurückzugehen. Dies habe ich insofern eingehalten, als ich in Kiel meine Facharztausbildung absolvierte, aber dann habe ich geheiratet, bekam 1970 und 1973 meine beiden Söhne und bin also schlicht hier hängengeblieben.

Promoviert hatte ich gleich nach dem Staatsexamen, und während meiner Facharztausbildung habe ich auch begonnen, neben der täglichen Arbeit in der Klinik wissenschaftlich zu arbeiten. Denn die Abende, die man in der Klinik verbringen muß, kann man auch sinnvoll nutzen, also nicht nur im geselligen Beisammensein. Ich begann mich für die Reproduktion im ganzen zu interessieren, von der biologischen, von der immunologischen Seite her, und habe mich dann 1976 habilitiert. 1976 verwandten wir erstmals die auch heute noch praktizierte Technik der extrakorporalen Befruchtung, 1980 haben wir die Versuchsreihen mit menschlichen Keimzellen begonnen und 1982 die ersten Schwangerschaften erreicht.
Der weitere formale berufliche Werdegang besteht in der Professur 1981, seit 1976 bin ich schon Oberarzt in dieser Klinik, seit 1980 stellvertretender Direktor, und das bin ich auch heute noch.

Bei Ihrer Heirat haben Sie nicht aufgehört zu arbeiten. Wollten Sie früher auch schon immer berufstätig sein, oder hat sich das erst im Lauf Ihres Lebens so entwickelt?
Ich wollte immer beides, wollte immer berufstätig sein und eine Familie haben, und ich glaube auch, daß sich beides vereinbaren läßt, wenn man ein bißchen Extra-Einsatz zeigt – das muß man natürlich schon. Selbstverständlich habe ich auch Glück gehabt, denn ich wollte ja erst mit dreißig Kinder haben und bekam sie dann auch. Es gibt so viele Frauen heute, bei denen Schwierigkeiten auftreten, dieses Problem habe ich zum Glück nicht gehabt. Aber letztlich glaube ich, daß es eine Entscheidung der Frauen über ihren Weg ist. Ich habe Kolleginnen, die wirklich forschen wollen und die das irgendwie mit ihrer Familie vereinbaren können, und es gibt andere Kolle-

ginnen, die sagen: Mir ist meine Familie ebenso wichtig oder wichtiger, ich will nicht, daß sie zu kurz kommt.

Wie haben Sie das vereinbart, Sie haben ja '70 und '73 Ihre beiden Söhne bekommen und sich schon '76 habilitiert?
Meine Mutter lebte zu der Zeit hier in Kiel, und sie hat mir viel abgenommen. Später gingen sie dann auch in den Kindergarten, und seit ein paar Jahren haben wir eine Haushälterin. Teilweise habe ich sie als Babys auch zum Nachtdienst mit in die Klinik genommen. Ich habe während der ganzen Schwangerschaften gearbeitet, immer, vielleicht ist es in einer Frauenklinik einfacher, denn wenn etwas passiert, ist man ja gleich an Ort und Stelle. Und wenn man einen Mann hat, der einen nicht hindert, dann geht es schon. Mein Mann hat also nie Haushaltstätigkeiten gemacht und die Babys nie gewickelt, die Familie war immer meine Aufgabe, aber ich habe es immer gern gemacht. Wir haben auch stets viele Kinder, Neffen und Verwandte im Haus gehabt, es hat mir sehr viel Freude gemacht. Der einzige Punkt ist halt, daß es für mich keine Wochenenden nur zum Ausruhen gibt. Es ist immer was zu tun, aber man langweilt sich auch nicht.

Aber es ist doch eine unglaubliche Anstrengung, kleine Kinder zu haben, den normalen Klinikbetrieb zu gewährleisten und dann nebenher noch zu forschen?
Man muß natürlich eine Basisarbeit geleistet haben, ich hatte ja schon vor meiner Heirat begonnen, wissenschaftlich zu arbeiten. Es ist schon sehr schwierig, man muß immer Zeit abstückeln und sehr viel abends arbeiten, ohne diesen Einsatz geht es nicht. Bei mir ist es so gewesen, daß mich die Sache interessiert hat. Ich wollte eine Lösung für dieses Problem finden. Es war nicht mein primä-

res Ziel, mich zu habilitieren, sondern ich wollte neben den klinischen Sachen noch etwas anderes machen. Das Ganze hat sich langsam entwickelt, und wenn man dann schon mal soviel Mühe investiert hat, dann ist es auch nicht schwer, die Sachen zusammenzuschreiben für eine Habilitation.

Mein Mann hat mich in meiner wissenschaftlichen Arbeit auch immer unterstützt und, auch als die Kinder noch klein waren, gefördert, daß ich nicht in irgendwelchen gefühlsbetonten Anwandlungen untergehe, sondern abends noch Literatur lese. Wenn mein Mann mit dem Ganzen nicht einverstanden gewesen wäre, hätte er es bei unserer Heirat bestimmt gesagt. Höchstens wenn die Kinder schlechte Noten aus der Schule mit nach Hause bringen, sagt er: Das kommt daher, daß du dich nicht genug darum kümmerst. Aber das sind auch die einzigen Punkte. Das stört mich persönlich auch nicht, denn ich halte schlechte Zensuren für nicht so einen großen Beinbruch, daß ich mein Leben ändern müßte. Ich habe auch kein schlechtes Gewissen gehabt oder habe es nicht, denn wenn ich zu Hause bin, bin ich voll für die Kinder da. Sie können mich jederzeit in der Klinik anrufen, und am Wochenende unternehmen wir etwas zusammen. Es ist eben so: Als berufstätige Frau haben Sie den Beruf und Ihre Familie, daneben bleibt nichts. Wo andere vielleicht zum Kegelabend gehen oder Tennis spielen, haben Sie Ihre Familie. Aber der Beruf macht mir halt sehr viel Freude, ich möchte ihn nicht missen, und die Motivation, jeden Tag wieder zur Klinik zu gehen, ist zum einen die Möglichkeit, den Leuten wirklich unmittelbar helfen zu können, und auf der anderen Seite, Lösungen zu finden oder an Lösungen medizinischer Probleme zu arbeiten, die letztlich wieder den Menschen zugute kommen. Dazu kommt, daß es natürlich auch innerlich sehr befriedigend ist, wenn man imstande ist, Lösungen zu finden. Ich bin ehrgeizig, das muß ich sagen, aber in der Sache.

Haben Sie eigentlich als Frau einen besonderen Zugang zu diesem Bereich wissenschaftlicher Forschung? Es wird ja oft von den Gefahren, insbesondere für Frauen, gesprochen, die von der Gentechnologie ausgehen würden – wie sehen Sie diese Problematik?
Fortschritte in der Gentechnologie lassen uns in die Mikrostruktur des Menschen Einblick nehmen, dadurch können neue Zusammenhänge erkannt, Krankheiten studiert und diese letztlich therapiert werden. Eine Gefahr der Gentechnologie speziell für Frauen sehe ich überhaupt nicht, eine Manipulation des Menschen, wie von vielen befürchtet, ist durch die Gentechnologie nicht möglich, eine Therapie bestimmter monogener wird vielleicht einmal möglich sein. Die Kinderwunschbehandlung mit extrakorporaler Befruchtung und Embryo-Transfer sehe ich als eine Therapie für Frauen mit bestimmten Ursachen der Kinderlosigkeit an. Es werden dabei weder Frauen zu dieser Therapie vergewaltigt, noch wird Mißbrauch mit aspirierten Eizellen getrieben. Bei einem nicht natürlich möglichen Zusammenkommen von Eizelle und Samenzelle eines Ehepaares werden Eizellen und Samenzellen Invitro zusammengegeben, es entsteht nach 48 Stunden ein früher Embryo, dieser wird der Mutter in die Gebärmutterhöhle übertragen. Sie trägt dann ganz normal – wie jede andere Frau – ihr Kind aus und ist die Mutter des Kindes. Den Einsatz von Heterotechniken in diesem Zusammenhang lehne ich ab.

Wie hat Ihre Umwelt auf Ihren Weg reagiert?
Privat, die Frauen, die wundern sich immer. Die können das nicht so richtig begreifen, wie man lebt. Auch die Kolleginnen verstehen manchmal nicht, daß man dabei glücklich sein kann. Sie sagen: So wie Sie möchten wir nicht leben, erst so spät nach Hause, so wenig Zeit für die Familie. Ich freue mich immer, wenn ich in der letzten Zeit, in Bonn, ich bin ja Mitglied einer Regierungskommission für Gentechnologie, auf Frauen treffe, die auch engagiert berufstätig sind. Mit denen komme ich sofort ins Gespräch, und da ergeben sich auch nette Kontakte.
Hier in der Klinik mußte ich mich erst durchsetzen, zuallererst gegenüber meinem Chef, aber auch den Kollegen und den Patienten gegenüber. Die Patienten trauen oft einer Frau schwierige Operationen nicht zu. Ich habe hier als Kollegen lauter so breitschultrige, große Männer, die genießen einfach einen Vertrauensvorschuß bei den Patientinnen. Aber ich reagiere da immer sehr ruhig und weiß ja auch, daß ich operieren kann.
Zu den Assistenzärzten habe ich jetzt einen sehr guten Kontakt. Früher war es etwas schwieriger, gerade an einer Klinik ist ja auch die Konkurrenz unter den Oberärzten teilweise groß. Mir hat da die Position des stellvertretenden Chefarztes sehr geholfen. Als solcher müssen Sie faktisch die ganze Arbeit machen, der Chef ist häufig fort, so daß Sie also schon die Klinik in der Position gestalten können.
Rücksicht ist allerdings nicht auf mich genommen worden. 1981 war ich noch einmal schwanger und habe einen gesunden dritten Sohn geboren. Mein Kind ist dann leider nach vier Monaten ganz plötzlich gestorben, ohne vorherige Anzeichen einer Krankheit. Auch während dieser Schwangerschaft habe ich bis zur Geburt voll gear-

beitet. Es wird also schon erwartet, daß man vollen Einsatz zeigt. Ich mußte es auch lernen, mich durchzusetzen. Am Anfang fiel es mir sehr schwer, hart genug zu sein, Entscheidungen radikal zu treffen. Ich versuchte immer zu überzeugen, einen Mittelweg zu finden. Aber menschlich geht man da einfach unter, man steht im Brennpunkt der verschiedensten Eitelkeiten, ist unterschiedlichsten Ansprüchen ausgesetzt, und ich war einfach nicht hart genug. Ich habe lernen müssen, strikter zu sein.
Das habe ich von meinem Chef gelernt, der allerdings sehr, ich finde zu, autoritär in seinem Führungsstil ist, für ihn gibt es nur entweder – oder, gar keinen Mittelweg. Ihn mußte ich am meisten überzeugen, aber er hat sich überzeugen lassen von meiner fachlichen Qualifikation. Aber manchmal bricht es auch heute noch unbewußt aus ihm heraus: Ach, wärst du halt ein gestandenes Mannsbild! Er ist natürlich selbst Bemerkungen ausgesetzt, wenn sich zum Beispiel andere öffentlich wundern, daß er eine Frau als Stellvertreter hat. Als ich mich vor Jahren in München an einer großen Klinik für die Chefstelle beworben hatte, kam die Bemerkung an ihn zurück, was er sich dabei denke, ihnen eine Frau vorzuschlagen.
Gerade in unserem Fach haben einige ältere Kollegen wenig Verständnis dafür, wenn Frauen beruflich erfolgreich sind. Frauen wird eben die fachliche Qualifikation meist nicht zugetraut, man muß sich erst beweisen und selbst dann ... Die Hoffnung, noch einmal eine Ordinarius-Stelle zu bekommen, habe ich fast aufgegeben. Die Chance, die ich voriges Jahr hatte, einen Lehrstuhl in Homburg zu bekommen, mußte ich leider ausschlagen. Während der Bewerbungsfrist hatte ich einen Reitunfall, bei dem ich mir das Genick brach. Daran könnte man ja leicht sterben, aber ich hatte Glück. Innerhalb einer

Stunde war ich auf dem OP-Tisch und bin heute wieder vollständig gesund. Aber damals war es eben über drei Monate hinweg etwas unklar, inwieweit ich wieder voll arbeitsfähig sein würde, und so habe ich die Bewerbung zurückgezogen.

Wie gehen Sie mit Rückschlägen um?
Rückschläge versuche ich als Stimulation für vermehrte Anstrengung aufzufassen, denn nur so lassen sie sich ertragen. Alle Menschen bekommen in irgendeiner Weise einmal eine Lehre, die sie eher annehmen sollten, als daran zu verzweifeln.
Als ich anfing zu arbeiten, war ich die einzige Frau in der Abteilung, heute sind wir vierundzwanzig Männer und sechs Frauen. Es war zwar nicht immer angenehm, aber der Beruf hat mir immer mehr Freude gemacht als Ärger. Das entscheidende ist, glaube ich, die Einstellung dazu. Ich dachte mir immer, daß ich es mir selber schuldig bin, wenn ich etwas anfange, es auch zu Ende zu führen. Und ich habe mich auch durch nichts so stark verunsichern lassen, daß ich abgesprungen wäre. Es ist insofern natürlich auch ein Glück gewesen, daß mein Mann mich unterstützt hat und daß mein Chef sich hat überzeugen lassen und mich auch menschlich anerkennt.

Gibt es etwas, was Sie jungen Frauen raten würden?
Sie sollten sich überlegen, was sie wollen, und vor allem, was sie schaffen. Man muß als Frau den gleichen Einsatz im Beruf bringen wie ein Mann, wenn man etwas werden will, aber es geht, man kann es tun. Und ich würde sagen, man sollte auf keinen Fall wegen der Kinder zu Hause bleiben. Aber letztlich ist es die Entscheidung der Frauen, was sie wollen – mehr für ihre Familie dasein oder sich beruflich engagieren.

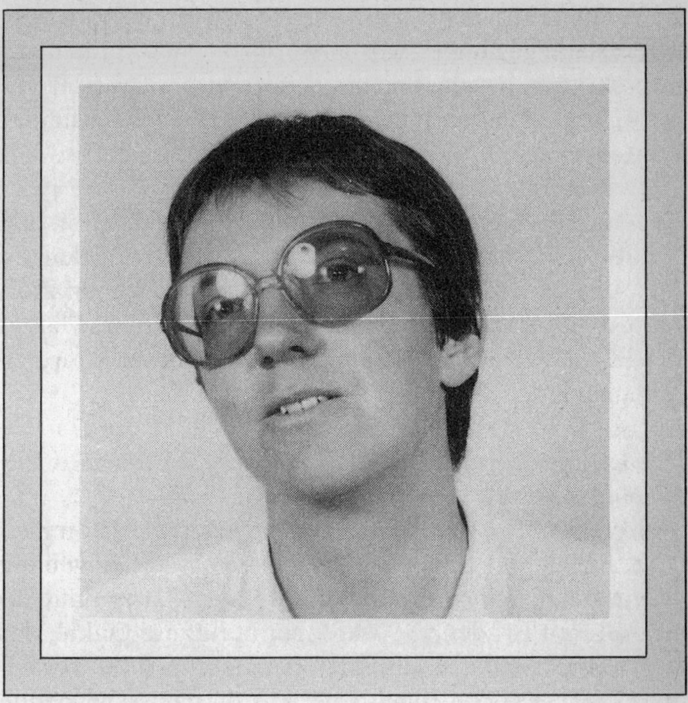

Sabine Koppelberg, 41, ist Professorin für Mathematik an der Freien Universität Berlin. Sie ist verheiratet, ebenfalls mit einem Mathematiker, der aber heute in der freien Wirtschaft tätig ist. Bewußt entschieden sie sich dafür, keine Kinder zu bekommen. Ihr Traum für die weitere Berufslaufbahn besteht in einer besseren Stelle an einer besseren Uni, zum Beispiel Bonn oder Heidelberg, wobei die schöne Umgebung der beiden Städte auch ein gewichtiger Grund für sie wäre, Berlin zu verlassen.

Mein Onkel ist damals mit mir zu zwei Vorträgen vom Arbeitsamt gegangen, wo das Berufsbild des Mathematikers skizziert wurde, und der Referent sprach von Phantasie, Kreativität und Interesse, und mein Onkel war entsetzt und sagte: »Mein Gott, das kannst du nicht!« Aber ich antwortete: »Das kann ich.«
Die meisten Menschen können sich nicht vorstellen, daß relativ viel Phantasie zur Mathematik gehört, sie denken alle, das sei hauptsächlich Rechnen mit trockenen Zahlen. Aber das ist es nicht, vor allem nicht die reine Mathematik, da wird abstrakt argumentiert und natürlich wenig gerechnet.

Wie hat es sich entwickelt, daß Sie so gern Mathematik studieren wollten?
Von einem gewissen Punkt an war es bei mir vollkommen klar. Ich glaube, das eine ist, daß eine gewisse Begabung in unserer Familie vorhanden war. Mein Vater hatte einen älteren Bruder, das war jener berühmte Onkel, der war Lehrer an der Realschule, hauptsächlich für Mathematik. Er war der eigentliche Anstoß gewesen, glaube ich, weniger die Begabung, denn die haben viele Leute wie ich in dem Maß, sondern seine Art, mir die Mathematik näherzubringen. Er wollte mich bestimmt nicht zur Mathematikerin erziehen, das war damals ja nicht üblich bei Mädchen, aber er hat immer ein bißchen probiert, was ich schon kann. Wenn wir spazierengegangen sind und auf der Weide sieben Kühe standen, fragte er: Wenn da jetzt zwei weglaufen, wieviel bleiben denn dann über? Oder er hat manchmal Dinge erzählt, die die Phantasie von etwas älteren Kindern schon sehr fesseln, der Begriff des Unendlichen etwa. Oder wie z. B. sich eine Spirale um einen Punkt zusammenzieht, aber nie an diesen

Punkt herankommt, das fand ich so faszinierend, als ich das zum erstenmal gesehen habe.
Zum zweiten bin ich nie davon abgebracht worden, von meinen Eltern zum Beispiel, die nie sagten: »Spiel lieber mit Puppen, das ist nichts für dich.« Also ich denke, der Hauptanstoß war, daß ich mich damit beschäftigte, daß ich ab und zu gefördert wurde und daß ich nie gebremst worden bin.

Wie war das in der Schule? Ich erinnere mich, daß es zu einem gewissen Zeitpunkt einfach dazugehörte, als Mädchen in Mathematik schlecht zu sein.
Nun bin ich auf einer Mädchenschule gewesen, immer nur in Mädchenklassen gewesen, da kommt das, glaube ich, nicht so zum Tragen. Das hab' ich im übrigen immer bedauert, ich hatte keinen Bruder, mein Vater ist gestorben, als ich ein Kind war, mit Männern habe ich das erstemal zu tun gehabt, als ich anfing zu studieren, und das ist doch ein bißchen spät.
Von den Lehrern bin ich auch nicht behindert worden, und von den Klassenkameradinnen... Natürlich war mir klar, daß sie sich in einem gewissen Alter für ganz andere Sachen interessierten, für die ich mich erst sehr viel später interessiert habe, aber mir hat das, glaube ich, ganz gutgetan, zumindest in der wissenschaftlichen Laufbahn. Es ist ja wichtig für den Beruf, wie bei Männern auch, daß man sich nicht nur für den Freund, sondern auch für das Geistige interessiert.
Ich glaube, ich habe Glück gehabt, daß ich keine Leute getroffen habe, die sagten: »Das kannst du nicht.« Nun war ich ab einem gewissen Zeitpunkt in all den anderen Fächern in der Schule auch nicht mehr so gut, in Französisch hatte ich mal eine Vier, und ab dem Punkt war klar,

Mathematik ist das, was mir liegt und was ich machen werde.
Ich wollte unbedingt studieren, ich glaubte, ich hätte den Hang zum Abstrakten, nicht so sehr zum Angewandten, obwohl ich damals gar nicht wußte, was man in der Mathematik alles machen kann.

Als Sie anfingen zu studieren, war es damals schon für Sie klar, daß Berufstätigkeit eine Lebensperspektive für Sie haben würde?
Ja. Unbedingt. Ich glaube, daß dies ein wesentlicher Faktor ist, weshalb Frauen vielleicht nicht ganz so erfolgreich sind, denn es kommt doch sehr darauf an, mit welcher Ernsthaftigkeit man das angreift. Ich bin in der Vorstellung aufgewachsen: Du wirst garantiert nicht heiraten. Du wirst deinen Beruf haben, und den wirst du gern haben. Ich denke mir, alle Leute, die mich kannten, waren hinterher auch überrascht, als ich dann doch heiratete. Ich sehe natürlich, daß Frauen im beruflichen Leben unterrepräsentiert sind, aber ich fürchte fast, man kann das mit Forderungen und Proklamationen nicht ändern. Frauen müssen schon die gleiche Leistung bringen wie Männer.
Es kommt dazu, daß Mädchen zwar oft fleißiger sind im Studium, aber doch weniger Selbstbewußtsein haben. Und ab einem gewissen Punkt hängt die berufliche Karriere eben nicht nur vom Können, sondern auch vom Selbstbewußtsein ab und vom Auftreten. Ich kenne zum Beispiel Leute, die fachlich wirklich sehr gut sind, aber furchtbar schüchtern auftreten und deshalb nicht so weit kommen. Auf der anderen Seite gibt es Leute, die treten so selbstbewußt auf, und im Grunde ist so wenig dahinter. Beides ist sicherlich nicht ganz richtig, aber ich glaube, daß Frauen auf der einen Seite ein Defizit haben.

Am Anfang waren Sie ziemlich unsicher, ob Sie das Studium schaffen würden. Warum?
Man hört ja immer so Gerüchte, wie furchtbar schwer das Mathematikstudium sei. Meine Mutter war bei unserem Lehrer in der Sprechstunde, und der sagte, das sei so schwer, er selbst habe es nur mit Anstrengung geschafft und gerade eben: Meine Mutter solle mich nur nicht auf eine richtige Uni gehen lassen. Dann gab es in unserer Kleinstadt zwei Fälle von Jungen, die etwas älter waren als ich, von denen der eine gleich nach einem Semester das Studium abbrach und der andere nach einigen Semestern zwar nicht das Studium abbrach, aber Selbstmord verübte, wobei Spekulationen umgingen, woran das nun lag. Es lag wohl mehr an seiner Freundin, aber es ging auch das Gerücht, das Mathematikstudium hätte ihn entweder wahnsinnig gemacht oder er hätte es nicht geschafft. Ich bin also mit zitternden Knien in die Hochschule gegangen, aber das hat sich nach zwei Semestern etwas gelegt, weil ich sah, daß ich es wohl halbwegs schaffen konnte, und nach etwa fünf Semestern fing ich an zu merken, daß ich es ganz gut schaffen würde.
Schwierigkeiten hatte ich an der Uni nicht so sehr oder gar nicht, weil ich eine Frau war. Es war nur ein Schock für mich, aus einer rein weiblichen Welt in eine männlich dominierte zu kommen, aber Ressentiments oder Skepsis bin ich nicht begegnet. Schwierigkeiten hatte ich mit dem Stoff, denn aus der Schule war man ja gewöhnt, daß man jede Aufgabe konnte, und das war in der Hochschule ganz anders. Ich bekam die korrigierten Aufgaben zurück, hatte schon mal nicht alle gelöst, und dann war noch so viel angestrichen, daß ich schockiert war. Gott sei Dank hatte ich in der anderen Vorlesung mehr Aufgaben richtig gelöst, so daß mir das wieder etwas Auftrieb gab.

Es ist ja heute noch so, daß ein Teil der Leute nach einer kurzen Anlaufzeit alles oder fast alles kann, während der andere Teil hintenrüberfällt.
Nach dem Diplom habe ich eine Tutorenstelle in Hannover bekommen, da gab es damals einen Modellversuch, in dem schon diplomierte Studenten Übungen veranstalteten, um die Abbrecherquote etwas zu senken. Das war eine BAT-IIa-Stelle, auf der man auch promovieren konnte. Am Anfang war ich etwas nervös, denn es ist schon eine andere Situation, vorn an der Tafel zu reden, aber ich habe das relativ schnell überwunden, und heute bin ich froh, daß ich es gemacht habe. Man lernt doch, sich klar und deutlich auszudrücken. Ich glaube, von dieser Zeit kommt auch mein Ruf heute an der Uni, relativ verständliche Vorlesungen zu halten.
Auf dieser Stelle habe ich auch promoviert, und kurz bevor der Vertrag auslief, wurde mir ein Angebot gemacht, als Assistentin nach Kiel zu gehen. Dort war ich drei Semester, inzwischen hatte ich meinen Mann kennengelernt, der war in Bonn, und ich wollte natürlich auch dahin und habe die Stelle in Kiel aufgegeben. In Bonn ist dann für mich von zwei Professoren ein Forschungsstipendium beantragt worden, davon habe ich zwei Jahre gelebt, anschließend bekam ich eine Assistentenstelle. Auf dieser Stelle habe ich mich habilitiert und bin nach drei Jahren von Bonn zusammen mit meinem Mann nach Berlin gegangen. Hier hatte ich mich auf eine Professorenstelle beworben, mein Mann auf eine Assistenzprofessorenstelle, und es war klar, daß wir nur kommen, wenn wir auch beide eine Stelle kriegen. Das klappte dann auch, Gott sei Dank.

War es für Sie ab einem gewissen Zeitpunkt selbstverständlich, daß Sie in die Forschung gehen?
Nein, nein, es war nicht selbstverständlich. Aber ich glaube, wenn man jünger ist, hat man keine so große Angst vor der Zukunft. Jedenfalls kann ich mich nicht erinnern, daß ich, als ich die Tutorenstelle hatte, Angst davor gehabt hätte, was ich hinterher machen soll. Ursprünglich habe ich auch nicht vermutet, daß ich mich habilitieren würde, aber in Kiel sagte mein Chef irgendwann: »Na, nun haben Sie zwei Arbeiten geschrieben, jetzt schreiben Sie noch zwei, und dann schreiben Sie vielleicht langsam mal eine Habilitationsschrift.« Auch die Promotion hatte ja mein damaliger Professor angeregt, der sagte, ich solle auf jeden Fall promovieren. Auch wenn ich in die Wirtschaft gehen wolle, was mein ursprüngliches Ziel war, dann würde es sich immer noch im Gehalt niederschlagen. Nein, in meinem Leben ist nichts selbstverständlich gewesen, weil ich immer irgendwelche neuen Phasen angefangen habe mit der Skepsis, ob ich es auch schaffen würde.

Was war für Sie das entscheidende, daß Sie nicht aufgegeben haben oder aus Angst neue Dinge gar nicht erst angefangen haben?
Ich dachte: Ich gebe erst auf, wenn es endgültig gescheitert ist. Jedesmal habe ich am Anfang gedacht: Das geht bestimmt schief. Zum Beispiel habe ich auch gedacht, ich könnte nicht promovieren, weil ich kein vernünftiges Thema sah und anderthalb Jahre verschiedene Dinge probiert habe und aus keinem etwas wurde. Zum Schluß habe ich Glück gehabt – aber am Anfang war es ein fürchterlicher Schock für mich. Ich sollte meine Diplomarbeit, die bis dahin als ganz gut galt, auf einer Tagung vortra-

gen, und alle Leute, die mich kannten, sagten: »Ja, mach das, das ist gut.« Und dann, am Ende des Vortrags – ich dachte damals, ich versinke im Erdboden –, stand ein junger Mann auf, etwa so alt wie ich, der in Freiburg promovieren wollte, und sagte: »Sagen Sie mal, ich verstehe das nicht, es gibt doch die und die Tatsache und weiter die Tatsache, und wenn man die alle zusammen betrachtet, dann kann das doch gar nicht stimmen, was Sie da erzählt haben.« Ich sagte: »Mein Gott, ja, das stimmt.« Ich kannte die Tatsachen alle, ich hatte sie nur noch nie zusammen betrachtet. Der Fehler in meiner Arbeit, der war so tief innen verborgen, der war nicht leicht zu finden, aber daß das Ergebnis, so wie zitiert, falsch war, war klar. Ich war absolut schockiert. Da saßen fünfzig Leute, alle viel älter und erfahrener als ich, und es war furchtbar. Am nächsten Tag haben sie mich besorgt gefragt, ob ich den Fehler schon gefunden hätte, und im Grunde waren sie alle sehr, sehr nett zu mir. Auch der Professor, bei dem ich die Arbeit abgegeben hatte, hatte den Fehler ja nicht bemerkt.

Ich habe dann den Fehler gefunden und darüber promoviert mit einem neuen Beweis. Das war dann mein Glück, daß ich jetzt ein Thema hatte und es auch schaffte. Aber das ist natürlich nicht die Standardmethode, daß jemand seine Diplomarbeit nimmt, einen Fehler findet und dann darüber promoviert.

Heute ordnet man solche Ereignisse anders ein. Es ist eine Unsicherheitsquelle in der Mathematik, daß die Beweise häufig über -zig Seiten gehen und der Leser nicht mehr die Geduld hat, alles genau zu lesen. Er glaubt, er hat die Idee verstanden, und überspringt viel, und teilweise werden die Beweise auch nicht bis zum letzten aufgeschrieben. Wenn man selbst einen Beweis aufschreibt

und ihn veröffentlichen will, denkt man: Hoffentlich ist kein Fehler mehr drin, aber der Referent wird es schon merken. Aber es gibt auch publizierte Arbeiten, in denen dicke Fehler sind oder wo später die ganze Arbeit als wertlos erkannt wird, weil der Hauptsatz falsch ist. Da hat der Verfasser geschlafen und der Referent.
Unsicher bin ich heute bei Vorträgen nicht mehr, das legt sich, wenn man älter und erfahrener wird. Heute existiert höchstens die Angst vor dem größten Schimpfwort, das es in der Mathematik gibt: trivial. Man selbst hat sich sehr viel Mühe gegeben, aber kann dann die Ergebnisse nicht mehr richtig einordnen oder bewerten, so daß die Angst darin besteht, daß zum Schluß irgendwelche großen Cracks aufstehen und sagen: »Mein Gott, wozu machen Sie das eigentlich?«

Wie verarbeiten Sie Rückschläge?
Auf der seelischen Ebene würde ich sagen: Ich rede mit meinem Mann. Das ist natürlich das schöne daran, daß er Mathematiker ist. Er kann sich das alles vorstellen und redet mir dann gut zu. Außerdem sage ich mir, daß es anderen Leuten ja auch manchmal so ergeht. Mir ist es noch einmal passiert, daß ich einen Vortrag gehalten habe und zum Schluß jemand aufgestanden ist und gesagt hat, daß diesen Beweis Solovay doch schon vor Jahren gefunden hätte und er sei da und da zitiert. Nun hat Solovay die Angewohnheit, die Beweise seiner Sätze selten zu publizieren und auch die Sätze kaum, aber er liebt es, bei Kongressen aufzutauchen und zum Schluß zu jemandem zu sagen: »Das habe ich doch schon vor fünf Jahren geschrieben.« Ich habe dann Solovay meinen Beweis geschickt und ihn veröffentlicht, mit seinem Kommentar. Und viele Leute fanden das unheimlich gut, weil man von Solovay eben manche Beweise nirgends findet.

Sie haben zu Männern wenig in Konkurrenz gestanden?
Doch, aber ich glaube nicht, daß die Konkurrenz schärfer wurde dadurch, daß ich eine Frau bin. Ich kann nur immer wieder feststellen, daß ich auf der Ebene gar keine Probleme hatte.
Wenn ich mich allerdings heute auf eine Stelle bewerben würde, würde wahrscheinlich schon der Effekt eintreten, der immer behauptet wird, daß eine Frau, um eine gleichrangige Stelle zu finden, mehr leisten muß. Es ist ja auch eine Frage des persönlichen Kennens, man wird beurteilt von Gremien, die einen nicht persönlich kennen, und da brechen wahrscheinlich eher die Vorurteile gegenüber Frauen durch.

Als Sie sich in Bonn habilitierten, waren Sie schon verheiratet. Hat die Tatsache der Heirat für Sie persönlich keinerlei Auswirkungen auf Ihre berufliche Perspektive gehabt?
Wenig. Es ist natürlich auch eine Ausnahmesituation. Das erste ist, wir haben keine Kinder, sonst würde es sicher anders aussehen. Ich glaube auch nicht, daß ich mir zutrauen würde, Kinder vernünftig zu erziehen und meinen Beruf so auszuüben, wie ich es tue. Das zweite ist, mein Mann arbeitete selbst bis vor kurzem an der Uni und hatte Verständnis dafür. Es wird ja viel geklagt, daß Frauen grundsätzlich doppelbelastet seien, weil sie zusätzlich noch den Haushalt machen müssen. Das war bei uns nicht so, mein Mann macht sehr viel im Haushalt, er ist eigentlich viel praktischer begabt als ich und kann viele Dinge, die ich gar nicht kann. Ich muß sagen, daß mein Mann mich unheimlich gefördert hat, indem er mein Selbstvertrauen gestärkt und mich insgesamt unterstützt hat.

War es eigentlich ein Problem in Ihrer Beziehung, daß Sie die exponiertere Stellung haben?
Also, wie ich es sehe, nicht. Ich stelle mir nur manchmal die Frage, ob mein Mann weitergekommen wäre, wenn er nicht geheiratet oder wenn er eine Frau gehabt hätte, die ihm zu Hause alles abnimmt, so daß er sich mehr auf die Wissenschaft hätte konzentrieren können.

War es für Sie eine bewußte Entscheidung, keine Kinder zu bekommen?
Ja, teilweise wegen des Berufs, es kommt aber hinzu, daß ich eine etwas pessimistische Weltanschauung habe. Und ich glaube, wenn man Kinder hat, kann man die nicht mit Pessimismus erziehen. Da muß man zumindest so viel Optimismus haben, daß man sagt: Es ist sinnvoll, Kinder in die Welt zu setzen. Ich könnte z. B. nicht abstrakt erklären, worin der Sinn bestünde, Kinder zu bekommen. Vielleicht ist es auch etwas Ängstlichkeit, weil ich fast jede Entscheidung im Leben, die ich treffe, rückgängig machen kann, in vieler Hinsicht kann man sein Leben total verändern, wenn man will, aber wenn man Kinder hat, dann geht das nicht mehr.
Viele verstehen natürlich nicht, wie man so leben kann, besonders Frauen, die wundern sich immer. Mir wird immer gesagt: »Wie kommt das, daß Sie das können, ich könnte es nie.« Unser Bekanntenkreis besteht natürlich auch in der Hauptsache aus Mathematikern, nur eine Ausnahme gibt es, ich singe im Kirchenchor, und da habe ich nette Menschen getroffen, mit denen man mal nicht über Mathematik reden muß.

Was würden Sie jungen Frauen raten? Gibt es etwas, was Sie besonders Frauen raten würden?
Wichtig ist, daß man ein starkes Interesse für dieses Gebiet mitbringt, Fleiß, Durchhaltevermögen, keine unnötige Angst hat, aber um ausgesprochene Spitzenleistungen zu erbringen, ist sicherlich noch eine zusätzliche Begabung notwendig.

Eleonore Güllenstern, 56, ist Oberbürgermeisterin einer Großstadt in der Bundesrepublik. Sie sagt von sich, sie gehöre zu der Generation von Hausfrauen, die sich – aufgrund mangelnder beruflicher Qualifikationsmöglichkeiten in der Nachkriegszeit und späterer Familiengründung – immer ehrenamtlich engagiert haben. Aber wessen Engagement endet schon in einer Kandidatur zur Oberbürgermeisterin?

Ich bin im Oktober 1929 in München geboren worden, aber meine Eltern sind später nach Dortmund gezogen. Mein Vater ist schon sehr früh gestorben, 1942 im Krieg, an Krebs. Meine Mutter ist dann mit ihren beiden Töchtern in ihr Elternhaus nach Paderborn zurückgegangen. Meine Schwester und ich gingen dort beide auf die höhere Schule. Die Zerstörung dieser Stadt, unsere Evakuierung aufs Land und die Behandlung, die meine Mutter als junge Witwe erfahren mußte, so wie viele andere evakuierte und vertriebene Familien, das waren Erlebnisse, die mich stark geprägt haben, insbesondere mein Gerechtigkeitsgefühl. In unserer kleinen Familie habe ich mich mit zwölf Jahren verantwortlich gefühlt, eine Rolle einzunehmen, die sonst vielleicht mein Vater gehabt hätte. Obwohl meine Mutter eine sehr vitale, intelligente Frau war, war sie eine typische Hausfrau. Sie war fürsorglich, konnte organisieren, war aufgeschlossen, sehr musisch, aber blieb stets wehrlos gegen Ungerechtigkeiten und Benachteiligungen und war wenig zielstrebig im Hinblick darauf, unsere Situation materiell zu verbessern. Sie hat mich motiviert, Dinge zu unternehmen, die ich mir sonst als junges Mädchen nicht zugetraut hätte, so z. B. zum Bürgermeisteramt zu gehen und um einen Bezugsschein zu kämpfen.
Viel später, als ich in die SPD eintrat, bin ich auch nie in die Versuchung gekommen, mich den Jungsozialisten anzuschließen, sondern bin sofort in die Frauenarbeit eingestiegen, weil ich die Frauen für die Benachteiligten hielt, für die der Einsatz besonders wichtig war.
Meine Mutter hat uns dann noch vor der Währungsreform ins Internat geschickt, was viel Geld gekostet hat, damit wir Abitur machen konnten, denn in Paderborn waren die Schulen zerstört. Sie hat alles Geld – und das

finde ich beachtlich –, was mein Vater für uns, besonders auch fürs Studium angelegt hatte, in unsere Ausbildung und nicht etwa in eine Aussteuer gesteckt. Aber nach der Währungsreform sind wir nach Paderborn zurückgegangen, weil meine Mutter nur noch eine ganz kleine Rente bekam.

Ihre Mutter hat nicht gearbeitet?
Nein, sie hatte ja auch in dem Sinne keinen Beruf. Sie hat gestrickt, genäht, gehäkelt für uns, und ich war immer sehr stolz auf meine Mutter, wie sie uns durch die schwierigen Zeiten brachte. Sie war sehr fromm, eine gute katholische Christin, die uns auch so erzog. Sie hat immer von uns als Selbstverständlichkeit erwartet, daß wir uns für Menschen und wichtige Ziele einsetzen. So drang sie darauf, daß ich in dem Dorf, in dem wir evakuiert waren, mich als Pfarrjugendführerin zur Verfügung stellte. Sie sagte: »Du kannst es am besten, und da mußt du dich auch der Verantwortung stellen.« Ich habe mich zuerst gewehrt, aber dann hat es mir sehr viel Freude gemacht.

Warum meinten Sie, Ihrer Mutter helfen zu müssen?
Ich fand es so ungerecht, daß sie benachteiligt wurde – ob es um Bezugsscheine ging, ob es um Zuweisung von Zimmern ging –, und daß da kein Mann war, der mithalf. Anderen ist es natürlich auch so gegangen. Zum Schluß waren wir eine Gemeinschaft von Schwestern, Tanten, Großmüttern und Kindern, und die Männer waren entweder tot oder in Gefangenschaft.
Was ich früh gelernt habe, war, daß sie uns keine Äußerlichkeiten, keine besonderen materiellen Dinge verschaffen konnte, und dann, als ich die Schule beendet hatte, stand ich trotz eines guten Abiturs vor dem Problem, daß

die Studiengänge nicht offen waren, denn die Studienplätze wurden zuerst an Kriegsheimkehrer vergeben.
Für mich stand fest: Ich wollte Journalistin werden. Während ich noch in der Oberprima war, hatte ich schon für Zeitungen geschrieben und ein bißchen Geld verdient, aber ich fand keine Volontärsstelle, da alle Zeitungen überbelegt waren. Statt dessen habe ich einen Abiturientenkurs an der Höheren Handelsschule besucht, der quasi als Vorstudium zur Betriebswirtschaft eingerichtet war. Trotz erfolgreichen Abschlusses konnte ich nicht studieren, sondern suchte mir eine Stelle. Auch ein privates Angebot zur Studiumsunterstützung konnte ich nicht annehmen, da wir ja Geld brauchten, um den durch Ausbombung verlorenen Hausrat wieder zu beschaffen, um so leben zu können wie früher. Meine Schwester ging noch zur Schule und hat später dann studiert. Ich habe recht erfolgreich in einem kaufmännischen Betrieb gearbeitet, mich entsprechend weiterentwickelt und war mit sechsundzwanzig Jahren bereits Prokuristin in einer Firma.
Es hat mir immer eine unheimliche Freude gemacht, von meinem guten Gehalt für meine Familie etwas zu kaufen, uns wieder mit Möbeln, Kleidung, Porzellan usw. auszustatten – so wie es früher war. Wir sind dann auch dazu gekommen, wieder ein Haus bauen zu können, in dem wir zusammen gewohnt haben, bis ich heiratete.
Mit meiner beruflichen Tätigkeit habe ich dann aus persönlichen Gründen (ich hatte eine Reihe von Fehlgeburten) aufgehört. Mein Mann bekam eine Anstellung in Mülheim a. d. Ruhr, wohin ich mit ihm gezogen bin und wo ich mit der ehrenamtlichen politischen Arbeit im Rat begonnen habe. Ich habe dann noch zwei Kinder bekommen und keine Berufstätigkeit mehr aufgenommen, zumal mich das politische Ehrenamt zeitlich schon sehr eingespannt hatte.

Hatten Sie schon als junges Mädchen die Vorstellung, immer berufstätig zu sein?

Ich hatte die Vorstellung, beides zu vereinbaren, und dazu die Vorstellung, einmal etwas ganz Besonderes gestalten zu können. Kinder aber wollte ich immer haben und natürlich auch heiraten. Die Frage hat sich mir so einseitig nicht gestellt. Das ehrenamtliche Engagement in der Politik als Ratsmitglied in Mülheim war sicher auch eine Kompensation für einen Beruf oder für ein Studium. Hier hatte ich ja Möglichkeiten zu kreativem Gestalten und war auch immer geistig gefordert.

Ich hatte mich bereits in Paderborn, einer absolut katholischen CDU-Stadt, Anfang 1960 entschlossen, in die SPD einzutreten. Ich hatte mich schon länger für Politik interessiert, habe mir alle Parteiprogramme angeguckt und mich dann, ausgelöst durch die Debatte um Wiederbewaffnung, für die SPD entschieden. Ich hatte bereits in Paderborn für den Rat der Stadt kandidiert, allerdings ohne Erfolg, da die Wahl so schlecht ausfiel, aber ich war dort sachkundige Bürgerin im Kulturausschuß geworden. In Mülheim bin ich von den Frauen – als relativer Mülheimer Neuling – für den Rat vorgeschlagen worden, war vier Jahre im Rat und bekam dann einen eigenen Wahlkreis. Bereits in der nächsten Legislaturperiode wurde ich dann stellvertretende Fraktionsvorsitzende. Übrigens war es das erstemal, daß eine Frau dieses Amt in der SPD-Fraktion bekam. Das blieb ich, bis ich 1975 zur Bürgermeisterin, auch als erste Frau in Mülheim, gewählt wurde. Mein Vorgänger starb in der letzten Legislaturperiode, und ich wurde vom Vorstand der SPD ohne große Diskussion im Unterbezirksparteitag vorgeschlagen und gewählt. So bin ich zur Oberbürgermeisterin erst am 30. 9. 85 das erstemal direkt als Spitzenkandidatin gewählt worden.

In meiner politischen Laufbahn hatte ich immer zwei Schwerpunkte. Das eine war die Kulturpolitik und das andere die Frauenpolitik. Ich war Vorsitzende – bis heute übrigens – der ASF in Mülheim, im Bezirksvorstand und auch zehn Jahre lang stellvertretende Landesvorsitzende in NRW. Damit hatte ich mir eigentlich zwei Hauptgebiete ausgesucht, die in den Parteien nie mit Macht verbunden gewesen sind.

Haben Sie sich diese Gebiete selber ausgesucht?
Ja. Das hat mir auch am meisten Freude gemacht. Ich war zwar auch im Bauausschuß, Sprecherin im Jugendwohlfahrtsausschuß, war im Finanzausschuß und sehr früh im Hauptausschuß. Im letzteren, im höchsten Gremium, war ich lange Jahre die einzige Frau. Ich habe mich also nicht abschieben lassen auf Kulturpolitik, sondern dieses Gebiet habe ich bewußt gewählt, weil ich es für wichtig halte. Für mich ist Kulturpolitik wesentlicher Inhalt einer menschlicheren Gestaltung unserer Zukunft. Sie berührt auch alle sozialen Belange und kann Einfluß nehmen auf das Zusammenleben der Menschen in einer Gemeinschaft, besonders in einer Stadt.
Wenn Sie mich fragen, ob ich das Oberbürgermeisteramt aufgrund der Tatsache errungen habe, daß ich sehr erfolgsbetont gearbeitet hätte, dann muß ich sagen: nein. Insofern ist es eigentlich verwunderlich, daß ich gewählt worden bin. Ich meine allerdings, daß ich in diesen vielen Jahren einige Leute von mir als politischer Person überzeugen konnte, obwohl meine Art zu arbeiten nicht jedem liegt und vor allen Dingen meine Anliegen vielen fremd sind. Da ich aber als Person immer sehr offen und unbedingt ehrlich bin, haben auch diejenigen, die meine Überzeugung und Intention nicht teilen, doch anerkannt,

daß ich meine Arbeit sehr fleißig und fair getan habe. Mein Demokratieverständnis sieht so aus, daß ich Mehrheitsbeschlüsse mittrage, auch wenn sie mir gar nicht liegen. Ich möchte ja auch, daß noch so knappe Mehrheitsbeschlüsse für meine Ideen und Vorstellungen von den anderen mitgetragen werden. Außerdem ist es auch eine Frage, ob man und wo man die Ursachen der eigenen Niederlage sieht. Am Anfang habe ich Niederlagen sehr schlecht verwunden, sicher auch aufgrund einer recht idealistischen Erziehung. Man denkt dann immer, daß gute Überlegungen auch von allen anderen so akzeptiert werden müssen.

Diese Eigenschaften, die Sie genannt haben: ehrlich, offen, hartnäckig, fleißig waren sie das Entscheidende für Ihren Erfolg?

Ja. Obwohl ich glaube, das Entscheidende ist sicher auch eine gewisse politische Begabung, dazu Vitalität und die Gabe, sich ganz einzubringen. Irgendwo nötigt das dem Gegenüber Respekt ab, wenn erkennbar ist, daß die ganze Kraft nicht auf Äußerlichkeiten oder Machtkämpfe, sondern auf die Sache, die man sich zu eigen gemacht hat, gerichtet ist. Einsatz muß man bringen, heute als Frau noch mehr als je zuvor. Fleiß gehört dazu, insbesondere Frauen können sich nicht leisten, von etwas zu sprechen, was sie nicht wirklich durchgearbeitet haben. Ich habe immer sehr viel gelesen und tue dies auch heute noch bis nachts, ein, zwei Uhr: Bücher, die mich faszinieren, und es ist ganz egal, ob das die zeitgenössische Literatur ist oder politische Essays. Ich finde es notwendig, an geistigen Auseinandersetzungen teilzunehmen, und ich muß auch lesen, um ab und zu meine Ressourcen aufzufüllen.

Ein wichtiger Gesichtspunkt ist auch, daß man die ande-

ren Menschen, mit denen man viel zu tun hat, akzeptiert. Ich habe bei meiner Antrittsrede als Oberbürgermeisterin – übrigens mit einer gewissen Hemmung – eine nicht oft gebräuchliche Beschreibung der Haltung verwandt, in der man in einer solchen Position an seine Aufgabe herangehen sollte, nämlich mit Demut vor der Geschichte. Demut als eine Haltung in der Verantwortung, mit der man sich zwar voll einbringt, aber auch weiß, daß man nicht allein entscheidend ist.
Ich werde immer gefragt, ob ich einen Unterschied sehe in der Art und Weise, wie ein Mann oder eine Frau als Oberbürgermeister fungiert. Ich bin der Meinung, daß Unterschiede eigentlich mehr im Menschen selbst liegen und nur zum Teil auf die unterschiedlichen Positionen von Männern und Frauen zurückgeführt werden können. Ich kenne so viele Kollegen, die haben genau dieselbe Einstellung wie ich. Ich glaube aber, daß Frauen einen Vorteil haben, und zwar, daß ihnen gegenüber nicht diese unbedingte Erwartungshaltung auf Erfolg besteht. Sie sind freier, weil sie weniger in Machtstrukturen eingebunden sind. Andererseits werden Frauen natürlich viel kritischer in ihrem Tun beobachtet, aber wir stehen doch nicht unter demselben Druck, unbedingt Höchstleistungen zu bringen. Mir macht es überhaupt nichts aus zu sagen: »Da habe ich mich aber verschätzt, inzwischen ist mir ein besserer Weg eingefallen.« Eine solche Bereitschaft, sich zu korrigieren, finden Sie bei Männern kaum.

Die Änderung der Meinung wird von anderen aber auch als Stärke empfunden?
Ich nehme es an, oder besser, ich hoffe es, obwohl es nicht der allgemeine politische Stil ist. Ebensowenig wie es üblich ist, daß man, obwohl man etwas durchsetzen

will, auch in den Raum stellt, was unter Umständen dagegen sprechen könnte. Ich habe das immer einfach für fair gehalten, damit sich das Gremium auch richtig entscheiden konnte. Aber sehr geschickt war das nicht, denn man setzt dann Beschlüsse sehr viel schwieriger durch – oder gar nicht. Ich habe daraus gelernt, aber im Prinzip handele ich eigentlich bis heute so.
Meine Befürchtung ist, daß wir politischen Frauen, je mehr wir die Chance bekommen, mitzubestimmen und selber wichtige Positionen einzunehmen, uns hineinziehen lassen in die Strukturen, die wir eigentlich ablehnen. Ich stelle manchmal da und dort fest, daß es mir auch passiert, daß ich mich einbinden lasse in Verfahrensabläufe, deren Form viel zu eng ist. Aber ich muß mir dann sagen, daß man nicht alles zur selben Zeit in Frage stellen kann, das geht einfach nicht. Und ich hoffe: Je mehr Frauen an der Willensbildung im politischen Bereich beteiligt werden, desto größer werden die Chancen, die Gesellschaft so zu gestalten, daß auch die Art und Weise, wie wir miteinander umgehen, sich ändert. Ich halte das für eine sehr wichtige Aufgabe, daß wir uns für diese demokratische Kultur verantwortlich fühlen.

Haben Sie selbst den Widerspruch gefühlt, Verhaltensnormen erfüllen zu müssen?
Ich habe nie etwas gegen mein Gewissen zu tun brauchen, und es ist mir auch gelungen, sehr viel so zu machen, wie ich es für richtig halte. Aber es wäre gelogen, wenn ich behaupten würde, daß ich nicht auch ab und zu zähneknirschend zugesehen habe, wie eine Sache in einer Art ablief, wie ich sie nie gemacht hätte und nicht billigen konnte. Den Erfolg, daß ich eine Sache so mit einem Schlag auf meine Linie hätte umbiegen können, den habe

ich kaum gehabt. Erfolge waren vielmehr das Ergebnis eines bei mir nicht ermüdenden Widerstandes aufgrund eines Auftrags, den man in sich spürt.

Würden Sie von sich sagen, daß Sie nicht ehrgeizig bestimmte Ziele angesteuert haben, sondern eher gefördert wurden?

Gefördert in dem Sinne, daß einer gesagt hätte: »Da ist eine Frau, die müssen wir fördern«, ganz bestimmt nicht, überhaupt nicht. Das passiert aber auch selten einem Mann. Ich meine, daß ich meine politische Arbeit nicht auf eine Karriere angelegt habe, aber ich war immer ehrgeizig in der Sache. Und wenn man sieht, jemand ist ehrgeizig in der Sache und kann etwas voranbringen, dann wird diese Person wahrscheinlich auch gefragt, ob sie eine weitere Aufgabe übernehmen will. Aber ich bin überzeugt, wenn bei der Oberbürgermeisterwahl ein Mann dagewesen wäre mit der notwendigen Qualifikation und zugleich dem Ehrgeiz, unbedingt Oberbürgermeister zu werden, wäre ich bestimmt nicht allein vorgeschlagen worden.

Auf der anderen Seite habe ich in diesem Jahr, in dem ich den kranken Bürgermeister mit ungeheurem Arbeitseinsatz vertreten habe, bewiesen, daß ich das konnte. Denn es steht ja auch der Wahl von Frauen in höhere Positionen oft entgegen, daß gesagt wird, das kann eine Frau gar nicht leisten und durchhalten. Dieser Vorbehalt war bei mir ausgeräumt.

Wenn Sie mich aber fragen, was eine Frau fördern kann, um politisch besonders wirksam werden zu können, also entsprechende Positionen zu erringen, dann würde ich als erstes heute sagen: Auf jeden Fall soll sie einen qualifizierten Beruf haben, den sie für ehrenamtliche Politik niemals aufgeben sollte. Für die Kindererziehung, das ist meine persönliche Überzeugung, kann man dies sehr wohl für einige Jahre tun, aber nicht für ein ehrenamtliches politisches Amt. Es ist nämlich wichtig für die Unabhängigkeit, aus dem Beruf und der Familie heraus – und dies in möglichst guter Partnerschaft mit der Familie und mit den Kollegen – politisch wirksam zu werden, um gesellschaftliche Prozesse zu beeinflussen. Ich persönlich würde es nicht noch einmal so machen, daß ich ohne Beruf bleibe. Aber das ist meine Generation, wir sind die Hausfrauen, die sich überall – auch zeitlich – einsetzen konnten, stets verfügbar. Aber wer von uns wird dann schon Oberbürgermeisterin?

Meine Söhne machen jetzt Abitur, dann gehen sie aus dem Haus, um zu studieren. Der Mann arbeitet noch, und wenn ich jetzt nicht gewählt worden wäre bei der Kommunalwahl – in was für eine Position auch immer –, ich hätte noch nicht einmal die Chance, in einen Beruf zurückzugehen. Man hat zu der Leistung, die ehrenamtlich erbracht wird, und dies mit soviel Kraft- und Zeitaufwand, ein viel emotionaleres Verhältnis als zum Beispiel in einer noch so engagierten Berufstätigkeit. Dort ist die Beziehung viel rationaler, viel klarer definiert in Leistung, Erfolg und Verdienst. Gerade weil man sich in der Politik so voll einsetzen muß, zumindest vom Anspruch her, ist dies ein unglaublicher Zeit- und Kräfteverschleiß sich selbst gegenüber, gegenüber der Familie, ohne daß sich daraus ein Anspruch auf Erfolg und Verdienst ergibt. Vielleicht fällt es deshalb auch einigen Politikern so schwer, von der Bühne abzutreten, denn es ist, glaube ich, eine menschliche Eigenschaft, daß man, wenn man in eine Sache so viel investiert hat, auch davon zehren will im Sinne von weiter dabei- und dazwischensein. Man geht ja nicht in »Rente«.

Wird es auch negativer bewertet, wenn man als Hausfrau ohne beruflichen Hintergrund politisch arbeitet?
Eigentlich nicht, im Gegenteil ist es ja für eine Fraktion eher bequem, da Hausfrauen mehr disponierbare Zeit haben. Vielleicht spielt auch das im Unterbewußtsein bei der Auseinandersetzung um Formen und Inhalte mit Männern eine Rolle, die alle aus ihrer beruflichen Position heraus argumentieren. Allerdings wird die Familie als »Kapital« mitbewertet in dem Bereich, in dem Frauen Position hierzu beziehen. Man hat da zwar keine offizielle Qualifikation, aber die tradierte Rollenvertretung.

Wie haben Sie Ihr Engagement mit der Familie vereinbart?
Gut. Ich bin aber der Meinung, daß man doch persönlich echte Defizite hat, die merkt man erst, wenn man älter geworden ist: Menschliche Kontakte, die man zu Freunden und Bekannten vernachlässigt, berufliche Kontakte fehlen, mit denen man sich neue Kreise erschließen könnte. Beim normal lebenden Menschen können sich über so viele Jahre Freundschaften und Beziehungen entwickeln, die bis ins hohe Alter reichen, weil man ja ein gemeinsames Stück Leben – und dazu gehört auch Zeit – miteinander gegangen ist. Und so geht man auch gemeinsam in den Ruhestand. Im politischen Bereich sind Sie ja nur »da«, wenn Sie ganz voll da sind. Das ist auch natürlich, ich mache keinen Vorwurf. Man lernt so viele interessante Menschen kennen, aber es fehlt auf beiden Seiten die Zeit für die Vertiefung von Kontakten. Und ich spüre doch zuweilen, daß Menschen von meiner fehlenden Aufgeschlossenheit enttäuscht sind, da ich keine Zeit investieren kann. Die Freunde der Familie sind eigentlich die, die in der Zeit vor intensivster politischer Arbeit mit mir zusammen

die Kinder in den Kindergarten gebracht haben oder aus anderen Berührungspunkten her von Anfang an dabei waren. Das ist sicher auch für Männer im politischen Bereich ein Problem. Nur decken die Frauen da den gesellschaftlichen Bereich für die Familie doch mehr ab, so daß sich das Problem etwas mildert.
Mein Mann hat immer meine Berufstätigkeit als Selbstverständlichkeit angesehen, er hat auch gewollt, daß ich weiterstudiere, als ich zunächst keine Kinder bekam, und vor allen Dingen hat er meine ehrenamtliche politische Tätigkeit immer unterstützt. Aber er hat natürlich darunter gelitten, daß sehr viel Zeit für ihn und für die ganze Familie verlorengegangen ist. Er selber ist politisch auch engagiert, so daß hier keine Trennung in der Auffassung besteht und auch nie ein Vorwurf gekommen ist.

War es ein Problem, daß Sie die exponiertere Stellung haben?
Oberbürgermeisterin bin ich ja noch nicht so lange. Mein Mann ist ein sehr ruhiger Mensch. Er geht im Gegensatz zu den Ehefrauen, die Repräsentanten begleiten, nicht oft mit bei offiziellen Anlässen. Ab und zu, wenn wir als Ehepaar ausdrücklich eingeladen sind, ist er selbstverständlich dabei. Aber er würde mich nie so begleiten, wie es oft die Frauen tun. Daß ich Oberbürgermeisterin bin, findet er aber ganz selbstverständlich und hat kein besonderes (oder verkrampftes) Verhältnis dazu. Das ist eben mein »Job«, so sehen es auch meine Söhne, und sie sind stolz auf mich genauso wie ich auf sie.

Kindererziehung und Haushalt haben Sie delegiert?
Ich habe jetzt seit geraumer Zeit eine sehr perfekte Haushaltshilfe und auch ganz früher schon immer eine Kin-

derpflegepraktikantin gehabt, als die Kinder noch klein waren. Aber ich würde nicht sagen, daß ich die Erziehung delegiert hätte. Im Grunde bin ich sehr »altmodisch«. Die ganze Familie frühstückt immer zusammen, wir essen in der Regel mittags zusammen, wenn die Kinder aus der Schule kommen und mein Mann Mittagspause hat. Darauf richte ich mich mit meinen Verpflichtungen voll ein. Da ist dann auch Gelegenheit zu Gesprächen, was in der Schule los war oder was noch zu erledigen ist, was man sich am Nachmittag oder Abend vorgenommen hat. Und es ist auch so, daß ich mich z. B. mehr als mein Mann um die Ferienziele, um die Gestaltung von Festen und Einladungen kümmere. Ich habe da eigentlich meinen Mann und die Kinder recht verwöhnt und spiele dieselbe Rolle, wie meine sehr fürsorgliche Mutter sie in unserer damaligen Familie gespielt hat.

Aber wie kann man es schaffen?
Ich glaube schon, daß man ein Defizit hat im persönlichen Bereich. Nicht daß ich besonders sportlich wäre, aber es wäre doch ganz gut, wenn ich weiter Tennis gespielt hätte oder Ski gefahren wäre. All das kann ich inzwischen auch aus gesundheitlichen Gründen nicht mehr gut. Ich vernachlässige eine regelmäßige gesundheitliche Vorsorge. Was mir der Arzt verschreibt, wie z. B. Massagen, das lasse ich mir nur sehr unregelmäßig und zumeist auch nie vollständig zugute kommen. Ich gehe sehr gern ins Theater und auch ins Konzert, fahre auch in die Nachbarstädte zu kulturellen Ereignissen, insbesondere zu Ausstellungen. Und dies wird immer weniger. Wenn ich mich für meine persönlichen Interessen entscheiden muß, ohne daß die Familie daran beteiligt ist, wähle ich doch zumeist die Alternative, mit meinem Mann und

meinen Söhnen zusammenzusein, auch wenn dort ganz andere Interessen vorhanden sind. Andererseits macht mir das Zusammensein viel Freude, und ich weiß ja nicht, wie lange wir als Familie noch zusammensein können. Generell aber würde ich doch sagen, das darf man nicht ausschließlich und sehr lange machen, denn man muß einen kleinen Teil seiner Zeit unbedingt für sich als Person behalten. Gerade als Frau muß man sich diesen Raum erhalten oder erkämpfen, um persönliche Interessen zu entwickeln. Man muß nicht nur für die Familie, sondern auch für sich selbst Zeitaufwand einfach einkalkulieren.

Es gibt ja Punkte im Leben, an denen man Prioritäten setzt, grundsätzlichere Entscheidungen trifft. Sie haben sich stets für die Politik entschieden und eine Menge Unannehmlichkeiten in Kauf genommen. Woher, glauben Sie, kommt das, aus einer Gemeinschaft von jungen Müttern zum Beispiel auszusteigen?

Ich habe mich nicht immer für die Politik entschieden. Als die Kinder noch jünger waren, wollte ich die Politik aufgeben, um wieder in den Beruf zu gehen. Aber dann haben alle gesagt: »Bleib doch, da sind so wenig Frauen.« Die Freunde aus dem Kulturbereich haben auf mich eingeredet, mein Mann hat mich bestärkt. So bin ich in der Politik geblieben. Aber eines war natürlich immer klar, ich wäre nie zu Hause geblieben, ohne Beruf oder sonstige Betätigung.

Mich hat einmal mein jüngerer, damals noch sehr kleiner Sohn verblüfft. Es war ein Tag, da schien die Sonne so schön im Garten und ich machte mich fertig, um in eine Sitzung zu gehen. Mein Sohn fragte mich: »Mama, kriegst du dafür eigentlich viel Geld?« – »Nein«, sagte ich. »Warum machst du das denn? Die Mütter von dem

und dem und dem, die liegen alle auf der Terrasse und sonnen sich heute, und du gehst weg. Warum?« Damals habe ich ihm erklärt, daß es auch Leute geben muß, die sich um die Stadt kümmern, damit es Kindergärten gibt, Spielplätze usw. Das habe ich nie vergessen. Es stand dabei nicht als Vision vor mir: Du vernachlässigst auf Dauer deine Kinder, sondern immer: Du vernachlässigst dich selbst. Sich dann doch für einen solchen ehrenamtlichen Einsatz zu entscheiden, heißt, daß man für sich als Person eine Wertigkeit setzt, nach der es wichtiger ist, eine gesellschaftliche Aufgabe zu erfüllen, als sich primär um sein Wohlbefinden zu kümmern.
Was mich unheimlich geärgert und irritiert hat, war der Vorwurf: »Die Frau hat zwei kleine Kinder und geht noch in den Rat. Die vernachlässigt die armen Kinder.« Ich weiß nicht, woher so etwas kommen konnte. Ich bin mit meinem Mann oft zusammen mit den Kindern spazierengegangen. Er mit dem Sportwagen, in dem der Ältere saß, und ich mit dem großen Kinderwagen. Vielleicht war es dieses Bild der partnerschaftlichen Betreuung, das damals vor zwanzig Jahren sicher noch ungewöhnlich war, so daß man falsche Schlüsse zog gegen die Frau, weil sie nicht allein die Kinder betreute. Wenn ich mir andere Frauen angeguckt habe, so verbrachten manche viel mehr Zeit als ich beim Tennisspielen, bei Kaffeenachmittagen, auch auf Partys, während mein Mann und ich sehr viel zu Hause geblieben sind, um die Kinder nicht allein zu lassen. Das war sicher auch nicht ganz ausgeglichen in der Zeitdisposition, die man auch als Ehepaar treffen sollte, aber immerhin habe ich mich zeitlich vielleicht mehr um meine Kinder gekümmert als manch andere Frau, die weder eine politische Aufgabe noch einen Beruf hatte.

Der zweite Punkt, der mich in diesem Zusammenhang auch sehr erbost hat, hing zusammen mit einer Entscheidungsfindung des Schulausschusses über die Besetzung einer Direktorinnenstelle an einer Mädchenschule. Ein älteres männliches Mitglied des Ausschusses hatte sich für eine Bewerberin entschieden gegen meine Favoritin mit der Begründung, daß diese keine Kinder habe und deswegen nicht so mütterlich empfinden könne. Da bin ich das erstemal, ich hatte gerade selbst ein Kind bekommen, wirklich ausgeflippt. Ich habe ihm gesagt: »Glauben Sie, weil ich jetzt ein Kind bekommen habe, wäre ich mütterlicher geworden? Man entwickelt Mütterlichkeit doch nicht dadurch, daß man Kinder gebärt, sondern daß man sich ihnen zuwendet.« Auf meine Frage, ob denn alle Direktoren bei der Einstellung darauf überprüft werden, ob sie auch gute Väter sind, gab es natürlich keine Antwort. Vielleicht gilt dieses wahnsinnige Klischee heute nicht mehr so, aber die Frage, ob man seine Kinder nicht vernachlässigt, die wird heute bei Frauen immer noch unterschwellig gehandelt.
Ich denke, daß es mich auch insoweit irritiert hat, als es mich von meinem Wunsch, mich doch wieder beruflich stärker zu engagieren und dies neben Kindererziehung und neben Politik, abgebracht hat, obwohl ich das nicht ganz klar sagen kann. Dies »Vernachlässigen der Kinder« war ein schlimmer Vorwurf. Wenn ich keinen Mann gehabt hätte, der meine Tätigkeit so hundertprozentig akzeptierte und mit den Kindern so selbstverständlich gut umging, der letzteres nicht als Pflichtaufgabe, sondern als ein Bedürfnis sah, weiß ich nicht, ob ich es durchgehalten hätte.

Nehmen Frauen an dem internen Parteileben genauso teil wie die Männer?
Ich bin immer kontaktfreudig gewesen, und wir haben nach Ausschußsitzungen, wo es lebhaft hergegangen ist, zusammengesessen und als Männer und Frauen noch miteinander gesprochen. Ich denke, wenn Frauen es wollen, werden sie nicht ausgeschlossen. Allerdings sind sie immer ausgeschlossen von den Männergruppen, die sich allein in der Männergesellschaft wohl fühlen und als solche zusammensitzen. Aber wenn Frauen mit Männern zusammenarbeiten, dann ist es auch ganz selbstverständlich, daß sie sich nach einer Sitzung zusammensetzen. Allerdings hatte ich doch sehr oft – im Gegensatz zu manchen Männern – das Bedürfnis, früher nach Hause zu gehen, um zu sehen, was in der Familie los war.

Hatten Sie mit Skepsis oder Ressentiments zu kämpfen?
Doch. Ich würde nicht sagen, daß die Männer regelrecht boshaft waren. Aber daß sie es grundsätzlich abgelehnt haben, daß Frauen so stark in der Politik vertreten waren, das war doch zu spüren. Allerdings müssen Sie sich auch zwanzig Jahre zurückversetzen. Ich sage das gar nicht mal auf Mülheim allein bezogen. Oft habe ich mich mit meiner selbstverständlichen Einstellung zur Beteiligung der Frauen in der Politik irritiert gefragt: »Warum wählen die dich eigentlich nicht für diese oder jene Position? Warum lehnen die dich ab? Du machst doch deine Sache gut und tust keinem etwas.« Das war eine völlig falsche Frage, und ich bin froh, daß meine Kolleginnen heute sehr viel rationaler eingestellt sind. Man wählt notgedrungen »zielstrebig«, d. h., neben der Qualifikation spielen auch Einschätzungen von Machtverhältnissen eine Rolle.
Außerdem habe ich mir später oft gesagt, daß die Inte-

gration von Frauen in Fraktionen und Arbeitsgruppen auch eine Frage der Identifikation sein mag. Wenn es da plötzlich Frauen gibt, die erfolgreich Politik machen und Ansprüche stellen, dann sind sie nicht ohne weiteres zu identifizieren mit der eigenen Frau, Schwester oder Tochter. Das hieße ja, daß auch diese im Prinzip eine solche Rolle übernehmen könnten. Und wenn ich als Mann erwarte, daß meine Frau meinen politischen Weg begleitet, ist es einfach irritierend, eine Frau zu sehen, die mindestens den gleichen Aufwand an Zeit und Kraft erbringt und sozusagen von ihrem Mann begleitet wird. Und dabei hat dieser Mann dann auch noch einen Beruf. Das geht Männern sicher nicht klar durch den Kopf, aber im Unterbewußtsein war zumindest vor Jahren noch eine Ablehnung dagegen da, daß sich die Rolle der Frauen so stark verändern sollte.
Am Anfang habe ich einige ablehnende Haltungen sehr persönlich genommen. Heute ist das nicht mehr so. Man muß das Parteileben mit mehr Abstand sehen. Als ich z. B. für den Landtag kandidieren wollte – das war lange vor der Kandidatur zum Oberbürgermeister –, da haben die Parteigremien zuerst eine wohlwollende Haltung eingenommen, und dann, das weiß ich noch genau, haben viele Männer gesagt: Eine Frau kann doch nicht Mülheim im Landtag vertreten. Es hat dann ein Mann erfolgreich kandidiert, und ich unterlag.

Wie wird man mit Niederlagen fertig?
Also, bei der Niederlage war ich menschlich enttäuscht, aber vom Politischen her weniger. Ich wäre zwar gern in den Landtag gegangen, weil ich ja schon zehn Jahre auf kommunaler Ebene tätig gewesen war und mir vorstellen konnte, einige Dinge ganz gut auf der Landesebene um-

zusetzen, insbesondere auch Kultur- und Frauenpolitik. Aber die Arbeit hier in Mülheim hat mich letztlich genauso befriedigt, und die Niederlage hat mir keineswegs Komplexe eingeflößt. Aber das war für mich eine Erfahrung: Wenn es um etwas geht, was mehr ist als ein Ehrenamt, dann hat ein Mann bisher die größeren Chancen. Noch ist es so, aber ich denke, da ist schon eine Änderung in Sicht.

Niederlagen in der Sache habe ich natürlich eine ganze Reihe erlebt. Manchmal hat es mich schon sehr geärgert, weil ich gedacht habe, die laufen jetzt einen falschen Weg. Bei einigen anderen Sachen hat man die Niederlage weggesteckt und sich gedacht: Na ja, davon geht die Welt nicht unter. Aber ein paar Anliegen waren schon dabei, bei denen ich mir gesagt habe: Ich akzeptiere zwar die Entscheidung dagegen, aber ich muß bei passender Gelegenheit wieder darauf zurückkommen.

Während meiner beruflichen Laufbahn, in der ich ja zuletzt als Prokuristin tätig war, war ich in meiner Tätigkeit auch sehr auf die Menschen bezogen. Ich glaube, daß ich durch Überzeugung ein gutes Arbeitsklima schaffen konnte. Im Beruf mußte ich bei allem guten Einvernehmen mich natürlich sehr streng an geschäftlichen Gegebenheiten orientieren. Ich habe versucht, es den Mitarbeitern gegenüber gerecht zu machen, aber gleichzeitig den Auftrag gesehen, daß Dinge im Interesse der Firma zu regeln waren, und das wurde auch akzeptiert. Im politischen Bereich gibt es ja so streng definierte Aufträge nicht. Man ist ja nicht der Geschäftsführer der Stadt, nicht mal der Fraktion, sondern die Willensbildung entsteht aus der Verantwortung aller. Da ist manchmal ein anstrengendes Taktieren notwendig, etwas, was mir von Natur aus nicht liegt. Und manchen Erfolg in der Sache konnte ich nur dadurch erringen, daß ich mich übermäßig engagiert habe und das fehlende Taktieren damit kompensieren konnte. In der Vorbereitung von Entscheidungen sehe ich auch einen Unterschied. Viele Männer sind durch ihre größeren Erfahrungen und ihre Mehrheiten im Vorteil. Sie suchen schon im vorhinein Verbündete, so daß Beschlüsse erfolgreich durchgeführt werden können. Ich meine, daß Frauen in der Regel sehr viel direkter und sehr viel spontaner sind und sagen: »Die Sache ist doch so gut, also bitte verbündet euch mit mir und stimmt mir zu.« Vielleicht machen sich Frauen, die heute jünger in die Politik einsteigen, schon diese Erfahrung zu eigen und gehen in der Vorbereitung auch taktischer vor.

Sie haben großes Selbstvertrauen?
Ich würde sagen: ja, einigermaßen. Ich war ein sehr schüchternes Kind, und heute fragen mich die Leute, warum ich mich nicht so schnell irritieren lasse. Nun, meine Schüchternheit mußte ich durch die schlechten Lebensumstände, in denen unsere Familie sich befand, überwinden. Ich glaube, der Grund, warum ich mich nicht so schnell verunsichern lasse, liegt darin, daß ich nicht darüber nachdenke, vor wie vielen Leuten ich stehe, sondern daß ich mich darauf konzentriere, eine Sache ordentlich zu machen. Mein Selbstvertrauen wird entscheidend gestärkt durch das Vertrauen, das ich meinem Gegenüber entgegenbringe. Außerdem ist es zur Zeit noch so, daß wir Frauen es zwar in vielen Dingen sehr viel schwerer haben als Männer, aber daß wir nicht so zum »Erfolg verdammt« sind. Es ist sicher ein Vorteil, wenn man nicht daran zu denken braucht, daß man Erfolg haben muß, sondern sich darauf konzentrieren kann, eine Sache zum Erfolg zu bringen. Mich würde viel mehr

verunsichern, wenn ich mit meiner Vorstellung und dem, was ich dann tue, total auseinanderkomme. Wenn ich einen Mißerfolg analysieren kann, frustriert er mich weniger, im Gegenteil, manchmal entwickele ich so etwas wie Kampfgeist.
Um Selbstvertrauen muß ich aber auch oft mit mir ringen. In der herausgehobenen Position als Oberbürgermeisterin ist man vielfach so machtlos, die Anliegen, die man für die Bürger vertritt, durchzusetzen. Solche Enttäuschungen, die das Selbstvertrauen schwächen, rühren sicher auch daher, daß man doch auf einer relativ instabilen Ebene in einem Zwölf- bis Sechzehn-Stunden-Tag seine Kräfte aufbraucht. Es ist eine Frage des ewigen Gefordertseins neben der Verantwortung, mit der man sich einem unheimlichen Druck ausgesetzt hat. Ich habe eigentlich noch eine ganz glückliche Veranlagung, da ich diesen Druck der Instabilität nicht sehr spüre.

Was ist für Sie die Motivation weiterzumachen?
Nun, es ist schon eine große und schöne Aufgabe, Oberbürgermeisterin einer Stadt zu sein und damit eine sehr menschliche und hochpolitische Verantwortung zu tragen. Ich sehe eine besondere Chance darin, die Atmosphäre einer Stadt mitzugestalten, d. h., ein offenes und vertrauensvolles Klima zu schaffen. Mit Sensibilität können frühzeitig Strömungen aufgenommen und umgesetzt werden. Da man es vor allen Dingen mit Menschen und ihren Anliegen zu tun hat, wird nichts zur starren Routine. Es ist ein sehr lebendiges Arbeiten, das zu Entscheidungen zwingt, Mut abverlangt, aber auch ein großes Echo bringt.
Meine persönliche Chance sehe ich darin, daß ich in dieser Position einen großen Teil meiner politischen Ziel-

vorstellung, für die ich mich in zwei Jahrzehnten mit großem Zeit- und Kraftaufwand eingesetzt habe, mit einem höheren Stellenwert vertreten kann. Ich halte es für eine der großen Herausforderungen an die Städte, daß sie ein kulturelles Leben zu gestalten haben, in dem Menschen sinnvoll ihre freie Zeit verbringen können. Denn es werden immer mehr Menschen in den Städten leben, die keine Arbeit haben oder nicht mehr bzw. noch nicht arbeiten. Kulturpolitik ist noch stärker als bisher wichtigster Bestandteil der Gesellschaftspolitik. Und in meinem anderen Schwerpunkt, der Frauenpolitik, wird es darauf ankommen, daß Frauen wirklich in die Lage versetzt werden, unsere Gesellschaft mitzugestalten.
Ich wünsche mir eine Stadt – und werde mich als Oberbürgermeisterin dafür einsetzen –, in der sich die Menschen frei und rücksichtsvoll und offen einander zuwenden.

Marie-Luise Günther, 30, ist eine der wenigen Unternehmerinnen in der Bundesrepublik, die in den letzten Jahren ein erfolgreiches Unternehmen gründeten, das nicht zu den für Frauen typischen »Kleinstunternehmen« gehört. Sie versucht, mit diesem Unternehmen eine neue Branche in der BRD zu etablieren, und plant, durch Franchisenehmer den Markt in anderen Großstädten zu besetzen, um dadurch ihr ursprüngliches Ziel, »vielleicht gar Marktführer zu werden«, verwirklichen zu können. Die Idee kommt aus den USA und ist im Grunde sehr einfach: Firmen oder Einzelpersonen, für die sich eine eigene Niederlassung

oder ein eigenes Büro noch nicht oder überhaupt nicht lohnen würde, erhalten bei ihr den kompletten Service eines Büros, mit eigenen Räumen und zentralem Sekretariat.

Wie haben Sie Ihre Berufstätigkeit begonnen?
Ich habe nach meinem Schulabschluß eine kaufmännische Lehre im elterlichen Elektro-Radio-TV-Betrieb gemacht. Dann bin ich nach München gegangen und habe hier in einem großen Zeitarbeitunternehmen als Niederlassungsleiterin angefangen. Als ganz junges Mädchen hatte ich eigentlich die Idee, Primaballerina zu werden, aber mein Vater... es behagte ihm nicht. Er hatte mehr die Idee, den elterlichen Betrieb an seine Kinder zu geben, wußte damals zwar noch nicht, an wen – und letztlich hat es dann keins der Kinder übernommen. Für mich war eigentlich von vornherein klar, daß ich den elterlichen Betrieb nicht übernehmen möchte, weil mir die Branche nicht lag, und im elterlichen Betrieb zu arbeiten ist sowieso eine schwierige Angelegenheit.
Als ich dann bei diesem Zeitarbeitunternehmen eine leitende Stelle bekommen hatte und insgeheim schon mit dem Gedanken an Selbständigkeit spielte, habe ich natürlich Lücken in meinem theoretischen Wissen festgestellt und mir Gedanken gemacht, wie ich mir das aneignen könnte. Nachdem ich vier Jahre in dem Zeitarbeitunternehmen tätig war und auch recht gute Erfolge verzeichnen konnte, inzwischen Verkaufsleiterin war, habe ich bei einer betriebswirtschaftlichen Akademie ein Studium für den Betriebswirt angefangen. Dieses Studium habe ich in zweijährigem Lehrgang samstags besucht und unter der Woche versucht, abends zu lernen, so gut es ging. Ich habe dann den Abschluß zum geprüften Be-

triebswirt gemacht und konnte so mein theoretisches Wissen weitgehend den Anforderungen angleichen.

Sie haben von der Lehre aus eine Stelle als Leiterin einer Niederlassung bekommen?

Nein, nein, da waren noch einige Schritte dazwischen. Angefangen habe ich bei diesem Zeitarbeitunternehmen mit einundzwanzig. Ich bin durch Zufall zu dieser Tätigkeit gekommen. Eine Freundin rief bei mir an und sagte: Mensch, du suchst doch eine Arbeit, die dich mal ein bißchen herausfordert. Ich kann das nicht annehmen, aber ich habe denen empfohlen, sich mit dir in Verbindung zu setzen. Das tat die Firma auch. Ich habe nicht sofort mein Alter verraten, wurde Gott sei Dank auch nicht danach gefragt und bekam die Chance, mich in Berlin persönlich vorzustellen. Da habe ich natürlich versucht, das beste Bild abzugeben. Ich konnte auch damals der Geschäftsleitung schon mit fester Überzeugung sagen, daß ich nicht vorhätte, eine Familie zu gründen, und auch nicht vorhätte zu heiraten. Ich erzählte von mir aus von meinem Privatleben, denn ich wußte ja von meinem Vater, daß die Firmen interessiert daran sind zu erfahren, welchen Background man hat. Die Geschäftsführung hat sich für mich entschieden, aber ich glaube auch aus einer gewissen Zwangslage heraus, weil niemand anderer da war. Also wurde ich ins Wasser geschmissen, aber ich habe die Chance erkannt und sofort hart gearbeitet, dreizehn, vierzehn Stunden täglich. Ich konnte dann auch sehr schnell die Niederlassung, die etwas heruntergewirtschaftet war, hochbringen, bekam eine zweite, dritte Niederlassung dazu und habe dann mit vierundzwanzig Jahren die Verkaufsleitung über NRW und Bayern bekommen.

Diese Tätigkeit hat mich stark geprägt. Es war alles Neuland für mich, und ich mußte sehr viel lernen: die ganze Organisation, die Revisionstätigkeit. Aber es hat mir ungeheuren Spaß gemacht. Diese Zeit war eine sehr gute Ausbildung, in Anführungszeichen gesprochen.

Hatten Sie damals das Gefühl: Hoffentlich schaffe ich das! Oder waren Sie überzeugt, daß das genau der Job für Sie ist?

Ich bin von Haus aus Optimist, anders geht es sowieso nicht. Natürlich kommen einem ab und zu leise Zweifel, die Kurve geht ja nicht ganz steil nach oben, es kommen die absteigenden Tendenzen, und da wird einem manchmal mulmig. Man hat auch Schwachstellen und baut ab (auch mangels Urlaub). Dann muß man sich selbst ankurbeln, und wenn man merkt, daß Ankurbeln und Selbstkritik dazu führen, daß man wieder mehr Erfolg hat, dann ist auch diese kurzzeitige Angst schnell überwunden.

Wie kam bei Ihnen der Entschluß zur Selbständigkeit zustande?

Abgesehen davon, daß er im Hinterkopf schon immer geschlummert hat, bin ich ein Mensch, der sehr weit vorausplant. Heute versuche ich mir zu überlegen, was ich machen möchte, wenn ich sechzig Jahre alt bin. Das bedeutet nicht, daß das unbedingt zu verwirklichen wäre, aber ich mache mir Gedanken darüber. Mit vierundzwanzig habe ich mir überlegt, wie meine berufliche Zukunft mit dreißig aussehen wird. Dann überlegte ich mir, wie meine Möglichkeiten in diesem Unternehmen aussehen, und die waren sehr gut. Aber kurz bevor ich die letzte Stufe erklimmen konnte, bin ich abgesprungen. Man braucht

soviel Kraft zur Selbständigkeit. Damals war auch die wirtschaftliche Situation in der BRD nicht so gut, aber ich habe mir gesagt, daß nach schlechten auch mal wieder gute Zeiten kommen müssen. Denn sich erst mit dreißig selbständig zu machen, ist sicherlich möglich, aber schwieriger, weil die Kräfte einfach nachlassen. Deshalb wollte ich die Chance nutzen, auch wenn die Chance gering war. Der Markt ist hart für Zeitarbeit, die Branche wurde zeitweise schlechtgemacht, ungerechtfertigterweise – muß ich sagen. Es gibt einen großen Mitbewerb, und da war der Anfang schon schwierig. Wenn man zum Beispiel anfängt zu überlegen, was gibt man sich selbst für ein Gehalt, setzt man es immer zu hoch an, auch wenn es einem schon ganz gering vorkommt. Wir sind am Anfang innerhalb von sechs Wochen immer weiter heruntergegangen, weil wir gemerkt haben, es ist einfach vernünftiger, von unten anzufangen. Auch das ist in diesem Alter leichter als später, wo man schon Ansprüche an das Privatleben stellt.
Durch Zufall kam ich dann auf die Branche Büro-Service, nicht zuletzt, weil ich einen Büroraum zuviel angemietet hatte, der nicht in unser finanzielles Konzept paßte. Ich recherchierte den Markt im Ausland und hatte schließlich alles nötige Know-how und Wissen, um hier in Deutschland diesen Bereich aufbauen zu können. Ich begann mit sehr viel Wochenendarbeit und mit mühsamer Kleinarbeit, denn eine völlig neue Branche in einem etwas schwerfälligen Land wie der BRD auf die Füße zu stellen, noch dazu mit wenig Kapital, ist nicht einfach. Trotzdem habe ich alles, was ich hatte, in dieses Projekt investiert, denn es hat mir unheimlich viel Spaß gemacht. Es war eine Herausforderung für mich. Ich habe Inserate im *Corriere della Sera* getestet, in der *Financial Times,*

habe Geld verstreut, um festzustellen, wie ich diesen Markt in den Griff bekomme.
Nach ungefähr anderthalb Jahren gab es innerbetrieblich die ersten Probleme. Meine Partnerin sagte, daß sie keine Lust hätte, jedes Wochenende zu arbeiten, aber ich wußte, daß es nicht anders ging. So sind wir übereingekommen, daß ich eine zweite Gesellschaft gründen wollte, um den Büro-Service allein durchführen zu können. Ich habe also zwei Jobs, denn ich bin nach wie vor geschäftsführende Gesellschafterin des »Teamwork Personal Per Sofort«-Unternehmens.
Mit dem Büro-Service bin ich voll ins kalte Wasser gesprungen. Ich habe angefangen mit 350 Quadratmetern, die ich auf einen Schlag angemietet hatte. Das waren damals ungefähr zwölf Einzelbüros, und ich hatte dafür noch keinen einzigen Mieter. Ich habe es dann – heute weiß ich nicht mehr, wie – geschafft, diese zwölf Büros zu vermieten. Bereits zu diesem Zeitpunkt habe ich auch die Option unterschrieben, die zweiten 350 Quadratmeter dazuzumieten. Parallel dazu habe ich noch 850 Quadratmeter im Stadtzentrum angemietet, und dummerweise – denn das Projekt im Stadtzentrum verzögerte sich durch Renovierungsarbeiten – waren beide Projekte erst zu Beginn der Sommerzeit startbereit, wo die Vermietung praktisch gleich null ist. Es war für mich ein ganz großes Paket, das fast nicht mehr zu bewältigen war. Ich war gezwungen, ständig zu überlegen, was ich falsch machte und was ich verbessern könnte. Ich habe ständig Selbstkritik geübt, den personellen Bereich verbessert und schließlich das Problem in den Griff gekriegt.
Heute sieht es so aus, daß dieses Projekt hier in Schwabing sehr gut läuft, auch lukrativ ist, das Projekt im Stadtzentrum werde ich dagegen aufgeben, um mit einer per-

fekten Zentrale ein Franchisesystem aufbauen zu können. Ich beschäftige einen Franchiseberater und einen Unternehmensberater und plane, dieses Konzept auch in anderen Städten durch Franchisenehmer zu verwirklichen.

Was war für Sie die Hauptmotivation, selbständig zu werden?
Ich glaube, da mögen Sie jetzt lachen, das Gefühl zu haben, mehr Freizeit zu bekommen.

Mehr Freiheit vielleicht?
Auch mehr Freiheit, das Gefühl zu haben, völlig selbständig auf meinen eigenen Beinen zu stehen. Das ist die Motivation und auch, eine Aufgabe zu haben, der man sich widmen kann. Eine Aufgabe, bei der ich das Gefühl habe, das ist dasselbe wie für einen Schriftsteller ein Buch oder ein Bild für einen Maler. Die werden wahrscheinlich meistens auch schlechte Ehemänner sein, weil sie sich so mit der Kunst identifizieren, daß der private Bereich für sie immer an zweiter Stelle stehen wird.

War Ihnen schon als junges Mädchen klar, daß Sie immer berufstätig sein wollten?
Nein. Als ich neunzehn Jahre alt war, hatte ich mal kurzfristig das Gefühl, ich müßte eine Familie gründen, und habe dann auch geheiratet. Aber als ich in der Situation stand, war ich plötzlich so hilflos und merkte, daß ich das nicht konnte und auch so nicht wollte, vom Alter her, von der Reife her, und habe die Ehe gelöst. Inzwischen hatte ich festgestellt, daß mir das Arbeiten recht viel Spaß machte, und ich mußte mir damals nur noch überlegen, in welche Richtung ich gehen wollte. Das ist, glaube ich,

eine der schwierigsten Entscheidungen, die man treffen muß, den richtigen beruflichen Weg zu finden. Man muß sehr viel über sich nachdenken, feststellen, wo liegen Talente, wo liegen Schwächen, was macht mir Spaß, was belastet mich, bin ich ein geduldiger Mensch, oder bin ich im persönlichen Umgang schwierig. Man muß sich selbst ständig kontrollieren und beobachten, dann findet man diesen Weg sehr schnell.

Dann lernt man auch, Dinge, die einem nicht liegen, abzugeben, um sich selbst nicht zu frustrieren. Das ist eine große Hilfe. Ich habe das dann auch so gehandhabt und festgestellt, daß mein Metier nicht in der Buchhaltung liegt. Also habe ich diesen Bereich einem externen, zuverlässigen Datenservice übertragen, der »zufällig« meiner Schwester gehört. Ich habe Spaß am Umgang mit Menschen, organisatorische Tätigkeiten liegen mir und alles, was in Richtung Werbung, neue Werbeideen geht. Das sind natürlich alles Dinge, die ich sehr gut mit meinen Betrieben vereinbaren kann.

Am Anfang ist es oft schwierig – besonders wenn man noch so jung ist, vielleicht noch etwas unreif und ungeduldig ist –, mit älteren, erfahreneren Menschen richtig umzugehen. Zum Beispiel: Es kommt an einem Tag der zwanzigste Kunde und hat eine banale, kleine Reklamation. Man selbst sagt: Was soll jetzt diese Banalität! Er hätte es ja auch runterschlucken können, aber nein, er muß es einem sagen, und man muß es aufnehmen. Und dann sich immer kontrolliert richtig zu verhalten, das ist manchmal sehr mühsam.

Auch im Umgang mit den Mitarbeitern macht man am Anfang Fehler. Wenn man sich zu hohe Ziele gesteckt hat, ohne es vielleicht immer zu wissen, läuft man Gefahr, zu autoritär zu werden. In meinem Fall lag es auch daran, daß ich im elterlichen Betrieb gelernt habe und dort sehr autoritär erzogen wurde. Das nimmt man automatisch mit auf. Mit der Zeit bekommt man aber die nötige Routine und Erfahrung, und ich muß sagen, daß ich mich stark umgestellt habe. Ich glaube, daß ich jetzt eine vernünftige Art gefunden habe, mit den Mitarbeitern zu kooperieren.

Haben Ihre Mitarbeiter sich damals beschwert?
Ja natürlich. Man wird dann als sehr schwierig eingestuft, und die Zusammenarbeit ist für beide Seiten problematisch. Ich hatte auch nicht immer die glücklichste Hand bei der Auswahl der Mitarbeiter und habe, anstatt irgendwann einen vernünftigen Schlußstrich zu ziehen, versucht, mich zu arrangieren. Aber es klappte nicht. Auf der einen Seite habe ich zu lange gewartet, auf der anderen Seite mußte ich auch bei mir viel verbessern. Wir haben inzwischen ein gutes Betriebsklima und essen oft mittags zusammen. Ich honoriere auch Sonderleistungen, zum Beispiel fällt vor dem Urlaub einer Sekretärin meist besonders viel Arbeit für sie an, das honoriere ich auch finanziell. Sie werden miteinbezogen und informiert über die betriebliche Planung. Sie stehen also nicht abseits und haben dadurch die Möglichkeit zu sagen: Was kommt denn da, das wäre was für mich. Sie kritisieren mich auch, und ich nehme das heute auf und denke darüber nach, denn oftmals sehen die Mitarbeiter von außen etwas, was man selbst nicht erkennt.

Wo lagen für Sie die Hauptschwierigkeiten?
Ich würde sagen, in der persönlichen Veränderung. Ich mußte dauernd mit mir umgehen. Diese Veränderungen, die ja immens sind in so einer kurzen Zeit: dieses Sich-

ständig-Suchen, Sich-ständig-Erkennen und die Selbstkritik, die man braucht, um sich selbst zu verbessern. Sie können ja nur mit Ihrer Umwelt fertig werden, privat wie beruflich, wenn Sie sich selbst gefunden haben. Sie stellen schlagartig immer höhere Anforderungen an sich, immer noch höhere, zuerst die beruflichen, dann haben Sie finanzielle, dann merken Sie, Ihnen fehlt theoretisches Wissen, dann haben Sie vielleicht den beruflichen Bereich abgedeckt, dann stellen Sie fest, daß Sie den kulturellen Bereich vernachlässigen und Sport zu einem Fremdwort geworden ist. Man ist ja von Haus aus sehr ehrgeizig, wenn man Unternehmer wird, und das kann sich dann noch mal steigern.
Sie sind ja jetzt nur noch sich selbst gegenüber verantwortlich, und vor allen Dingen hat man Angst vor dem persönlichen Mißerfolg.

In diesem Beruf braucht man ja ein gewisses Durchsetzungsvermögen. Wie haben Sie das gelernt?
Ich würde sagen, das hatte ich schon, als ich in der Wiege lag. Man kann es sicherlich noch verstärkt lernen, wenn man bei einer Gelegenheit festgestellt hat, daß man da doch ein bißchen zu weich war. Es gibt so Situationen, in denen man einem bestimmten Anbieter vertraut und denkt, bei ihm wird es so laufen, wie man es sich vorstellt, und hinterher merkt man dann, daß das nicht stimmt. Dann weiß ich, daß ich hier in Zukunft mehr Durchsetzungsvermögen brauche, daß ich eine andere Vorgehensweise benötige, um diesem Herrn oder dieser Dame klarzumachen: Mit mir nicht.

Sie würden sagen, es kommt in erster Linie auf den eigenen Eindruck an?
Sicher. In dem Moment, wo ich dem anderen klarmachen kann, daß ich jemand bin, vor dem er Respekt haben muß, sitzt er mir ganz anders gegenüber, als wenn er denkt: Das ist eine kleine graue Maus, die weiß nicht, was sie will. Er muß das Gefühl haben, daß ich eine Vertrauensperson bin, die weiß, was sie will. Das ist auf jeden Fall etwas, was ich ihm vermitteln muß, durch mein Verhalten, durch mein Auftreten. Das bezieht sich auch auf die Kleidung, auf das persönliche Erscheinungsbild, auf den Händedruck.
Ich habe mich sicherlich nicht hingesetzt und gesagt: Wie pack' ich den? Das läßt sich im Gespräch sehr viel genauer feststellen, setzt jedoch eine schnelle Auffassungsgabe und ebenso rasches Reaktionsvermögen voraus. Vielleicht ist es ja jemand, der da von Haus aus keine Probleme hat, sondern ein offener und fairer Mensch ist. Es müssen klare Linien erkennbar sein, mein Konzept muß für ihn verständlich sein. Das macht man am Anfang gut, aber nach einer gewissen Zeit macht man es besser.

Muß man das Verhalten von sich als Frau planen?
Ja. Das ist ein wichtiger Punkt. Irgendwelche Emotionen mitspielen zu lassen, das kann man sich nicht erlauben. Entweder wir sind Unternehmerinnen, oder man sollte sich einen anderen Job suchen. Das fängt an bei der Kleidung, geht weiter bei der Frisur, beim Auftreten, beim Reden, das ist sehr wichtig.
Das führt natürlich dazu, daß man völlig rational denkt und das vielleicht ins Privatleben mit überträgt, und das führt dann zu Schwierigkeiten. Besonders Frauen, die früh anfangen, erleben einen völlig neuen Aspekt in ih-

rem Leben: nämlich den Zwang. Ich sitze hier fest, ich habe den Betrieb, und je größer und risikoreicher er ist, desto mehr sitze ich fest. Ich kann nicht Urlaub machen, wann ich will, ich kann keine Familie planen, wann ich will. Diesen Druck sind wir vielleicht nicht so gewohnt. Als Angestellte haben Sie ja immer noch eine Tür hinter sich: die Möglichkeit der Kündigung. Dieser Druck wird dann plötzlich sehr groß, vielleicht gehen auch deshalb so viele Ehen auseinander. Man kann nicht mehr einkaufen, man kann nicht kochen, man ist am Wochenende erschlagen und legt sich nur noch auf den Boden und meditiert. Das prägt einen natürlich sehr stark. Irgendwann muß man dann einen Weg zurück finden, muß sich sagen: Jetzt hast du vielleicht die richtige Persönlichkeit und den entsprechenden Erfolg im Beruf, aber was wird aus deinem Privatleben? Dann kommt plötzlich einer und sagt: Mensch, die ist so tough, so unantastbar. Neulich hat einer zu mir gesagt: Wer ist eigentlich Marie-Luise Günther, ich sehe immer nur ein Bild vor mir, wer steckt denn eigentlich dahinter? Man muß sich nach einer Weile auch wieder ein Ziel im privaten Bereich setzen, das ist sehr wichtig, und langfristig muß es immer mehr verwirklicht werden. Ich glaube, man kann maximal zehn, zwanzig Jahre so engagiert arbeiten, oder es kommen dann solche Menschen dabei heraus, um die herum zum Schluß alles entsetzt ist, weil sie sich keinerlei Gedanken mehr um andere Menschen oder auch andere Dinge außerhalb des Berufslebens machen. Das muß ich mir auch immer wieder sagen, um nicht zu hart zu werden. Nach einer Weile des engagierten Arbeitens muß man wieder einen Mittelweg finden, sonst werden die Gesichtszüge einfach zu hart, und das ist eine Rolle, die den Frauen auch nicht liegt, und da bekommen sie auch die Probleme mit der Männerwelt.

Ich würde nicht sagen, daß man dauernd Probleme hat, sich durchzusetzen oder anerkannt zu werden – sicher, das kommt auch vor, aber nicht aus Böswilligkeit, sondern einfach weil es so anerzogen ist. Ich merke aber immer mehr, daß sich das verändert, vor allen Dingen bei den Jungunternehmern. Die kommen offen, richtig emotionsgeladen, und sagen: Ich find' das toll, was Sie hier machen.
Viele Männer sind überrascht und neugierig, wenn sie mich kennenlernen und erfahren, daß ich Unternehmerin bin. Es wechselt dann manchmal in eine gewisse Verständnislosigkeit, wenn man keine Zeit für ein privates Wort hat. Bekannte oder Freundinnen können nicht verstehen, wenn man zu einem Treffen zu spät kommt, weil man andere Dinge wichtiger nimmt. Die Leute sagen dann: Das gibt's doch nicht, was macht die denn da, das kann doch nicht gut sein. Die sagen dann nicht: Vielleicht wird es in zwei Jahren besser – denn der Mensch an sich ist ja nicht immer geduldig. Aber ich sage mir: Warum soll man sich nicht mal zwei oder auch fünf Jahre ins Berufsleben zurückziehen können. Ich konnte es bei meiner Schwester sehen, die neben ihrer Familie einen Bilanzbuchhalterkurs besucht und den noch mit Auszeichnung abgeschlossen hat. Sie hat sich sehr eingesetzt in zwei Jahren und sehr hart an sich gearbeitet. Sie hat gesagt: Meine lieben Freunde, ich bin jetzt einfach mal zwei Jahre nicht so für euch da. Ich kann nicht am Wochenende mit wegfahren, ich kann nicht im Fasching auf irgendwelche Faschingsbälle gehen, ich fahre auch nicht in den Skiurlaub, ich setze mich jetzt hierfür ein. Da herrschte Verständnislosigkeit bis zum Gehtnichtmehr bei ihren Bekannten, die Freundschaften brachen auseinander, aber nach zwei Jahren hatte sie es geschafft. Es

war zwar Bewunderung da, aber mehr wie bei Kindern mit großen Augen, die es nicht ganz verstehen konnten. Aber wenn ich etwas Außergewöhnliches erreichen will, dann kann ich es nur mit entsprechendem Einsatz erreichen.

Wie reagieren andere Frauen auf Sie?
Das kommt darauf an. Teilweise stehe ich in ihren Augen wie ein Exot da und komm mir auch manchmal vor wie ein Exot, teilweise ist Bewunderung da, Interesse, Neugierde, weil sie vielleicht selbst einen Traum haben, den sie verwirklichen wollen und in mir eine Person sehen, bei der sie mal anklopfen können, um hinterher zu sagen: Was die kann, kann ich auch, probier's doch mal.

Sie haben hier nur Frauen beschäftigt, ist das Prinzip oder Zufall?
Es sind hauptsächlich Tätigkeiten, die sich für Frauen eignen. Es bewerben sich auch fast ausschließlich Frauen, und auch im Umgang mit den vorwiegend männlichen Unternehmern, mit denen wir es hier zu tun haben, ist es einfacher, wenn man eine Frau ist. Die Tätigkeit erfordert sehr viel Diplomatie, die möchte ich nicht den Herren der Schöpfung absprechen, aber es ist doch einfach so, daß die Beschwerden, die Mißstimmung von einem weiblichen Wesen besser aufgefangen werden können. Ein Mann würde vielleicht doch nicht soviel einstecken, und es klingt auch immer noch etwas komisch, wenn sich ein Mann mit einem Mann über Details von Schreibarbeiten unterhalten soll.

Spüren Sie Skepsis von Männern Ihnen gegenüber?
Ich habe die Probleme nicht. Jetzt werden Sie lachen,

aber die meisten, die hier reinkommen, wissen gar nicht, daß ich der Chef des Unternehmens bin. Später wissen sie es natürlich schon, aber die Interessenten, die hierher kommen und sich die Büros anschauen, sind oft darüber überrascht, wie ich das präsentiere, und man hat manchmal das Gefühl, sie würden einen ganz gern abwerben. Wenn dann die Frage kommt, wer hinter dem Unternehmen steht, sind sie oft überrascht, wenn ich sage: Das ist mein Unternehmen. Ich lege keinen Wert darauf, zu sagen: Ich bin hier der Boß.

Hat sich im Lauf Ihres Lebens die Bewertung von Situationen geändert?
Absolut. Das fängt am eigenen Arbeitsplatz an. Man merkt im Lauf der Zeit, was wichtig und unwichtig ist. Man bewegt ja sehr viel Papier den ganzen Tag, und wenn man sich dann abends überlegt, was man heute eigentlich gemacht hat, was ausschließlich die eigene Tätigkeit betrifft, dann muß man sich sehr häufig sagen: Das hättest du nicht machen dürfen, jenes hättest du nicht machen dürfen, dieses hättest du delegieren müssen, dann hättest du mehr Zeit gehabt, deinen Arbeitsbereich auszufüllen. Das macht man immer wieder, und nach fünf Jahren verändert man seinen Arbeitsplatz, seine Arbeitsweise und die der Mitarbeiter. Jetzt baue ich hier wieder um, weil ich das Gefühl habe, daß man noch viel verbessern kann. Früher wäre ich in ein gutes Einrichtungshaus gegangen und hätte mir Möbel ausgesucht und mir selbst ausgedacht, wie ich es einrichten will. Heute nehme ich mir einen Innenarchitekten, weil ich mir sage, hier kommen neue Momente mit ins Spiel, das ist eine Person, die Erfahrung hat. Gerade in der Einrichtung habe ich am Anfang viele Fehler gemacht. Die Einrich-

tung ist wichtig, sie motiviert den Mitarbeiter, er muß sich wohl fühlen, er muß Platz haben.
Ich brauche auch einen guten Juristen und versuche mir nicht Dinge zuzutrauen, von denen ich keine Ahnung habe oder von denen ich nur die Hälfte weiß, denn Halbwissen ist bekanntlich das schlimmste Wissen. So suche ich mir auch Werbeagenturen, die mein Werbekonzept verwirklichen sollen, und wenn ich ein Franchisekonzept plane, suche ich mir einen guten Franchiseberater. Und so konzentriere ich mich immer mehr auf meine eigentliche Arbeit, das ist wichtig, sonst bleibt man stehen.

Was war das Wichtigste für Ihren Erfolg?
Ständige Selbstkritik und ein gewisses Offenbleiben gegenüber der Kritik von außen. Schlecht wird es, wenn man Kritik mit irgendwelchen Emotionen verknüpft, wie das in einer Partnerschaft ist. Dann geht einfach vieles kaputt dabei.

Könnten Sie Frauen einen Rat geben?
Traut euch! Werdet selbständig – je früher, desto besser. So werden wir vielleicht in der Mann/Frau-Beziehung wieder einen gleichen Zeitrhythmus finden – auch was Ehe und Familie betrifft, zum Beispiel erst ab dem dreißigsten oder fünfunddreißigsten Lebensjahr. So können sich beide Geschlechter »austoben«.
Bringt viel Geduld mit, verzagt nicht, auch wenn ihr das Gefühl habt: Das schaffe ich nie. Fünf Jahre in einem Menschenleben sind ja doch eine lange Zeit, und vielleicht werden es auch zehn, je nach Ehrgeiz und Zielsetzung oder Expansionswunsch, der sich im Lauf der Zeit auch ausprägen kann, man weiß es ja vorher nicht so genau. Man ist erschöpft und kommt zu nichts mehr, dabei

vergißt man, daß man es ja selbst so wollte, es war die eigene Entscheidung. Dann muß man dazu stehen und an sich arbeiten, positiv zu denken. Positives Denken ist sehr wichtig. Man sollte sich immer sagen: Ich schaffe das. Abends sollte man sich überlegen, was man an diesem Tag gemacht hat. Dann sollte man sich die positiven Dinge herauspicken, es gibt oftmals am Anfang negative Dinge im Berufsleben, aber man sollte sich auf keinen Fall selbst bemitleiden. Wenn andere Ratschläge geben, muß man lernen, gute von schlechter Kritik zu unterscheiden. Man kann nicht alles aufnehmen, sondern sollte sich fragen, ob sie recht haben könnten – ohne sich dabei wieder selbst zu belügen. Und man sollte daran denken: Wenn es einmal nicht klappen sollte, ist es auch kein Beinbruch. Selbst wenn es das eine oder andere nach sich zieht – man geht im Leben immer in irgendeiner Form ein Risiko ein.

Sie haben das auch gemacht?
Ja, ich habe mir schon überlegt, was passiert, wenn es jetzt nicht klappt.

Und war es denn mal am Platzen?
Nein, es ist nur ein Projekt sehr schwierig gewesen. Ich wußte nicht, wie ich dieses Projekt abwickeln werde, und es dauerte ungefähr sechs Monate, bis ich wußte, wie: mit Hilfe von außen, sprich einem Berater. Das ist eine lange Zeit, wenn man so in der Luft hängt. Da muß man hinterher wieder positiv denken, daß man wieder weich wird, daß man sagen kann: So, dieses Problem ist abgehakt, weg, jetzt gönn' ich mir was Gutes. Man muß sich auch selbst ab und zu mal belohnen.

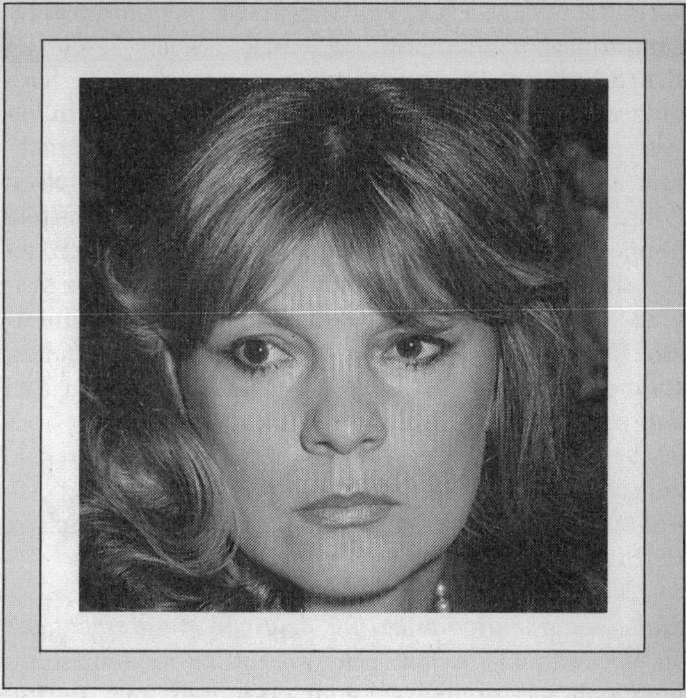

Barbara Dickmann wurde als Moderatorin der »Tagesthemen« populär. Sie arbeitet jetzt seit zwanzig Jahren als freie Journalistin, ist verheiratet, Mutter zweier Kinder und richtet zur Zeit für den Konzern Bertelsmann private Rundfunkprogramme ein. Als Chefredakteurin von Ufa baute sie die erste Rundfunkprogramm-Agentur, den Deutschen Funk-Programm-Service »dfs« in Deutschland auf.

Geboren bin ich in Kattowitz, Oberschlesien. Mit meiner Mutter und meinem Bruder kam ich gegen Ende des Krieges mit dem großen Flüchtlingstreck nach Süddeutschland, nach Würzburg in Unterfranken. Mein Vater baute nach dem Krieg dort ein Transportunternehmen auf. Er starb, als ich vierzehn Jahre alt war, durch einen schrecklichen Verkehrsunfall. Eigentlich erwartete meine Mutter, daß mein Bruder und ich zusammen das Geschäft übernehmen würden. Aber mir war schon sehr früh klar, daß ich das auf keinen Fall wollte. Mein Interesse ging in eine ganz andere Richtung. Sport war alles, was mich damals wirklich interessierte, und mein Ziel war es, Lehrerin zu werden.

In welchem Fach?
Sport natürlich, und vielleicht hätte ich noch Germanistik hinzugenommen.

Haben Sie richtig trainiert für deutsche Meisterschaften?
Ja, aber ich habe es leider nur bis zur Regionalmeisterin gebracht. Schwimmen war meine Hauptdisziplin. In Hallen- und Freibädern verbrachte ich damals auch die meiste Zeit. Den Rest meiner Jugend, abgesehen von den Pflichtstunden in der Schule, sah man mich in Stadien, auf Pferderücken, auf Tennisplätzen oder in Ruderbooten. Nach meinem Schulabschluß ging ich dann nach München, um zu studieren. Aber das Schicksal wollte es wohl anders. Schon nach dem zweiten Semester war es aus. Ich hatte mir nach einem Hochsprung beide Ellbogen gebrochen, und die Sportärzte rieten mir, den Tennisschläger mit einem Kochlöffel zu vertauschen. Das war für mich damals tragisch, aber ich mußte das Sportstudium aufgeben. Ich fing an zu jobben, um meinen stu-

dierenden Mann und unser sehr früh geborenes Kind zu unterstützen.
Mein Mann verschaffte mir dann eine Stellung als Sekretärin in dem Verlag, in dem er ein Volontariat bekommen hatte. Er wurde in der *Frankfurter Neuen Presse* Journalist, und ich tippte. Aber nicht lange. Der Feuilletonchef des Blattes hatte ein Herz und ließ mich hin und wieder kleine Artikelchen schreiben: Filmkritiken, Konzertberichte oder auch über Feuerwehrfeiern. So wurde der Grundstein für meine spätere Tätigkeit gelegt.

Sie haben erwähnt, daß Sie sehr früh geheiratet haben und auch einen Sohn hatten. Haben Sie nicht mit dem Gedanken gespielt, zu Hause zu bleiben?
Nein, der Gedanke kam mir nie. Ich wollte, ob verheiratet oder nicht, mit Kind oder ohne, immer selbständig sein und einen Beruf ausüben, der mir Spaß macht. Ein Opfer hätte niemandem genützt, am wenigsten meinen Kindern, die dann sicherlich eine ewig unzufriedene und nörgelnde Mutter hätten ertragen müssen.
Aber die Doppelbelastung durch Beruf und Familie hat mir ebenso viele Probleme bereitet wie allen anderen Frauen in der gleichen Situation. Abgesehen von dem ewigen schlechten Gewissen, hatte ich jahrelang Arbeitstage von dreizehn oder vierzehn Stunden. Das schafft man nur, wenn man es wirklich will, wenn die Motivation stark genug ist. Und das war sie bei mir immer. Es ist noch heute so.

Für das zweite Kind haben Sie sich dann aber bewußt entschieden?
Ja. Wir haben uns damals entschieden, den Jungen nicht allein groß werden zu lassen. Als Claudia geboren wurde, hatten wir schon eine sehr liebe ältere Dame bei uns, die

die Rolle der Familienoma bei uns übernommen hat. Der Gedanke, daß meine Kinder zu den vielen einsamen Schlüsselkindern gehören sollten, war mir unerträglich, und so suchte ich nach einer Lösung. Die Lösung hieß Anna Schmidt und ist noch heute bei uns. Mit ihr sind die Kinder erwachsen geworden. Sie war da, wenn sie sich in den Finger schnitten oder der Ball verlorenging. Ich war bei den größeren Kümmernissen zur Stelle. Um dies auch sicherzustellen, ließ ich mich nie und nirgendwo fest anstellen. Zwanzig Jahre lang habe ich als Freiberuflerin gearbeitet. Erst jetzt, nachdem die Kleinen groß sind, ist die Situation anders.

Wie ist Ihr Verhältnis zu den Kindern heute?
Wir sind Freunde, Kumpel und Partner. Beide leben auch heute noch zu Hause. Das beschreibt unsere Beziehung vielleicht noch am besten.

Haben Sie es selbst damals als etwas Besonderes empfunden, als Reporterin arbeiten zu können?
Jeden Tag danke ich dafür, daß ich Journalistin werden durfte. Es ist ein außergewöhnlicher Beruf, der mir alles gibt, was ich mir von meiner Lebensbeschäftigung erhofft hatte: Kontakt mit vielen interessanten Menschen, engagiertes Arbeiten, kritisches Denken, frische Luft, Nachtarbeit, freien Zugang zu allen wichtigen Ereignissen, ein großes Maß an Unabhängigkeit, gutes Geld und nicht zuletzt Popularität.

Gab es mit Ihren männlichen Kollegen keine Schwierigkeiten?
In den ersten Jahren war ich artig und folgsam, tat nur das, was mir gesagt wurde, und nutzte meine Zeit zum

Lernen. Ich akzeptierte die Situation so, wie ich sie antraf. Schwierigkeiten mit den männlichen Kollegen bekam ich erst, als ich versuchte, in ihre Arbeitsbereiche vorzudringen. Eines Tages hatte ich es satt, nur über Mode und Frauenthemen zu schreiben. Ich wollte politische Themen und nahm sie ihnen weg. Die Folgen waren schrecklich. Ich lernte Intrigen, Macht, Unfairneß, Ellenbogen, Haß und alle anderen Scheußlichkeiten des menschlichen Konkurrenzkampfes kennen und wäre sicher daran zerbrochen, hätte nicht mein fester Wille, es zu schaffen, mir die Kraft gegeben.

Aber wie sind Sie damit fertig geworden?
Ich glaube, daß dieser Überlebenskampf jeden Menschen prägt. Manche resignieren, passen sich an bis zur Unkenntlichkeit. Andere werden zu Ellenbogentypen, die ihre Feinde um sich stetig vermehren, manche suchen sich ihre Befriedigung im privaten Bereich, viele werden, gerade in meinem Beruf, zu Zynikern oder krank. Ich hatte in kritischen Situationen immer einen Spruch im Kopf, dessen Ursprung ich nicht mehr weiß: Denke dran, daß du auf dem Weg nach unten alle wiedertriffst. Ich bin sicher, daß ich mich all die Jahre immer um Fairneß bemüht habe. Dennoch ist es keinem gelungen, mir das Rückgrat zu brechen. Lieber ging ich, gab unerträglich gewordenen Zwängen nach und begann ganz woanders wieder neu. Mein beruflicher Lebensweg und seine Stationen beweisen das mehrfach.

Aber auch Männer bekämpfen sich untereinander. Ist das nicht vergleichbar?
Sicher, aber Auseinandersetzungen zwischen ehrgeizigen Männern verlassen selten die sachliche Ebene. Der

Kampf gegen die konkurrierende Frau schafft sofort Männersolidarität. Und die ist dann keineswegs mehr sachlich. Verunglimpfung und Emotion spielen dann die Hauptrolle.
Ist eine Frau erfolgreich, kann das nach ihrer Auffassung nur einige wenige Ursachen haben: Entweder sie ist gutaussehend, dann hat sie sicher mit dem Chef geschlafen, oder sie ist weniger attraktiv, dann hat sie sicher das richtige Parteibuch, oder – was noch schlimmer ist – sie ist eine Emanze. Leistung wird selten anerkannt. Der Eindruck, daß Frauen um ein Vielfaches besser und fleißiger sein müssen als Männer, stimmt nach meiner Auffassung leider immer noch.
Im Laufe der Zeit ist mir ein dickes Fell gewachsen. Anfangs habe ich noch versucht zu argumentieren, habe mich mit Urteilen auseinandergesetzt, bis ich gelernt habe, daß man gegen Vorurteile, Gerüchte und Stimmungen nur selten etwas machen kann. Es gab nur endlose Diskussionen, die alle ohne Ergebnis endeten. Irgendwann habe ich begriffen, daß, solange ich meine Arbeit zuverlässig und gut mache, meine Chancen am besten sind.

Gibt es unter den weiblichen Kollegen einen Austausch darüber, oder gibt es da noch eine andere Form der Konkurrenz?
Ja, die ist fast noch schlimmer. Auf dem oberen Treppchen ist doch durch die vielen Männer ohnehin schon genug Gedränge. Schafft es nun einmal eine Frau, will sie das kleine Plätzchen dort auch mit Zähnen und Klauen verteidigen. Das führt oft zu grotesken Situationen. Das eigentlich Bedauerliche dabei ist, daß Frauen dann oft an zwei Fronten gleichzeitig kämpfen. Die wenigsten be-

greifen, daß Frauen sich untereinander helfen können, wenn sie es geschickt anstellen. Immer unterstellt, daß die Qualifikation bereits unter Beweis gestellt ist, denn von falscher Solidarität halte ich überhaupt nichts.

Der ganze Beruf des freiberuflichen Journalisten ist ja von sehr großer Konkurrenz geprägt. Es gibt kaum Teamarbeit, woran liegt das Ihrer Meinung nach?
Jeder Kollege zeichnet seinen Artikel mit seinem Namen. Das ist in den elektronischen Medien nicht anders. Die Identifikation mit dem Produkt ist bei Journalisten außerordentlich stark. Schreiben einmal mehrere Kollegen für einen Artikel, recherchieren mehrere für ein Feature oder einen Filmbeitrag, achten sie doch streng darauf, daß sie wenigstens im Abspann genannt werden. Journalisten sind fast alle eitel. Sie halten ihre Gedanken, ob zu Papier gebracht oder auf ein Magnetband kopiert, für biblische Erkenntnisse. Teamarbeit? Nichts leichter als das, gehört zu unserem beruflichen Alltag, keiner kann das besser als wir... sagen sie alle. Ich habe noch keinen getroffen, der das wirklich auch glaubt.

Woraus zieht man die Befriedigung bei der Arbeit?
Aus dem Ergebnis. Wenn man das Gefühl hat, man kann etwas bewegen. Vielleicht geschieht es nicht oft, aber es kommt vor, wenn man sich engagiert. Ich will einmal zwei kleine Beispiele beschreiben.
Als junge Journalistin kam ich einem betrügerischen Altenheimbetreiber auf die Spur. Aus reiner Profitgier ließ er gut zahlende alte Menschen in unwürdigen Verhältnissen leben. Da fand ich oft zehn und mehr alte Menschen in einem Schlafraum, der allenfalls dreißig Quadratmeter hatte. Sie bekamen minderwertiges Essen, die ärztliche

Versorgung war mehr als mangelhaft. Unzählige Beschwerden von Verwandten oder Freunden der Betroffenen konnte der Inhaber immer wieder geschickt entkräften. Mir ist es durch wochenlange Recherchen – die nicht immer gerade Wege einhielten – schließlich gelungen, den Nachweis für sein betrügerisches Verhalten zu liefern. Kurze Zeit später haben ihm die Behörden das Handwerk gelegt, die alten Leute kamen in andere Heime oder gingen zurück in ihre Familien. Danach habe ich mich so gut gefühlt wie selten zuvor.
Ein anderes Beispiel: Zwei meiner männlichen Kollegen und ich deckten gemeinsam illegale Giftmüllagerungen auf hessischen Deponien auf. Daraus wurde dann der erste große Giftmüllskandal, der den damaligen Umweltminister Best seinen Ministersessel kostete. Die Befriedigung dabei lag darin, daß wir für eine große, oft unkritische Mehrheit der Mitmenschen Verantwortung übernehmen konnten, daß wir Gefahren aufdecken konnten, von denen die Öffentlichkeit nichts wußte und nichts wissen konnte.
Freuen kann ich mich auch über besonders gelungene Formulierungen, über Wortbilder, die gelingen, über eine arbeitsintensive Recherche, die zu dem erwarteten Ergebnis führt. Das sind so die kleinen Erfolgserlebnisse. Zu denen gehören auch Zuschauerbriefe oder Kollegenlob, das, wenn auch selten, doch hin und wieder vorkommt.

Sie sind von der »Neuen Presse« zum Rundfunk gegangen, haben Sie sich selbst beworben, oder wie kam der Wechsel zustande?
Wir hatten es damals noch viel leichter als die jetzige Generation. Wir mußten nicht unbedingt ein abgeschlosse-

nes Hochschulstudium vorlegen oder Sohn oder Tochter wichtiger Persönlichkeiten sein, um bei der Zeitung oder dem Funk eine Chance zu bekommen. Es genügte meist Talent und ein wenig Glück.
Bei mir persönlich war alles eher zufällig. Mein Mann wollte Journalist werden, und ich folgte ihm in die Redaktion der *Frankfurter Neuen Presse.* Später ging mein Mann zum Fernsehen, und ich folgte ihm wieder. Wir saßen eines Abends mit Fernseh- und Funkkollegen zusammen. Ich beschrieb sehr engagiert die Situation der damals explodierenden Randgemeinden, die sich mehr und mehr zu Schlafstätten der Großstädte entwickelten. Weder Nahverkehr, Einkaufsmöglichkeiten, Straßen oder Kindergärten wuchsen mit. Hochhäuser entstanden und trennten Alt- von Neubewohnern. Ghettos entstanden.
Ein Funkkollege sagte beiläufig: Mach mir doch eine Sendung daraus. Das tat ich und hatte damals Erfolg. Später ging ich vom Feature zur aktuellen Redaktion und war dann da, wo ich letztlich hin wollte. Ebenso zufällig sah ich im Nachbarstudio des Fernsehens die aktuelle Abendschau und hörte einen Moderator sagen, daß sie Nachwuchs suchten. Ich meldete mich zur Testsendung und – durfte bleiben.

Aber es ist doch ein ganz neues Medium, vor einer Kamera zu sitzen?
Nicht ganz. Es sind nur die Äußerlichkeiten, die journalistische Arbeit bleibt im Grunde gleich. Dennoch bin ich der Meinung, daß zu der Begabung des Schreibens noch eine andere hinzukommen muß: die der »Verkaufe«, wie wir das nennen. Inhalte können noch so korrekt recherchiert sein – wenn man sie nicht vor einem Mikrophon oder einer Kamera vermitteln kann, sollte man das elek-

tronische Medium meiden. Da viele meiner Kollegen nicht genügend Selbstkritik haben, gibt es so viele schlechte und mittelmäßige Moderatoren.

Weshalb sind Sie damals zum »Stern« gegangen und haben Ihre Arbeit bei der ARD aufgegeben?
Wenn Sie fünf Jahre auf einem solchen Schleuderstuhl gesessen haben, ist die Sehnsucht nach Anonymität, nach etwas mehr Ruhe groß. Hinzu kam die Furcht vor der wachsenden Oberflächlichkeit und Routine. Es fehlte die Zeit für das Relaxing, die Zeit, geistig nachzutanken, für anspruchsvolles Formulieren. Und es fehlte die Zeit, Neues hinzuzulernen. Mit einem Wort – ich hatte genug. Ich wollte wieder einmal schreiben. Damit stieß ich leider auf wenig Verständnis bei Familie, Kollegen, Freunden, Vorgesetzten und Zuschauern. Alle waren sich einig, daß es ein großer Fehler sei, vom Fernsehen wegzugehen. Nun gut, vielleicht war es das, aber ich stehe dazu. Wenigstens den Parteibuchwächtern und den Neidern habe ich damit eine Freude gemacht. Aber auch für mich selbst war der Schritt nach Bonn im Rückblick leider eine Fehlentscheidung, weil sich dadurch meine Erwartungen keineswegs erfüllten. Im Gegenteil, der Streß wurde noch größer. Vielleicht lag es daran, daß ich – mit Blick auf die Karriere – nicht als Redakteurin, sondern als Büroleiterin nach Bonn ging. Weniger ist manchmal mehr.

Wie werden Sie mit Rückschlägen innerlich fertig?
Ich muß sie sehr genau analysieren, das erleichtert die Verarbeitung und macht sensibel für gefährliche Lebenssituationen. Wer das Risiko liebt, muß auch mit Rückschlägen rechnen. Für mich ist beides untrennbar. Rückschläge sorgen insbesondere dafür, daß die Bäume nicht in den Himmel wachsen.

Sie führen ja jetzt ein Leben, in dem Sie sehr viel reisen. Ist das keine Belastung für Ihre Familie?
Es war immer eine Belastung und wird dies auch in Zukunft bleiben. Denn es sieht nicht so aus, als würde sich bald etwas daran ändern. Heute ist es allerdings leichter für alle Betroffenen, weil unsere Kinder schon erwachsen sind. Mein Mann hat meinen Beruf und die daraus entstehenden Schwierigkeiten irgendwann einmal akzeptiert und sich damit abgefunden. Auch er ist Journalist und weiß aus Erfahrung, daß Mobilität eine wichtige Voraussetzung in unserem Beruf ist.

Was ist für Sie das Entscheidende, wenn jemand Journalist werden will, und könnten Sie Frauen besondere Ratschläge geben?
Ich glaube, daß die Voraussetzungen für Männer und Frauen gleich sind: Sie müssen neugierige Menschen sein, sie müssen vor allem ein paar ganz wichtige charakterliche Voraussetzungen mitbringen, die sie zwischen allen möglichen Fronten unverletzbar und unangreifbar machen. Mir fällt aber spontan mehr ein, was ein Journalist auf keinen Fall sein darf.

Was denn?
Bequem, denkfaul, unbeweglich, kontaktarm, empfindlich gegen Rippenstöße, profitorientiert. Das Wort Feierabend müssen Sie aus dem Sprachschatz streichen, Formulare sollten Sie hassen, Telefone und Schreibmaschinen lieben, nie heiraten, Alkohol verabscheuen, ihn aber dennoch gut vertragen und Urlaub vergessen. Ich weiß nicht, ob das ein erstrebenswertes Ziel ist. Meine Mutter hat mir die Tugenden des Lebens anders beschrieben, aber ich habe ja selten auf sie gehört.

Lore Kullmer, 65, verheiratet und Mutter zweier Kinder, ist eine der wenigen Professorinnen für Wirtschaftswissenschaften in der Bundesrepublik. Als sie sich 1959 habilitierte, konnte sie noch nicht davon ausgehen, jemals einen eigenen Lehrstuhl zu bekommen. 1965 wurde sie als Professorin für Finanzwissenschaft an die damals neu gegründete Universität Regensburg berufen, an der sie bis zu ihrer Emeritierung im Frühjahr 1985 lehrte.

Ich hatte schon immer die Vorstellung, einen Beruf auszuüben, der mich ausfüllt und Teil meines Lebens werden könnte. Das entscheidende war sicher, daß ich mir nie hätte vorstellen können, ein Leben wie meine Mutter zu führen. Sie war Hausfrau, Ehefrau und Mutter eines Kindes und hatte Interessen, die sich in den verwandtschaftlichen Beziehungen und der Führung eines relativ kleinen Privathaushaltes erschöpften. Mein Vater schlug ihr vor, sich stärker für seine beruflichen Belange zu interessieren. Er wollte eine Haushaltshilfe einstellen, damit sie ihn beruflich unterstützen könnte. Das lehnte sie rundweg ab, und es kam eine Sekretärin ins Haus. Das habe ich damals nicht verstanden, das kann ich zwar heute verstehen, aber akzeptieren kann ich es auch heute nicht. Von daher prägte sich eine bestimmte Vorstellung über meine Zukunft. Ich wollte meine Interessen nicht mein ganzes Leben lang auf Familien- und Haushaltsprobleme richten.
Als ich zwölf oder dreizehn Jahre alt war, verließ eine meiner Freundinnen das Lyzeum, das wir besuchten, und ging auf eine Studienanstalt, um später Medizin studieren zu können. Auch ich wäre damals gern umgeschult worden, aber meine Eltern waren dagegen. Wir lebten in der Zeit der Weltwirtschaftskrise, und mein Vater meinte – sicher auch im Hinblick auf Ausbildungs- und Studienkosten – er halte die mittlere Reife für ein Mädchen für ausreichend. Wahrscheinlich würde ich ja heiraten, was gleichbedeutend war mit Nicht-Berufstätigsein. Für alle Eventualitäten des Lebens seien der Besuch einer Handelsschule und eine kaufmännische Lehre eine gute Vorsorge. Sollte ich jedoch später immer noch den Wunsch haben zu studieren, so könne ich das Abitur nachholen. Die Entscheidung blieb also letztendlich offen. Damals

habe ich mich gefügt, die Schule verlassen, die Handelsschule absolviert, eine kaufmännische Lehre abgeschlossen, und das alles nicht einmal mit großem Widerwillen. Schließlich hatte ich eher vage Vorstellungen, aber keinen Traumberuf vor Augen, für den ich hätte kämpfen können. Opponiert gegen meinen Vater habe ich nie. Ich vertraute seiner größeren Erfahrung, und so sind alle Entscheidungen in Harmonie getroffen worden. Aufgegeben habe ich meine Pläne andererseits auch nicht, sondern eher in Ruhe reifen lassen. Als die äußeren (Kriegs-)Ereignisse mir die Möglichkeit boten, mich aus dem gewohnten Alltag zu lösen, die Reifeprüfung abzulegen und das Studium zu beginnen, ergab sich eine Stufe mehr oder weniger zwangsläufig aus der anderen.

Nach der Handelsschule haben Sie eine kaufmännische Lehre gemacht und haben auch in verschiedenen Betrieben gearbeitet. Wie kam Ihre Entscheidung zustande, dann nach Beginn des Krieges das Studium anzufangen?
Nun, im Hinterkopf hatte ich meine Pläne ja nie aufgegeben. Im Jahr 1943 ergriff ich daher die Möglichkeit, mich als Fahrschüler in Köln auf ein Spezialabitur für Wirtschaftswissenschaftler vorzubereiten. Leider kam der Bombenkrieg dem Abschluß der Vorbereitungen zuvor, unsere Wohnung wurde zerstört, und meine Eltern zogen nach Süddeutschland zu Verwandten.
Ich siedelte nach Frankfurt über, wo gleichfalls die Möglichkeit bestand, extern das Abitur zu machen und gleichzeitig mit dem Grundstudium der Wirtschaftswissenschaften zu beginnen. Die Kriegssituation an sich, aber auch die spezielle Lage der Familie, d. h. der noch recht behelfsmäßige Unterschlupf bei Verwandten, trugen dazu bei, meinen Eltern meine Absichten schmackhaft zu machen.

Im Wintersemester 1943/44 habe ich in Frankfurt das Studium begonnen und im Sommer 1944 sowohl die Reifeprüfung abgelegt als auch die im Grundstudium vorgesehenen Klausuren bestanden. Diese Erfolge kamen nicht zuletzt deswegen so schnell zustande, weil ich infolge meiner Übersiedlung und gewisser zum Kriegsende sich abzeichnender Mängel in der Verwaltung nicht erfaßt wurde von der Kampagne: »Frauen in die Rüstungsbetriebe«. So konnte ich den letzten Kriegswinter mit einigen wenigen Studierenden, in der Hauptsache Kriegsversehrten, die für den Studienabschluß freigestellt waren, an der Universität verbringen. Zwar haben wir mehr im Bunker gesessen als im Hörsaal, aber trotzdem erwarb ich die noch fehlenden »Scheine«.
Nach Kriegsende, d. h. mit Wiedereröffnung der Universität Frankfurt im Dezember 1945, habe ich drei weitere Trimester studiert und bin dann ins Examen gegangen. Vom Aufbau und der Studiendauer her war das schon ein etwas eigenartiges Studium, aber man lebte damals in der Vorstellung, so gut und so schnell wie möglich alle Pläne verwirklichen zu müssen, weil es sonst sein könnte, daß man sein Ziel nie erreichte.

Wie haben Sie im Krieg gelebt?
Was die Finanzen anlangt, so hatte ich aus meiner Berufstätigkeit gewisse Rücklagen, zudem halfen meine Eltern aus. Das Leben auf Bezugsschein war ja auch nicht teuer, die Ansprüche gering, und im übrigen sagte ich mir, was andere Alleinstehende in dieser Zeit schaffen, das bringst du auch. Man aß in der Mensa und hatte bald herausgefunden, wo es einen ruhigen – und im Winter auch warmen – Platz zum Arbeiten gab. Man informierte sich gegenseitig, wo man am ehesten satt werden konnte; und

das gute Einvernehmen, der Zusammenhalt, führte dazu, daß alles gar nicht so schwierig war. Im Mittelpunkt standen sowieso die unmittelbaren Anforderungen, also Prüfungen, Referate und ähnliches, viel weniger die »großen«, d. h. die politischen Ereignisse.
Das galt auch noch für die ersten Nachkriegsjahre, in denen jeder versuchte, seine Anstrengungen möglichst schnell in Examens- und berufliche Erfolge umzumünzen.
Ein finanzielles Problem trat für mich erst auf mit der Währungsreform. Meine Dissertation war noch nicht fertig, und 40 Mark Kopfgeld reichten kaum aus, um sie in Ruhe abzuschließen. Ich weiß bis heute nicht, wie meine Eltern zurechtgekommen sind, jedenfalls haben sie mir sofort noch einmal 40 Mark überwiesen und mir auch über die nächsten Monate hinweggeholfen, bis ich im Oktober 1948 eine Assistentenstelle antrat.
Auch im nachhinein würde ich die allgemeine und die berufliche Situation am Kriegsende als die schwierigste in meinem Leben sehen. Ich hatte die Sicherheit meines Lebens, meines Berufes verloren beziehungsweise aufgegeben und mich nicht wieder fangen können. Ich lebte in einer ständigen Sorge und Ungewißheit, wie alles weitergehen sollte, wie die Militärregierung entscheiden würde, ob sie die Universitäten öffnen würde, wer weiterstudieren könnte usw. Es waren also Lebensbedingungen, die von außen kamen und die persönliche Lage sehr erschwerten.
Mein konkreter Berufsweg wurde durch Anstöße von außen bestimmt, in dem Sinne, daß ich mich niemals beworben habe oder auf mich aufmerksam machen mußte. So wollte ich zwar auf jeden Fall promovieren, wurde aber schon während der Diplomprüfung von einem der Prüfer

aufgefordert vorbeizukommen, um mit ihm über ein Thema zu sprechen. Mit dieser Vereinbarung war gleichzeitig die Übernahme einer Assistentenstelle verbunden. Nach der Emeritierung meines Doktorvaters, Gerloff, kam ich zu dessen Nachfolger, Neumark, der Anfang der fünfziger Jahre aus der Emigration nach Deutschland zurückkehrte. Mit ihm habe ich relativ lange zusammengearbeitet. Beide Herren haben mich, das weiß ich noch wie heute, gefragt, ob ich mich nicht habilitieren wolle. Der Anstoß ging also wiederum von ihnen aus, und sie versicherten mir bei dieser Gelegenheit, daß die Fakultät gegen die Habilitation von Frauen keine Einwände habe, ich also keinesfalls Ressentiments zu fürchten habe. Außerdem versprachen beide, alles zu tun, was in ihren Kräften stehe, um die Anstrengung und die Mühen, die ich auf mich zu nehmen hätte, zu unterstützen, d. h., auch dafür zu sorgen, daß ich eine entsprechende Anstellung finde. Damals konnte man ja nicht davon ausgehen, daß immer genügend freie Stellen vorhanden waren, von einem Lehrstuhl, d. h. einer H- oder C4-Professur ganz zu schweigen. Ich erbat mir Bedenkzeit, und beide schienen enttäuscht, daß ich ihr Angebot nicht spontan als »wunderbar« empfand und akzeptierte.
Während meiner Assistenzzeit in Frankfurt lernte ich auch den amerikanischen Finanztheoretiker Musgrave kennen, der 1957 erstmals ein Forschungssemester dort verbrachte. Er schloß gerade sein Manuskript über die »Theory in Public Finance«, ein sehr wichtiges, um nicht zu sagen epochemachendes Buch, ab und bereitete darüber hinaus noch einige andere Texte vor, zu denen er Literaturstudien im älteren deutschen finanzwissenschaftlichen Schrifttum machte. Eines Tages saßen wir zusammen und stellten fest, daß es gut wäre, wenn der Text der

Musgraveschen Finanztheorie auch in deutscher Sprache vorliegen würde. Da nach leidvoller Erfahrung mit anderen Texten feststand, daß man keinen Philologen mit dieser Aufgabe betrauen konnte, entschied Neumark kurzerhand, daß das meine Arbeit sei. Mein Widerstand, meine Bedenken wurden zerstreut. Ich ging an die Arbeit und gab damit gleichzeitig meinen Lehr- und Forschungsinteressen neuen Auftrieb und eine andere Richtung. Kurz: Die Mühen dieser umfangreichen und nicht einfachen Übersetzung trugen viele Früchte. Die Kontakte vertieften sich im Laufe der Jahre und führten zur gemeinsamen Herausgabe der deutschen Ausgabe eines umfangreichen Lehrbuches. Und hier muß ich feststellen, daß es überaus reizvoll ist, das, was man gerade erarbeitet hat, in den Veranstaltungen zur Diskussion zu stellen und zu sehen, wie weit es greift und wie weit es verständlich geworden ist. Der Reiz des Hochschullehrerberufes liegt ja überhaupt darin, einerseits Gedanken und theoretische Zusammenhänge am Schreibtisch aufzuzeichnen und andererseits die Möglichkeit zu haben, das Erarbeitete unmittelbar klarzumachen und zur Diskussion zu stellen.
Ich schrieb also eine Habilitationsschrift, wurde Privatdozentin an der Johann-Wolfgang-Goethe-Universität und übernahm bald eine Lehrstuhlvertretung in Saarbrücken, neben einem Lehrauftrag an der Technischen Hochschule Darmstadt. Diese Aufgaben waren für meine Entwicklung sehr wichtig und gehörten im übrigen seinerzeit zur »normalen« Entwicklung eines Dozenten. In den Jahren 1962 bis 1965 pendelte ich also zwischen Frankfurt und Saarbrücken und wurde 1967 bei Neugründung der Universität Regensburg als ordentliche Professorin berufen. Auch dieser Berufung ging kein Bewer-

bungsverfahren voraus, sondern eine Berufung stellte so etwas wie eine »Überraschung« dar, und meine Benennung war darüber hinaus für bayrische Verhältnisse schon ungewöhnlich.

Ich dachte immer, Wirtschaft sei zu der damaligen Zeit ein reines Männerfach gewesen. Sind Sie denn gar keinen Ressentiments begegnet, und hatten Sie selbst keine Zweifel an Ihrem Weg?

Was die Frankfurter Fakultät angeht, so erinnere ich mich, daß Neumark immer wieder feststellte, Finanzwissenschaft sei ein Studienfach, für das sich speziell Frauen eigneten, weil sie das bessere Gespür für das Disponieren und Budgetieren von Geldmitteln hätten. Er erwähnte in diesem Zusammenhang immer wieder eine britische Finanzwissenschaftlerin, Ursula Hicks, die ihn sehr beeindruckt hatte.

Es wurde erwartet, daß man arbeitete und Ergebnisse brachte, und dabei gab es weder eine Bevorzugung noch Benachteiligung gegenüber den männlichen Kollegen. Es wäre somit auch unangebracht gewesen, von meiner Seite Vorteile (etwa im Zusammenhang mit meinem Haushalt oder der Erziehung unseres Sohnes) in Anspruch nehmen zu wollen. Auch unter den Kollegen gab es über solche Fragen keine Diskussion.

Hier in Regensburg sind die meisten Kollegen jünger als ich und viel jünger als die Vorgesetzten, mit denen ich an der Frankfurter Universität zu tun hatte. Sie entstammen einer anderen, aufgeschlosseneren Generation, die die Stellung der Frau in Beruf und Gesellschaft anders erlebt. Bei offiziellen Einladungen und Empfängen im Bereich Niederbayern und der Oberpfalz sieht zwar nicht alles so aus wie im hiesigen Universitätsbereich, man begegnet den – wenigen – weiblichen Mitgliedern der Universität dort eher unsicher, doch hat sich in den vergangenen achtzehn Jahren auch da schon einiges geändert, und manches ist einfacher und selbstverständlicher geworden. Dazu ist allerdings zu sagen, daß auch ich gelernt habe, verklemmte Situationen zu überbrücken und starre Positionen aufzulockern.

Man erlebt natürlich hin und wieder Gedankenlosigkeiten in dem Sinn, daß bestimmte Aufgaben oder Positionen, etwa weil sie als typisch weiblich gelten, einem angetragen werden, oder weil sie als eher männlich charakterisiert werden, einem versagt bleiben. Wenn dieser Eindruck bei mir entstand und die speziellen Zusammenhänge mir wichtig genug erschienen, habe ich ein klärendes Gespräch gesucht, das eigentlich immer zu befriedigenden Lösungen für alle Beteiligten geführt hat.

Daß es für Frauen Probleme bei einer Universitätslaufbahn als solcher und speziell im Bereich der Wirtschaftswissenschaften gibt, ist mir nur einmal bewußt geworden, als die von vornherein als »sine spe« vereinbarte Lehrstuhlvertretung in Saarbrücken zu Ende ging und die Rückkehr in meinen alten Aufgabenbereich mir nicht sehr verlockend erschien. Ein alter Bekannter aus Frankfurter Assistentenzeiten, der inzwischen eine Professur an einer Universität in Norddeutschland innehatte, erklärte mir nämlich rundheraus, daß in seiner Fakultät eine Frau nie eine Chance habe, auch wenn sie weit fähiger als ihre männlichen Kollegen sei. Er zählte dann gleich mehrere Fakultäten auf, für die nach seiner Ansicht das gleiche galt. Das hat mir meine Situation zum erstenmal bewußtgemacht und mich sehr deprimiert.

Damit wir uns recht verstehen: Es ging mir nicht in erster Linie um einen entsprechend dotierten Vertrag, sondern um die Möglichkeit, einen Einsatz entsprechend meiner Qualifikation und meinen Fähigkeiten zu finden, um beweisen zu können, daß ich etwas leisten konnte, und nicht in irgendeinem vergessenen Winkel vor mich hin zu arbeiten oder auch nichts zu tun.

War es für Sie damals ganz selbstverständlich, die Assistentenstelle zu bekommen, oder haben Sie es als etwas Besonderes empfunden?

Alle, die ein gutes Diplom hatten, haben promovieren können und in der Situation des Wiederaufbaus nach dem Krieg auch schnell passende Beschäftigungen gefunden. Eine Assistentenstelle angetragen zu bekommen war von daher nicht unbedingt etwas Besonderes, lag auch gar nicht im Wunschbereich der meisten Kommilitonen. Insbesondere die älteren, deren Studien sich durch den Krieg verzögert hatten, versuchten, möglichst schnell in eine Position zu gelangen, die nach Ansehen und Dotierung geeignet war, ihre langgehegten Pläne, wie zum Beispiel Heirat und Familiengründung, zu verwirklichen.

Etwas anderes war die Umstellung auf meine neue Tätigkeit. Dabei fühlte ich mich schon etwas allein gelassen, insbesondere als mir als erstes eine Dissertation zur Begutachtung vorgelegt wurde, mit der Bemerkung »Entweder man kann es, oder man kann es nicht« als einziger Einführung. Im Lauf der Jahre habe ich dann mit Neumark sehr eng zusammengearbeitet, sei es bei der Herausgabe seiner Zeitschrift oder des dreibändigen Handbuchs, und ich habe sehr, sehr viel dabei gelernt. Im übrigen war dieses Arbeiten anders als heute: Man hatte pünktlich zu sein, hatte fest vorgegebene, den Tag ausfüllende Arbeiten zu erledigen und kaum Zeit und Freiheit

für eigene Interessen während der »normalen« Arbeitszeit. Aus meiner jetzigen Situation würde ich das aber eher positiv sehen, wenngleich ich diese Belastungen – insbesondere im Hinblick auf die Gepflogenheiten an anderen Lehrstühlen – nicht immer uneingeschränkt als Segen empfand.
Auch den Umgang mit den Studenten mußte ich erst lernen. Ich mußte unbefangen werden und mich von der Vorstellung lösen, sie würden eine Anfängerin in mir sehen, deren Schwächen bloßzustellen wären. Aber das ist eine Entwicklung, die jeder durchmacht, ob Mann oder Frau, und ist daher unabhängig von meiner Situation zu sehen.

Sie haben ja, noch während Sie sich habilitierten, geheiratet und einen Sohn bekommen. Wie haben Sie Beruf, Forschung und Familie miteinander vereinbart?
Geheiratet habe ich 1953, mein Sohn wurde 1955 geboren, und habilitiert habe ich mich Anfang 1959. Da mein Mann – kriegsbedingt – Studium und Promotion erst nach mir abschloß, stellte sich die Frage, ob ich mit der Heirat oder der Geburt unseres Sohnes aus dem Berufsleben ausscheiden sollte, aus finanziellen Erwägungen erst gar nicht.
Die Situation war allerdings nicht einfach, und letztendlich konnte ich die Habilitationsschrift nur deshalb abschließen, weil ich mich mit einem Stipendium für ein halbes Jahr in die USA »zurückzog«. Der Studienaufenthalt war zwar auch vom Thema her geboten, verschaffte mir aber gleichzeitig die Chance, mich uneingeschränkt meinem Problem zu widmen und das Manuskript fertigzustellen.
Vater und Sohn blieben zurück und wurden von einer

Haushaltshilfe betreut, die schon seit längerem bei uns war, obwohl wir uns ihre Dienste eigentlich gar nicht leisten konnten. Jeder Monat stellte uns vor schwierige Rechenkunststücke, aber irgendwie schafften wir es immer wieder. Noch wichtiger vielleicht: Auch die Betreuung des Kindes – insbesondere während meiner Abwesenheit – lag in besten Händen. Einmal sorgten dafür die engen Vater/Sohn-Beziehungen, zum anderen trug die engagierte und liebevolle Pflege unserer Haushälterin dazu bei. Diese Situation zu tolerieren, ja zu fördern, war für mich als Mutter zwar nicht immer leicht; es war aber der einzige Weg, um mit der Situation fertig zu werden. Meine Rückkehr aus den USA fiel auf den dritten Geburtstag meines Sohnes. Dank der unablässigen Bemühungen meines Mannes hatte er mich nicht vergessen, sondern begrüßte mich, als sei ich nur kurz weggewesen, und wir haben sehr schön gefeiert.

Nach meiner Habilitation haben wir uns den Wunsch nach einem zweiten Kind erfüllt. Ich rechnete damit, nun in meinen beruflichen Dispositionen freier, d. h. selbständiger zu sein und dadurch auch mehr Zeit für die Kinder zu erübrigen. Den Zeitbedarf für die Vorbereitung meiner ersten Vorlesungen hatte ich unterschätzt, und ich sehe mich noch heute vor meiner Schreibmaschine und inmitten von Büchern neben dem Babykörbchen sitzen, weil die Zeit mir wieder mal unter den Fingern zerrann. Aber im großen und ganzen ließ sich alles gut bewältigen, wenngleich sich mein Mann inzwischen aus beruflichen Gründen nicht mehr in dem Ausmaß für die Familie zur Verfügung stellen konnte wie vordem. Das Gesagte gilt auch für die Zeit meiner Lehrstuhlvertretung in Saarbrücken, die wöchentlich eine mindestens zweitägige Abwesenheit von zu Hause erforderte.

Wenn Sie nach dem Konflikt fragen, die Berufstätigkeit gegen ein Hausfrauendasein einzutauschen, so muß ich nun sagen, daß ich mir das gar nicht mehr hätte vorstellen können, nachdem es früher aus finanziellen Gründen nicht machbar gewesen wäre. Unsere Wohnung lag zwei Minuten von der Universität entfernt, so daß ich jeden Mittag zum Essen nach Hause gehen, alle sehen und mit allen sprechen konnte. Mein kleiner Sohn kannte sich so gut aus, daß er mich schon mit zweieinhalb Jahren allein besuchte und mich über den Pförtner bat, ihn beim Eingang abzuholen. Er bewegte sich ganz unbefangen in diesem Bereich und hatte eine Menge »Freunde« in der Universität, vom genannten Pförtner bis zu den Kollegen und Mitarbeitern, die sich gern mit ihm beschäftigten. Hinzu kam, daß mein Mann ein ausgesprochener Kindernarr war und sich etwas darauf zugute hielt, entgegen den damaligen Gepflogenheiten der Männer einen Kinderwagen zu schieben und später sich mit Sohn und Tochter zu beschäftigen.
Schwieriger wurde die Situation dann mit meiner Berufung nach Regensburg. Es entstand die Frage, ob der Haushalt nicht dorthin verlagert werden sollte. Nach einem längeren Gespräch mit einer Familienberaterin entschieden wir uns dafür, daß derjenige pendeln sollte, der in seinen Dispositionen am freizügigsten war, und dafür kam nicht mein Mann, sondern ich in Frage. Hinzu kam, daß unsere Kinder sich gegen den Weggang von Frankfurt, gegen eine Umschulung und das Zurücklassen ihrer Freunde sehr wehrten und der Schulwechsel nach Bayern insbesondere für meinen Sohn, der inzwischen das Gymnasium besuchte und an einem Schulversuch zur Erlangung des »international baccalaureat« teilnahm, nachteilig und auch schwierig gewesen wäre. So haben

wir den Familienwohnsitz in Frankfurt belassen, in der Hoffnung, daß sich vielleicht mittelfristig eine andere, bessere Lösung finden ließe. Das war leider nicht der Fall. Wenn beide Ehepartner im Beruf spezielle Aufgaben und Interessengebiete verfolgen oder auch eine bestimmte Laufbahn eingeschlagen haben, lassen sich räumliche Vorstellungen nicht nach Wunsch steuern. Ich habe daher angefangen, überall Telefone zu installieren, d. h. stets telefonisch erreichbar zu sein. Zwar ist das ein magerer Ersatz für die physische Anwesenheit, aber doch besser als gar keine Kommunikation, weil es kein Kind aushält, über Stunden oder gar Tage für sich zu behalten, was es in der Schule und mit seinen Freunden erlebt. Und da sind Vater und Mutter gefordert. Das lief auch einigermaßen.

Allerdings habe ich mir lange Zeit Sorgen und Vorwürfe gemacht, ob es richtig war, die Professur in Regensburg anzunehmen, oder ob ich hätte in Frankfurt bleiben müssen. Aufgehört haben diese Zweifel erst nach dem Gespräch mit einer Freundin, einer bemühten, ja aufopfernden Hausfrau und Mutter, die mir mit allen Anzeichen der Bestürzung und Enttäuschung berichtete, daß ihre Kinder den Verzicht der Mutter auf eigene Entfaltung nicht nur nicht akzeptieren wollten, sondern ihr geradezu zum Vorwurf machten, daß sie ihren eigenen Interessen nicht stärker nachgegangen sei.

Das hat mich geheilt von der Vorstellung, nur eine Frau und Mutter, die von früh bis abends für die Belange der Familie zur Verfügung steht, sei eine »gute« Frau und Mutter und der Garant dafür, daß die Kinder sich konfliktfrei entwickeln könnten.

Wie waren die Reaktionen Ihrer Umwelt auf Ihren Weg?
Meine Freundinnen, Verwandten und Bekannten aus der Kinder- und Jugendzeit waren zum Teil der Meinung, ich hätte es »gut« oder auch »besser« als sie selbst. Sie sahen dabei gewisse äußere Erfolge. Mühen, Anstrengungen, vielleicht auch Entsagungen erkannten sie nicht oder wollten sie nicht sehen. Es sind im wesentlichen diejenigen, die über die Monotonie ihres Alltags jammern, aber von sich aus nichts tun, um diese Situation zu ändern, insbesondere wenn das mit persönlichem Einsatz, Anstrengung, vielleicht auch Risiko verbunden ist.

War es ein Problem in Ihrer Ehe, daß Sie die exponiertere Stellung haben?
Nein. Zunächst einmal würde ich die Eigenschaft »Exponiertheit« als äußeres Kennzeichen auffassen und feststellen, daß mein Mann im Berufsleben sowohl sehr engagiert als auch erfolgreich war bzw. ist. Er hat in der Regel andere Fragen untersucht als ich, so daß wir kaum die Gelegenheit wahrnehmen, uns beim Sonntagsfrühstück über die Entwicklung der Wechselkurse zu unterhalten, wie das gelegentlich naiv unterstellt und als »interessantes« Eheleben hingestellt wird. Aber wir nahmen und nehmen natürlich immer wieder die Gelegenheit wahr, uns über die wechselseitigen Interessen zu informieren, wenn wir auch nicht jeweils bis ins letzte in die Problematik einsteigen können, die den anderen beschäftigt.
Es gibt natürlich mehr Streß in einer Familie, in der beide Ehegatten beruflichen Plänen nachgehen und berufliche Sorgen haben, als in einer Familie, in der das nur bei einem Ehepartner der Fall ist – es sei denn, die Hausfrau trägt über ihre Probleme gleichfalls zur Anspannung, zum Streß bei, und das geschieht vielleicht gar nicht so

selten. Die Probleme des Zusammenlebens ergeben sich somit sicher weniger oder doch nicht vorrangig aus der beruflichen Situation, sondern aus einer ganzen Reihe von Faktoren, die viel weitgreifender sind.
Man braucht in allen Fällen Verständnis, Toleranz und Kraft, um sie zu meistern, und dabei können die Erfahrungen des Berufslebens durchaus hilfreich sein. Eine Zeitlang war ich der Auffassung, der reibungslose Ablauf des Familienalltags sei mit Planung und Organisation allein zu schaffen. Aber das stimmt nicht. Zwar vereinfachen sie manches, aber einen Ersatz für persönliche Zuwendung bilden sie nicht.

Was haben Sie noch für Ziele?
Zunächst möchte ich die Bearbeitung der dritten Auflage des mit den beiden Musgraves herausgegebenen Lehrbuchs vollenden. Im kleineren Rahmen biete ich Lehrveranstaltungen an und habe mich gegenüber der Fakultät und den Studenten verpflichtet, bis Ende des Jahres Prüfungen abzunehmen. Das ist gut so, denn wie soll man sich von einem Tag zum anderen lösen aus einem Beruf, der jahrzehntelang im Mittelpunkt des Lebens stand. Wie es nach Erledigung der genannten Arbeiten weitergeht, vermag ich noch nicht zu sagen, es hängt auch von den physischen Kräften ab. Aus heutiger Sicht erscheint mir ein Dasein als Hausfrau und Großmutter (auch das ist inzwischen möglich) als reizvolle Abwechslung, nicht aber als einziger Lebensinhalt auf Dauer.

Wie sind Sie mit Rückschlägen im Leben umgegangen?
Vor kurzer Zeit las ich ein Zitat dazu, das meine Auffassung genau wiedergibt. Es lautet: Ich nehme dir nicht übel, wenn du hinfällst, aber ich verachte dich, wenn du liegenbleibst.

Gibt es Ratschläge, die Sie jungen Frauen geben könnten?
Auf jeden Fall plädiere ich dafür, daß jede einmal in Angriff genommene Aufgabe abgeschlossen wird und daß man darüber hinaus die Anforderungen an sich selbst so hoch schraubt, wie es nur geht. Nur dann kann man im Leben und in der Berufswelt bestehen.

Das Privatleben

Frauen und Karriere – das scheint nur dann kein Widerspruch zu sein, wenn Frauen auf Privatleben und Familie verzichten. Der Typ der Erfolgsfrau ist im allgemeinen Bewußtsein eine unverheiratete, ältere Frau oder eine Frau, die keine Kinder bekommt und von daher eine »Beschäftigung« braucht.

»Ursprünglich hatte ich ja vor, nach der Heirat mit dem Beruf aufzuhören. Ich weiß, das ist eine sehr weibliche Angelegenheit. Ich wollte immer vier Kinder haben, das war so meine Vorstellung. Ich wollte eine große Familie haben, ansonsten ledig bleiben und meinen Beruf haben. Nun habe ich beides gemacht. Leider war es so, daß ich erst nach elf Jahren meinen Sohn bekommen habe, und das war dann sehr schwer für mich. Das war eine Phase, ich konnte unsere Existenz nicht aufgeben, auf der anderen Seite wollte ich gern hundertprozentige Mutter sein. Im Grunde war ich sehr unglücklich, daß das, was ich mir so gewünscht hatte, so spät kam. Eine Fabrik kann man nicht so leicht aufgeben, und ich war auch zu leidenschaftlich dabei, das muß ich zugeben, aber es ging. Ich kann sehr gut abschalten: Ab sechs Uhr war ich Mutter.«

Auch wenn dies wie eine Bestätigung des oben genannten Vorurteils klingt, auf den zweiten Blick wird deutlich, daß auch diese Frau, wie die anderen Frauen, die hier zu Wort kommen, von Anfang an konsequent an ihrer beruflichen Laufbahn gearbeitet hat. Sie haben alle nicht auf einen Mann gewartet, der ihnen das große Glück bringen würde, und versucht, die Zeit mit »Jobs« zu überbrücken.

Die Unternehmerin erzählt vom Beginn ihrer Laufbahn: »Ich habe nur ein Jahr lang Modegraphik gelernt. Es war ja noch im Krieg, da wurde das Modezeichnen an den Kölner Werkschulen abgebrochen und zur Voraussetzung gemacht, daß man die Gesellenprüfung als Schneiderin hatte. Die Begründung war, daß man nicht Dinge zeichnen sollte, die nicht zu realisieren waren. Aber ich kam in ein Atelier, da saßen fünfzig Mädchen in einem Raum mit unheimlich niedriger Decke, und es war dauernd Fliegeralarm. Da dachte ich mir: Zwei Jahre hier nähen, das halte ich nicht durch. Ich fing an, Dinge aus Fallschirmen und Wolldecken zu schneidern, und habe Skizzen an Modegeschäfte verkauft. Das ging sehr gut, ich habe 20 bis 50 Mark pro Skizze bekommen, damals war das viel Geld. Schließlich habe ich ein Angebot bekommen, bei einer Modemesse etwas auszustellen. Für diese Ausstellung habe ich dann zwanzig Kleider gemacht, nur aus einem Stück Stoff – und ich verkaufte auf Anhieb 200 Kleider. Das war zwar dann schwierig, die mit nur einer Hilfe zu nähen, aber es ging. Und dann sprachen mich noch mehr Geschäfte an, nur aufgrund dieser Kleider, und so entwickelte sich das Ganze immer mehr.«
Zu der Zeit, als sie diese zwanzig Kleider herstellte, war sie schon verheiratet – aber sie wählte nicht die Alternative, zu Hause zu bleiben.
Untersuchungen zeigen, daß immerhin 56 Prozent aller Managerinnen in der Bundesrepublik verheiratet sind. Die Vergleichszahl ihrer männlichen Kollegen, von denen 90 Prozent verheiratet sind, deutet aber das Problem an.
Die meisten Frauen arbeiten heute – oder streben dies an – in Teilzeitarbeit. Diese Lösung beinhaltet die anscheinend ideale Verbindung von Familie und Beruf. Das in

den sechziger Jahren propagierte »Drei-Phasen-Modell«, das eine Unterbrechung des Berufslebens der Frauen für die Zeit der »Familienphase« bedeutete, ist zwar heute noch vielfach Realität, aber nicht mehr Wunschvorstellung der meisten Frauen. Die Nachteile einer lebenslang unqualifizierten, schlecht bezahlten Arbeit und die Schwierigkeiten, nach der Familienphase überhaupt wieder einen Arbeitsplatz zu finden, wiegen schwerer als der Wunsch, sich eine Zeitlang ganz den Kindern widmen zu können.

Aber wenn auch heute viele Frauen beides wollen, so heißt das noch lange nicht, daß der Beruf neben der Familie einen gleichrangigen Platz in ihrer Lebensplanung einnimmt. Die Mehrheit der Frauen fühlt sich auch heute noch hauptverantwortlich für Haushalt und Kinder und ist bereit, im Konfliktfall auf die Verwirklichung der eigenen Bedürfnisse bzw. die Berufstätigkeit zu verzichten.

Das Leitbild der Mutter und »Nur«-Hausfrau ist zwar passé – soweit war die neue Frauenbewegung mit ihrem Pochen auf das Recht zur Selbstverwirklichung für Frauen »erfolgreich« –, aber Karriere oder gar das Streben nach Macht und hohem Verdienst gehören (noch) nicht in das neue Bild. Gefragt ist heute die Frau, die alles schafft und alles kann und dabei noch Ruhe und Zufriedenheit ausstrahlt. Das Emanzipationsideal für die »Durchschnittsfrau« von heute ist der doppelte Kompromiß: ein wenig Beruf, ein wenig Familie.

Die Frauen, die sich heute nicht auf diesen Kompromiß einlassen wollen, sind eine Ausnahme. Die Frauen, die sich vor zehn und zwanzig Jahren nicht auf diesen Kompromiß einlassen wollten, waren selten. Das Unverständnis der Umwelt ihrem Ausbrechen aus der traditionellen Frauenrolle gegenüber war ungleich größer als heute.

Trotzdem scheinen diese Frauen in ihrem Leben wenig Probleme mit ihrem eigenen Standpunkt in dem Konflikt Beruf–Familie gehabt zu haben. Ich habe mich lange gefragt, woher das kommt. Es könnte natürlich ein Resultat der erfolgreichen Bewältigung des Problems sein, daß die Schwierigkeiten den Frauen in der Rückschau kleiner erscheinen, als sie zum damaligen Zeitpunkt tatsächlich waren. Aber wären nicht schwere Gewissenskonflikte im Gedächtnis haftengeblieben, selbst wenn aus heutiger Sicht gesagt werden könnte, sie waren unnötig? Schwanken nicht die meisten Frauen zwischen der Verantwortung den Kindern gegenüber und den eigenen Bedürfnissen, und ist es nicht schwierig, in einer solchen Situation zu wissen, was man selber möchte? Reduzieren sich nicht von allein vor den täglichen Aufgaben die Erwartungen an das, was man alles leisten wollte? Verstellen sich nicht viele Frauen den weiteren Berufsweg mit Entscheidungen, die sie unter dem Druck der Verantwortung den Kindern gegenüber getroffen haben?

Und ist es nicht auch ein Bedürfnis von Frauen, Mutter zu sein? Der Konflikt von Frauen zwischen Beruf und Familie ist doch nicht nur Resultat der Erwartungen der Umwelt, die ihren eigenen Bedürfnissen zuwiderlaufen, sondern auch ein Konflikt zwischen den verschiedenen Bedürfnissen der Frauen. Bei der heutigen Organisation der Gesellschaft werden sie jedoch gezwungen, einen Teil ihrer Wünsche, ihrer Persönlichkeit nicht ausleben zu können: entweder die Mutterschaft oder die Berufstätigkeit.

Was heißt das aber jetzt für die erfolgreichen Frauen? Heißt es, daß sie als Mütter keine Verantwortung für ihre Kinder übernommen haben, sondern nur ihre Berufstätigkeit im Auge hatten? Keine der Frauen kann von sich sagen, sie hätte ihre Entscheidung nicht gründlich über-

legt oder hätte kein schlechtes Gewissen den Kindern gegenüber gehabt. Aber das wesentliche für die Festigkeit ihres eigenen Standpunktes war: Sie selbst wußten sehr genau, was sie wollten. Sie waren nicht im Zweifel über ihre eigenen Bedürfnisse und Wünsche – im Gegenteil, sie hatten zumindest klare Vorstellungen darüber, was sie nicht wollten, nämlich »nur« zu Hause bleiben.
Für alle Frauen, die ich interviewt habe, gilt, daß keine als junges Mädchen das Ziel hatte, »nur« Hausfrau oder Mutter zu werden. Das ist für die älteren Frauen alles andere als eine Selbstverständlichkeit. Neulich sagte eine Dame zu mir: »Als ich 1942 anfing zu studieren, habe ich niemals damit gerechnet, mit diesem Wissen einmal meinen Lebensunterhalt verdienen zu müssen.«
Diese Aussage ist viel typischer für die damalige Generation junger Frauen als der ernsthafte Versuch, einen Beruf zu lernen, um ihn dann auch auszuüben. Wie sich dieser Wunsch bei den erfolgreichen Frauen entwickelt hat, wird nie als Zwangsläufigkeit bestimmter Entwicklungen faßbar sein, er liegt zum größten Teil in der Persönlichkeit dieser Frauen begründet. Einflußfaktoren sind sicherlich Erfahrungen und Beobachtungen des Lebens der eigenen Eltern.
Eine der Frauen sagte es am deutlichsten: »Ich hätte mir niemals vorstellen können, so zu leben wie meine Mutter. Sie lebte nur für den Haushalt und ihre Kinder, andere Interessen hatte sie nicht. Ich dachte immer, das kann doch nicht mein Leben sein, jeden Tag dasselbe, jahrein, jahraus. Sicherlich entstand daraus auch mein Wunsch, berufstätig zu sein. Ich wollte etwas tun, das mir Spaß macht und mich ausfüllt, denn jemand zu sein, der den ganzen Tag mit dem Staubtuch durch die Wohnung wedelt, war für mich eine schreckliche Vorstellung.«

Die Ablehnung der Rolle der »Nur«-Hausfrau und Mutter treffen wir bei den meisten Frauen an, sei es, daß sie als zu langweilig oder als zu machtlos im Gegensatz zum interessanten Leben des Vaters begriffen wurde. Diese Einschätzung ist dann die Grundlage für den eigenen Wunsch, ein anderes Leben zu führen.
Andere Erfahrungen machten die Frauen, deren Mütter arbeiteten, sei es in einem Beruf oder in ehrenamtlichen Organisationen, oder die, wenn sie nicht arbeiteten, den Vater auf Geschäftsreisen begleiteten wie die Mutter von Frau Pohlenz, also auf jeden Fall nicht ständig zu Hause waren.
»Ich bin unter lauter Frauen aufgewachsen. Mein Vater starb schon sehr früh, und meine Mutter war eine schwer arbeitende Frau, die eine Pension leitete. Auch von der Generation der Großeltern her sind mir die Frauen stärker im Gedächtnis geblieben: Die Männer mußten die Fische fangen, was sehr anstrengend war und viel körperliche Kraft erforderte, aber die Frauen mußten die Fische verkaufen. Das bedeutete für sie, in die Kreisstadt zu gehen, einen Stand auf dem Fischmarkt zu haben, Leute zu kennen, mit ihnen zu reden, mit ihnen umgehen zu können. Ich kann mich nur an alte Männer erinnern, die am Ofen sitzen und Netze knüpfen. Die Frauen haben den Laden geschmissen. Von daher habe ich Männer niemals bewundert. Ich wollte natürlich von ihnen auch anerkannt werden, aber ich bin nie auf den Gedanken gekommen, daß sie besser seien als Frauen.«
Eine andere Frau berichtet: »Mein Vorbild war meine eigene Kindheit. Meine Mutter hatte ihre Berufstätigkeit 1933 wegen der Heirat aufgegeben, war aber später in der ehrenamtlichen Arbeit sehr aktiv. Sie war Mitglied in Wohltätigkeitsorganisationen, wir hatten eine Hilfe im

Haushalt, und ich lernte relativ früh, daß meine Eltern sich nicht jede Stunde des Tages um uns kümmerten. Sie waren da, wenn man sie brauchte, das gab einem die nötige Geborgenheit, aber ich lernte auch, allein zurechtzukommen, und war früh an Selbständigkeit gewöhnt.«

Haben Sie als Kind die Erfahrung gemacht, daß Sie von anderen bedauert wurden, weil Ihre Mutter nicht den ganzen Tag zu Hause war?

»Die Erfahrung habe ich als Kind nicht gemacht. Meine Mutter war viel unterwegs, war auch abends sehr viel unterwegs, aber es war bei uns kein Thema, und es wurde nie darüber gesprochen, daß nun eine Mutter den ganzen Tag um ihre Kinder herum sein müßte. Ich habe es auch nicht vermißt, wenn Sie das meinen, ich habe nicht darüber nachgedacht, es war einfach selbstverständlich.«

Diese Frauen machten die Erfahrung, daß es nicht die alleinige Aufgabe der Frauen ist, zu Hause zu bleiben und die Kinder zu hüten. Sie haben die Sicherheit aus ihrer Kindheit mitgebracht, daß es ihnen nicht »geschadet« hat, wenn die Mutter nicht immer da war. Neuere Untersuchungen, die versuchen, Unterschiede zwischen Kindern berufstätiger und nicht berufstätiger Mütter festzustellen, scheitern: Es lassen sich keine signifikanten Unterschiede zwischen den jeweiligen Kindern nachweisen. Sandra Scarr zieht in »Psychologie Heute« unter dem Titel »Mutter arbeitet«[1] ein Resümee der bisherigen Forschungsergebnisse:

»Das direkte Ergebnis einer schlechten emotionalen, sozialen und intellektuellen Entwicklung von Kindern arbeitender Mütter ist nicht gefunden worden, aber keine

[1] »Mutter arbeitet« von Sandra Scarr in: Psychologie Heute, 2/87, S. 30.

Untersuchung kann bisher unerforschte Feinheiten ausschließen. Alles, was wir wissen, ist, daß schulische Leistungen, IQ-Testkurven und die emotionale sowie soziale Entwicklung von Kindern arbeitender Mütter kein bißchen schlechter sind als die von Kindern, deren Mütter nicht arbeiten gehen. Irgendwann in der Zukunft findet vielleicht irgend jemand einen feinen Unterschied zwischen den Kindern von arbeitenden und nicht arbeitenden Eltern. Gegenwärtig sind jedoch alle Nachteile, die den Kindern von arbeitenden Müttern zugesprochen werden, reine Mutmaßungen.«

Das einzig bemerkenswerte Ergebnis von Analysen, die die Kinder nach Geschlecht getrennt untersuchten, ist die Tatsache, daß Töchter offensichtlich von der Berufstätigkeit der Mutter eher profitieren als Schaden nehmen. Ich zitiere noch einmal Sandra Scarr[1]:

»Lois Hoffman, ein Sozialpsychologe an der Universität von Michigan, hat fünfzig Jahre Forschungsarbeit über die Kinder von berufstätigen Müttern ausgewertet.«[2] ...»Als er tiefer in die Forschungsergebnisse eindrang, fand Hoffman heraus, daß die Töchter berufstätiger Mütter in vielerlei Hinsicht sogar besser dran waren als die Töchter von Müttern, die nicht außer Haus arbeiteten. Die Töchter von berufstätigen Müttern waren selbstsicherer, hatten höhere Schulabschlüsse und schlugen mit höherer Wahrscheinlichkeit eine eigene Berufslaufbahn ein. Er resümierte, daß Töchter, was ihre akademischen Erfolge, ihre Unabhängigkeit und ihr Selbstbewußtsein anbelangt, tatsächlich davon profitieren, daß sie das Mo-

[1] a.a.O., S. 29.

[2] Hoffmann, L. W., 1983: The study of employed mothers over half a century. Paper presented at the annual meeting of the American Psychological Association, Los Angeles, Calf.

dell einer kompetenten Frau in der Familie haben, während die meisten Söhne bereits das Modell eines berufstätigen Vaters hatten, egal ob die Mutter arbeitete oder nicht. So kann also eine junge Tochter durch das Vorbild einer arbeitenden Mutter in ihren eigenen Karriereplänen positiv beeinflußt werden.«

Der grundsätzliche Wille, berufstätig zu bleiben, muß aber in jeder konkreten Situation durch konkrete Entscheidungen wieder bestätigt werden. Nur die Politikerinnen haben nach der Geburt ihrer Kinder den Beruf aufgegeben. Sie haben sich in dieser Situation allerdings zunächst einmal nicht »gegen den Beruf«, sondern »für die Familie« entschieden. Später fiel ihre Entscheidung, noch etwas anderes zu machen, unter dem Eindruck, daß diese Tätigkeit sie auf keinen Fall ausfülle und nicht ihr alleiniger Lebenszweck sein könne. Es ist aber bezeichnend, daß sie nach der Familienphase nicht wieder versuchten, in ihren alten Beruf zurückzukehren – aus den unterschiedlichsten Gründen. Die Politik, besonders das am Anfang ehrenamtliche Engagement, schien den Frauen eher mit ihren Aufgaben in der Familie vereinbar zu sein, weil es keine feste Verpflichtung zu bedeuten schien und zeitlich nicht so beanspruchend wie eine feste Berufstätigkeit war.

Alle anderen Frauen sind durchgängig berufstätig geblieben. Sie machten die Erfahrung, daß der Beruf ihnen Spaß macht, daß sie ihn meistern können und daß sie für sich in ihm Entwicklungsmöglichkeiten sahen. Hatten sie vielleicht früher innerlich noch geschwankt, ob sie es schaffen würden, beides, Beruf und Familie, miteinander zu vereinbaren, wird ihr Wunsch durch die Berufserfahrung zur Gewißheit: Sie werden beides vereinbaren, auch wenn es für einige Jahre eine extreme Arbeitsbelastung

für sie bedeutet. In ihrer Lebensplanung erscheint die Kleinkindphase – obwohl sie unendlich lang ist, wenn man sie erlebt – als relativ kurze Zeit. Es scheint den Frauen widersinnig zu sein, wegen sechs oder sieben Jahren intensiver Kindererziehung auf die Erfüllung anderer Lebensziele völlig zu verzichten. So wird jene Zeit als Kompromiß für alle durchlebt: Die Kinder müssen auf die ständige Anwesenheit der Mutter verzichten, der Vater einige Unannehmlichkeiten in Kauf nehmen, und die Mutter trägt die Hauptlast – sie muß während dieser Zeit auf vieles verzichten und auch im Beruf kürzertreten.
Die Realisierung dieser Entscheidung – sei es die für die Weiterarbeit oder für den Wiedereinstieg – hängt im wesentlichen von der positiven Haltung des Ehemannes und von der finanziellen Möglichkeit ab, eine Haushaltshilfe und Kinderbetreuerin einzustellen. Während die erste Bedingung das Nonplusultra für die Frauen gewesen zu sein scheint – denn jede betonte, daß sie es ohne die bejahende Haltung des Partners nicht geschafft hätte –, gibt die zweite Bedingung nur den Rahmen an, innerhalb dessen es den Frauen leichter fällt, eine solche Entscheidung zu treffen und aufrechtzuerhalten. Die Entlastung von der Hausarbeit und die Gewißheit, daß immer jemand zu Hause ist, erleichtert den Frauen ihr eigenes Weggehen.
Nur in Ausnahmefällen können die Kinder bei der Arbeit der Mutter dabeisein: im gemeinsamen Steuerbüro, in der Firma oder im Kosmetikstudio. Völlig unproblematisch ist dies allerdings auch nicht, denn bedeutet es auf der einen Seite für die Frauen den Vorteil, die Kinder immer bei sich zu haben, so bedeutet es auf der anderen Seite eine sehr starke nervliche Belastung. Die Mütter mußten jeden Moment abrufbar sein, mußten sich gewissermaßen zweiteilen, einerseits konzentriert ihre Arbeit

tun, auf der anderen Seite mit einem Auge das Kind überwachen.
»Als er klein war, war es eigentlich keine Schwierigkeit, ich konnte in die Praxis gehen, und er schlief in unserem jetzigen Eßzimmer. Als er dann größer wurde, habe ich sein Ställchen in den Vorraum gestellt, so daß ich praktisch ständig Kontakt mit ihm hatte, und später ging er dann in den Kindergarten. Als ich dann auch Angestellte hatte, konnte ich mich ab und zu auch mal ein bißchen herausziehen. Natürlich habe ich Kunden verloren dadurch, die sagten, sie wollten hier ihre Ruhe haben. Da habe ich dann gesagt, das tue mir leid, aber ich hätte nun mal ein Kind. Man hat schon permanent ein Ohr in diese Richtung, das stimmt schon, aber ich hatte auch Kunden mit Verständnis für meine Situation. Das waren großteils Frauen, die auch Kinder hatten. Später, als ich dann noch in der Verbandsarbeit tätig war, nahm ich ihn auch an den Wochenenden zu den Sitzungen mit. Ich versuchte natürlich, entweder die Sitzungen hierher zu ziehen oder an Orte zu legen, wo wir Verwandte hatten und er so lange bleiben konnte.«
Eine andere Frau berichtet: »Ich habe ihn völlig in meinen Betrieb mit hineingezogen, meine Mutter war zwar da, und wir hatten auch eine Kinderschwester, aber er war sehr häufig bei mir, ich wollte ihn ungern weggeben. Mein Arbeitszimmer ist das Musterzimmer, da lag er dann zwischen den Stoffen und hat gespielt. Später hat er dann auch mit den Leuten Mittag gegessen, und die Leute haben auch mal mit ihm gespielt. Ich muß sagen, früher war doch alles noch viel menschlicher, heute, wo die Lohnminute soundso viel kostet, kann man es sich gar nicht mehr erlauben, daß einer nicht ständig bei der Sache ist. Aber ich habe damals nicht so gute Ergebnisse er-

zielt, es war in gewisser Weise ein Einbruch. Man muß sich zweiteilen, und das fordert seinen Preis. Aber dann habe ich sehr schnell wieder aufgeholt und habe beides geschafft, wie es heute ja Millionenschicksal geworden ist.«

Zwei Frauen wählten in dieser Situation die extreme Möglichkeit, ihre Kinder wegzugeben: Eine Lektorin gab ihre anderthalbjährige Tochter zu ihrer Schwägerin in Pflege, bis sie drei Jahre alt war und in den Kindergarten gehen konnte, eine Unternehmerin gründete im Ausland ein Unternehmen, und von ihren beiden Söhnen blieb einer bei ihrer Mutter, der andere ging in ein Internat in der Schweiz.

Die Lektorin: »Ich hatte das Kind ja nicht geplant. Ich wurde unverhofft schwanger und habe deswegen auch geheiratet. Das Kind hat aber insofern nichts an meinen Zielvorstellungen geändert, ich wollte berufstätig sein, aber die Situation war eine andere: Ich mußte mich jetzt um das Kind kümmern. Ich habe den Konflikt praktisch so gelöst, daß ich sie zu meiner Schwägerin gegeben habe, bis sie in den Kindergarten gehen konnte. Man muß bedenken, daß ich erst 19 war, als das Kind kam. Ehrlicherweise muß ich heute sagen, daß ich noch sehr unreif war mit 19 Jahren und daß ich im Grunde keine Verantwortung für das Kind übernommen habe. Ich war nicht in der Lage dazu. Heute würde ich auch sagen, daß die Entscheidung damals richtig war, denn ich glaube nicht, daß ich mich in dieser Zeit und unter diesen Umständen adäquat hätte um das Kind kümmern können. Später konnten wir uns dann eine Haushaltshilfe und ein Kindermädchen leisten, da habe ich bewußt noch einmal ein Kind bekommen. Das war dann aber eine andere Situation: Ich wußte, es war immer jemand im Haus, und ich brauchte kein schlechtes Gewissen zu haben.«

Die Unternehmerin berichtet: »In den drei Jahren Auslandsaufenthalt habe ich nicht einmal Urlaub gemacht. Ich bin öfter in der Bundesrepublik gewesen, Weihnachten natürlich, aber ansonsten nur auf Geschäftsreisen, immer nur drei oder vier Tage, und bin dann einen Tag nach Hause geflogen, um mich dort einmal zu zeigen. In den Sommerferien sind meine Söhne aber bei mir gewesen.«

Ist es kein Problem für Sie gewesen?
»Es war ein großes Problem, denn Sie können nicht am Telefon oder in Briefen Familienprobleme lösen, und gerade in der Zeit haben mich die Kinder gebraucht, und ich war nicht da. Meine Mutter war zwar da, aber sie ist die Oma gewesen, und es hat schon eine gewisse Entfremdung gegeben. Und da kann mir keine berufstätige Mutter sagen, daß sie nicht ab und zu ein schlechtes Gewissen habe. Man macht aus schlechtem Gewissen heraus auch Fehler. Sie versuchen nämlich, ihr schlechtes Gewissen dadurch zu befriedigen, daß sie alle Zuneigung und Liebe in den Zeiten, wo sie zu Hause sind, förmlich auf die Kinder loslassen, daß sie versuchen, ihr mangelndes Zu-Hause-Sein mit Geschenken zu kompensieren, daß sie die Kinder mit Geschenken geradezu überhäufen und den Riesenerziehungsfehler machen, ihnen das Gefühl für den Wert des Geldes abzunehmen. Das habe ich alles gemacht. Jetzt weiß ich es natürlich, aber früher war es mir nicht so klar.«

Haben Sie versucht, mit Ihren Söhnen darüber zu reden?
»Sicher. Die sehen das genauso wie ich. Wir haben jetzt ein gutes Verhältnis zueinander. Die Jungs sind in Ordnung, nur ist natürlich dieses klassische Mutter-Kind-

Verhältnis gestört. Wir sind mehr Kumpel, und man kann sich fragen, was für das spätere Leben besser ist. Beide haben auch Scheu, mit Problemen zu mir zu kommen. Das fällt ihnen sehr schwer. Sie gehen entweder zu meiner Mutter oder zu Freunden oder besprechen es untereinander.«

Vermissen Sie das?
»Jetzt ja. Ich habe es früher nicht vermißt. Ich war auch wirklich so vermessen anzunehmen, daß meine Kinder keine Probleme haben. Ich habe überhaupt nicht damit gerechnet, daß irgendwo ein Problem sein könnte. Ich merke es erst jetzt, daß sie nicht in der Lage sind, zu mir zu kommen. Mein jüngerer Sohn hatte auch vor zwei Jahren so eine Phase, da sackte er in der Schule völlig ab. Da habe ich ihn von der Schule genommen und mit auf Geschäftsreisen genommen, und in dieser Zeit habe ich auch Urlaub gemacht. Seit letztem Jahr ist er wieder in der Schule, und es geht ihm gut.
Meine Kinder haben Nestwärme vermißt, das glaube ich sicher, und man sollte versuchen, wenn man Fehler feststellt, sie zu analysieren. Es muß nicht immer bedeuten, daß man den Fehler abstellen kann und weise und einsichtig wird. Man muß auch mit seinen eigenen Fehlern leben, das gehört einfach dazu, aber ich glaube, daß es sehr wichtig ist zu wissen, welche Fehler man hat.«
Die Frage, ob die Entscheidung, so wie sie sie getroffen haben, richtig war, haben sich allerdings alle Frauen gestellt, und kaum eine konnte von sich sagen, nie ein schlechtes Gewissen gehabt zu haben. Die konkrete Arbeitsbelastung und tägliche Situation mit den Kindern bot ja auch oft genug Gelegenheit dazu.
Eine Direktorin berichtet: »Wenn man den Tagesablauf

des Kindes relativ gut organisiert hat, bleibt trotzdem die Schwierigkeit, wie die Mutter innerlich damit fertig wird. Ich glaube, daß Kinder, wenn sie geliebt und gut betreut sind, im Grunde solche Situationen besser verarbeiten, als man es vermutet. Ich meine, wenn sie wirklich geliebt und gewollt in einer Familie aufwachsen; aber das schlechte Gewissen der Mutter und der Kräfteverschleiß der Mutter ist eigentlich das schwierigste Problem. Wenn man das Kind zum Beispiel verlassen muß in einer Situation, wo man, um gerade noch pünktlich zu sein, die S-Bahn in Hamburg kriegen muß und natürlich in dem Moment der Kakaobecher umkippt und das Kind anfängt zu schreien und man sich fragt: Kommst du nun zu spät zur Arbeit, oder betreust du noch dein Kind? Das sind Konfliktsituationen, in denen man schon die eigenen Nerven strapaziert. Von der Hilfe, von der Organisation, von allem habe ich es eigentlich sehr gut durchgestanden, aber das Problem blieb natürlich, daß man noch das Schreien des Kindes im Büro im Ohr hat. Wenn man anruft, war es schon längst mit anderen Dingen beschäftigt, aber man selbst hatte das schlechte Gewissen. Oder daß es natürlich Situationen gab, in denen die Kinder sagten: Du hast uns nicht lieb, du gehst immer weg. Das sind auch so vorübergehende Phasen, wo man sich fragt, ob man sich richtig entschieden hat. Und auch das bestorganisierte System wird diese Frage nicht richtig lösen können. Ich kann nur aus meiner Erfahrung sagen, daß diese Kleinkinderzeit im Endeffekt eine sehr kurze Zeit ist. Wenn man sie vor sich hat, ist sie unendlich lang, aber wenn das zweite Kind zur Schule kommt, denkt man: Wie schnell doch die Jahre vergangen sind. Das muß man sich bewußtmachen. Es ist sehr schwierig, weil man ja auch körperlich erschöpft ist, weil man mit Kleinkindern nachts nie durchschläft, und man hat Probleme, seine Gesundheit zusammenzuhalten. Man muß sich bewußtmachen, daß es eine glückliche, aber auch eine sehr schwierige Zeit ist. Irgendwann habe ich gelernt, im Büro abzuschalten. Als die Kinder größer waren, haben wir natürlich telefonisch Kontakt gehabt, und dann habe ich mich darauf verlassen, daß während des Tages die Kinder gut betreut sind.«

Ist Ihren Kindern auch gesagt worden: Ach, du Armes, deine Mutter hat ja nie Zeit für dich?
»Ja, ja, doch. Das gab es natürlich. Freundinnen gingen mit meinen Kindern einkaufen und wollten mir dann einreden, daß sie bedrückt seien, weil ich es mit ihnen nie tat. Solche Erlebnisse gab es schon, auch Verwandte, die Briefe schrieben, nun müsse die berufliche Tätigkeit aber doch mal reduziert werden. Aber mein Mann hat es immer bejaht, das ist, glaube ich, die Hauptstütze. Wenn der Ehemann dann sagt: Laß es doch lieber sein, dann wird es schwierig. Dann steht man ganz allein, und dann sind auch die Entscheidungen schwieriger zu treffen. Denn eine kaputte Ehe und Berufstätigkeit beibehalten, ist auch nicht das Wahre. Ich wüßte nicht, wie ich mich dann entschieden hätte.
Aber im nachhinein ist es doch eine kürzere Zeit, als man denkt, und man sollte schon die Anstrengung auf sich nehmen, noch etwas anderes zu machen außer dem Haushalt und der Kindererziehung. Wobei man nicht alles machen kann. Ich erinnere mich, daß ich in der Zeit irgendwann einmal beschlossen habe, keine Bücher mehr zu lesen. Ich hatte stapelweise ungelesene Literatur bei mir liegen, was mich geärgert hat, weil ich gern lese, und irgendwann einmal habe ich beschlossen: Ich lese jetzt

nicht mehr. Das hat mir selbst eine enorme Entlastung gegeben, weil ich mich von dem Druck frei fühlte, alles gleichzeitig leisten zu müssen. Und ich weiß noch genau, daß ich an einem Sonnabendnachmittag nach zehn Jahren auf dem Sofa saß und dachte: Komisch, heute will keiner was von dir. Da habe ich wieder angefangen zu lesen.«

Haben Ihre Kollegen mal gefragt, was eigentlich mit Ihren Kindern passiert?
»Ja, die waren im Grunde sehr konservativ. Ganz begreifen konnten es meine Kollegen wohl nie, warum ich, verheiratet mit einem gutsituierten Mann, wie es so schön heißt, meine Berufstätigkeit fortsetzte. Das hat schon interessante Diskussionen gegeben. Sie haben mich akzeptiert, das muß ich sagen, aber nachvollziehen konnten sie es nicht.«

Hat das eine Distanz geschaffen zu Ihren Arbeitskollegen?
»Nein, wir haben viel darüber diskutiert, und ich habe versucht, es nicht zu penetrant zu machen. Ich habe auch versucht, was schwierig ist in dieser Anfangsphase, Kinderprobleme nicht mit ins Büro zu tragen. Als ich dann im Vorstand war, konnte ich schon mal sagen: Ich muß nach Hause, meine Kinder sind krank. In der Anfangsphase habe ich bewußt versucht, das nicht zu machen, weil es die Probleme noch erschwert hätte. Die Sorge am Anfang war, man wird vielleicht entlassen, weil man als unzuverlässig gilt, weil man nur an seine Kinder denken würde, und daß dann der Druck käme: Bleib doch zu Hause. Diese Diskussion wollte ich gar nicht führen, sondern wollte versuchen, meine Arbeit ordentlich zu ma-

chen. Im Grunde kommt es wirklich auf die Situation an. Wenn ich an 1971 denke, mein Sohn war vier, meine Tochter zwei, da bin ich nach Frankfurt gezogen, mein Mann war in Bonn, und jeden Montag war Vorstandssitzung um zehn Uhr. Meine Hilfe kam von auswärts. Wenn ich daran denke, wieviel Nerven es gekostet hat. Stellen Sie sich vor, das eine Kind geht in den Kindergarten, das andere bleibt da, Sie müssen weg, und die Hilfe kommt nicht. In eine Vorstandssitzung, bei der alle darauf lauern, daß man etwas falsch macht, und sagen: Bleib doch zu Hause, was willst du hier eigentlich. Ob ich diese Nervenbelastung noch einmal aushalten würde, das weiß ich nicht. Man muß es wirklich individuell verkraften können. Ich könnte natürlich jetzt ganz locker sagen: Kämpfen wir dafür, daß diese Wirtschaftsordnung sich auf die Frauen einstellt, das könnte ich als Spruch hier aufsagen, aber ich glaube nicht, daß es geschieht. Wenn, dann nur ganz langsam, und ich könnte heute nicht sagen, daß wir in zehn Jahren Erfolg haben. Deswegen kommen die jungen Frauen leider um die Mühsal nicht herum.«
Auf der anderen Seite verhinderte auch die Vielfalt der Aufgaben und der Zwang, das tägliche Einerlei zu bewältigen, ein weitergehendes Nachdenken oder die Vertiefung des schlechten Gewissens: Die Frauen sind froh, wenn sie den Arbeitstag bewältigen können. Hinzu kommt, daß die Partner der Frauen in den seltensten Fällen konkret in der Alltagsbewältigung halfen. Sie – und auch die Frauen selbst – empfanden es als selbstverständlich, daß Frauen die Last des Haushalts und der Kindererziehung zu tragen hatten. Aber die Frauen haben trotz allem nicht vor den täglichen Schwierigkeiten resigniert, sich nicht von den hunderttausend kleinen Pflichten erschlagen lassen, sondern an ihre Zukunft gedacht. Sie

wußten, wenn sie eine zu lange Pause im Beruf machen oder nur halbtags arbeiten würden, könnten sie nie mehr so eine interessante und sie fordernde Aufgabe finden. Außerdem ist die Befriedigung und das Selbstbewußtsein, das sie aus ihrer Arbeit ziehen, durch nichts zu ersetzen. Die Kehrseite der Medaille erleben sie bei ihren Freundinnen und Bekannten, die mit ihrem Hausfrauendasein unzufrieden sind. Die wenigsten Frauen haben dafür allerdings Verständnis.

»Ich bin der Meinung, daß jeder nach seiner Fasson glücklich werden soll, und wenn eine Frau glücklich dabei ist, Hausfrau und Mutter zu sein, dann soll sie das machen. Ich könnte es nicht, und ich habe auch den Eindruck und den Verdacht, daß man dabei nicht glücklich wird. Es scheint eine Tätigkeit zu sein, die wenig Selbstbewußtsein vermittelt, wo es schwierig ist, eigene Erfolge zu identifizieren, und die sich vor allem durch ein ewiges Wiederholen der gleichen Tätigkeit auszeichnet. Vielleicht kann man noch als junge Frau damit glücklich werden, aber spätestens mit vierzig, wenn die Kinder aus dem Haus gehen, kommt das große Heulen. Darum sage ich immer: Ich warne euch, das Schwierige kommt erst. Sie müssen noch vierzig Jahre leben, ohne all das zu haben, das ihnen soviel bedeutet. Ich habe auch niemals die Frauen verstanden, die behaupten, sie würden auch so gern etwas tun, aber da sei der Abwasch. Da müssen sie eben den Abwasch eine Woche lang stehen lassen und das machen, was ihnen wichtiger ist. Wenn ihnen der Abwasch wichtiger ist, sollen sie aufhören zu reden, sie würden gern etwas anderes machen.«

Eine Lektorin erzählt: »Zum Teil waren meine weiblichen Altersgenossen neidisch, zum Teil haben sie gesagt: Du hast es gut. Das fing ja schon an mit der Frage, ob man es schafft, das Abitur nachzumachen. Im nachhinein sind sie enttäuscht, daß man es geschafft hat. Ich glaube, daß Hausfrauen, wenn sie jammern über die Monotonie ihres Alltags, nie die Gelegenheit wahrgenommen haben, ihre Situation einmal zu ändern, einmal ein Risiko eingegangen sind oder eine Anstrengung unternommen haben. Das wollten sie nicht, aber bei anderen mögen sie dann auch nicht, daß sie ein interessanteres Leben haben.«

Zum Schluß noch eine Unternehmerin: »Es ist merkwürdig, daß die Frauen mich beneiden, obwohl sie eigentlich *das* Wohlleben führen. Sie haben schöne Häuser, haben Familie und leben eigentlich nur für das Haus, für Einladungen und so etwas, und trotzdem beneiden sie mich glühend. Ich muß Ihnen ehrlich sagen, sie denken viel mehr darüber nach, ob sie krank sind, ob ihnen ihr Mann treu ist und das alles drum und dran. Sie haben viel mehr Sorgen als ich mit meinem ganzen Wust. Denn bei mir hängen ja eine Menge Leute mit dran, das ist eine permanente Verpflichtung, gut zu sein. Ich habe ja soviel Gelegenheit durch unseren großen Bekanntenkreis, wo ich den Frauen immer wieder geraten habe: Macht was! Wenn die Kinder groß sind, sich nur nicht überflüssig vorkommen. Viele Frauen helfen ihren Männern ja auch beim Karrieremachen und beraten sie so wohltuend als Frau, daß das doch auch eine wunderbare Aufgabe sein kann, finden Sie nicht?

U. R.: Ich glaube, daß es auf die eigene Einstellung ankommt. Wenn sich die Frauen mit dieser Aufgabe identifizieren können, ist es gut, aber viele Frauen sind damit ja unzufrieden.

Aber Unzufriedenheit, die kommt aus einem selber, die kann das Milieu nicht verändern. Das ist keine Milieu-, Aufgaben- oder Berufsfrage, das ist eine Frage, ob man seine eigene Mitte gefunden hat. Neid zerfrißt die Seele, und Unzufriedenheit, die liegt in einem selber.«

Gemeinsam ist allen interviewten Frauen, daß sie lieber Streß, Unannehmlichkeiten, Doppelbelastung in Kauf nehmen, als zu Hause zu bleiben. Der Beruf macht ihnen so viel Spaß und hat in ihren Augen eine Wertigkeit, die alle anderen Probleme als organisierbar erscheinen läßt. Diese Einstellung und ihre tägliche Erfahrung macht sie auch selbstsicher den Reaktionen der Umwelt gegenüber. Damals gehörte eine engagierte Arbeit der Frau noch viel weniger zum »Bild der Frau« als heute, und Mütter, Verwandte und Freundinnen reagierten entsprechend. Der Vorwurf: »Du vernachlässigst deine Kinder« oder der Versuch, den Kindern einzureden, wie schlecht sie es hätten, hat am meisten getroffen, denn nichts bestimmte das Bild der Frau in der Gesellschaft und ihre eigene Identität in der Vergangenheit und heute mehr als das Muttersein. Die biologische Fähigkeit, Kinder zu gebären, wird zu einem Mythos von der Persönlichkeit »der Frau« stilisiert, in dem alle sozialen und geistigen Fähigkeiten von Frauen dieser biologischen Funktion zu- beziehungsweise untergeordnet werden. Im Zusammenhang mit Mutterschaft wird den Frauen Schuld und Macht, Verantwortung und Risiko aufgebürdet. Das Schicksalhafte an der Bestimmung der Frau zur Mutter zeigt sich auch darin, daß es für Mütter kein Entrinnen davor zu geben scheint, weitreichende Fehler zu machen: Haben die Kinder Schwächen oder Verhaltensauffälligkeiten, wird mit Sicherheit der Mutter die »Schuld« daran gegeben.

Monika Oubaid schreibt in »Psychologie Heute« unter

der Überschrift »Das Mutterdilemma«[1]: »Was Mütter auch tun oder lassen – sie scheinen auf alle Fälle alles falsch zu machen. Die Gesellschaft und die Psychologie haben mit Schuldzuweisungen niemals gegeizt. Sie haben die überbehütende Mutter, die vernachlässigende Mutter, die schizophrenogene Mutter ausgemacht, die immer schuldig ist, wenn es mit dem Nachwuchs Schwierigkeiten gibt. Muttermythen sind fester Bestandteil von psychologischen Theorien und beruflichem wie privatem Alltagshandeln und -wissen. Vor allem sind sie Hemmblock im Kopf von Frauen bei der Erziehung von Kindern.«

Im folgenden charakterisiert sie die Untersuchungen, die zur Typologie der überbehütenden und vernachlässigenden Mutter führten:

»Der Begriff der ›overprotective mother‹ geht auf eine behaviouristische Untersuchung von D. M. Levy zurück, der in den dreißiger Jahren zwanzig verhaltensgestörte Kinder über einen längeren Zeitraum hinweg beobachtete. Seine *Vorannahme* war, daß diese Kinder an einer überbehütenden Mutter litten. Levys Typologie wurde Grundlage der amerikanischen ›Mom‹, eine Karikatur, die auch heute noch Lacher findet. Beim Lachen ist es aber leider nicht geblieben. Als die amerikanische Nation sich Sorgen machte, weil viele ihrer Soldaten im Zweiten Weltkrieg psychisch nicht so funktioniert hatten, wie man es von ihnen erwartete, veröffentlichte E. A. Strecker 1951 seinen Bestseller ›Their Mother's Son‹. Er führte das ›Versagen‹ der Söhne darauf zurück, daß sie von ihren ›overprotective‹ Müttern an ›silbernen Ketten‹ gehalten wurden und daher keine richtigen Männer werden

[1] »Das Mutterdilemma«, Monika Oubaid in: Psychologie Heute, 2/87, S. 20ff.

konnten. Der ungeheure Boom, den diese und ähnliche Veröffentlichungen erlebten, läßt geradezu auf eine Bewegung schließen.

Die Kehrseite von der überbehütenden ist die deprivierende Mutter. 1945 (bzw. 1940) wurden in den USA die Untersuchungen von Spitz und Bowlby veröffentlicht.« ... »Es sind Untersuchungen, die die Forderungen der Psychoanalyse nach der primären mütterlichen Bezugsperson aufgreifen und für bessere Kinderheime, Erziehungsberatung, Familienhilfen und so weiter kämpfen. In diesem Bereich haben sie ihre Forschungen angesetzt, und nur für diesen Bereich gelten ihre Schlußfolgerungen. Psychische Erkrankungen bei Kindern sind auf die Abwesenheit der Mutter, mangelnde mütterliche Zuwendung, zerrüttete Familien zurückzuführen.«

»Geblieben ist von dem Einsatz von Spitz und Bowlby für bessere Heimunterbringung die Schuldzuschreibung an die Mütter. Sie setzt dann ein, wenn Frauen erwerbstätig sind und nicht sein sollen, wenn die Hausfrauenfamilie nicht mehr funktioniert, wenn Kinder in der Schule den geforderten Leistungen nicht nachkommen. Das Urteil lautet dann: Die Mütter versagen, sie sind schlechte Mütter. Die kanadische Wissenschaftlerin Paula J. Caplan konnte in ihren Untersuchungen nachweisen, daß Muttermythen gerade bei Professionellen noch äußerst lebendig sind. Inhaltsanalysen von 125 Artikeln, die im Zeitraum von 1970 bis 1982 in Fachzeitschriften veröffentlicht wurden, zeigten, daß Mütter immer noch – und sogar mit zunehmender Tendenz – von Psychologen und Psychiatern als Verursacherinnen kindlicher Störungen angesehen werden. Die Aufmerksamkeit der Professionellen gilt vornehmlich den Müttern und nicht den Vätern. Zugrunde gelegt wird nach wie vor die an der Rea-

lität vorbeigehende Vorstellung von der heilen Kleinfamilie. Auch in einem Faltblatt der ›Deutschen Liga für das Kind‹ (6/1986), des Dachverbandes zahlreicher ärztlicher, psychologischer, Frauen- und Familienverbände, werden alle möglichen Probleme wie Verhaltensstörungen, Drogenmißbrauch und Kriminalität auf zwei Ursachen zurückgeführt: Deprivation und Überbehütung.«
Grundlage jeglicher Schuldzuweisung an die Mütter ist das Modell der bürgerlichen Kleinfamilie, in der die Frauen für die Erziehung der Kinder verantwortlich sind, und die Beschränkung der Psychologen auf die innerfamilialen und psychischen Beziehungen, wobei das gesamte soziale Umfeld und die außerfamilialen Erziehungsinstitutionen nicht berücksichtigt werden. Die Annahme, die Mutter sei (oder sollte sein) die wichtigste Bezugsperson für das Kind, führt bei der Untersuchung von kindlichem Fehlverhalten fast automatisch zur Mutter als Verursacherin dieses Verhaltens. Verstärkt werden diese Tendenzen in jüngerer Zeit auch durch die Sozialisatonstheorien und die Psychoanalyse, die die Ursache für positive oder negative Persönlichkeitsentwicklungen schon in der frühesten Kindheit sucht und von der Prägung des Menschen durch Erlebnisse seiner frühen Kindheit ausgeht. Wird dieser Phase des Lebens in der Psychologie eine überragende Rolle eingeräumt, wird wiederum die Mutter fast automatisch zur Zielscheibe möglicher Kritik. Die politische Situation, die konservative Werte neu betont, führt Monika Oubaid als weiteren Punkt für das Erstarken der Schuldzuweisungen an.
Es kann nur ein schwacher Trost sein, daß Mütter immer etwas falsch machen können, egal, ob sie zu Hause bleiben oder nicht, aber die Relativität und Widersprüchlichkeit dieser Untersuchungen sollten uns ermutigen zu ver-

suchen, unseren eigenen Weg zu finden. Ohne Verlustängste – auf beiden Seiten – verläuft so ein Leben allerdings nicht. Die Frage: Hast du mich nicht lieb? hat nicht nur eine Mutter von ihren Kindern gehört – aber spiegelt nicht diese Frage auch den Einfluß von »erwachsenen« Vorstellungen über die »wahre« Mutterliebe wider? Auch die Frauen selbst haben sich natürlich gefragt, inwieweit die Kinder sie »mögen« oder noch Vertrauen zu ihnen haben. Lösen läßt sich im Grunde dieser Gewissenskonflikt nicht, denn es prallen zu unterschiedliche Interessen aufeinander, die sich aber mit der Zeit, mit dem Älterwerden der Kinder verändern und einen jeweils neu zu bestimmenden Kompromiß erfordern. Aber selbst in der Aussage der einzigen Mutter, die von sich sagte, kein schlechtes Gewissen gehabt zu haben, wird zwischen den Zeilen das Bewußtsein deutlich, daß das Vertrauen der Kinder zu ihr durchaus auf die Probe gestellt war.

»Ich habe mir nie ein schlechtes Gewissen einreden lassen, weil ich der Meinung war, ich hätte es sehr gut gemacht. Ich hatte Festzeiten für meine Kinder, ich habe versucht zu erkennen, was für meine Kinder wichtig ist, wann sie mich brauchen. Zwischen sechs und acht Uhr abends war ich für die Kinder da. Dann war der Tag gelaufen mit all den möglichen Aktivitäten, dann kommt die Phase des Erzählens und des Ins-Bett-Bringens und der Ruhe, und da war die Mutter da. Ich konnte es mir auch einteilen – wenn ein Schulfest war oder Schulausflug, war ich immer da, aber die Hausfrauen hatten nie Zeit. Das haben beide Kinder mir hoch angerechnet. Das Gefühl: Mutter ist da, wenn ich sie brauche, ist bei der Großen heute noch vorhanden. Dafür gibt es viele Beispiele. Wenn meine Tochter anruft und sagt: Mama, dem Andreas ist so schlecht, der ist im Badezimmer umgefallen. Also nicht den Arzt anrufen, sondern Mama. Das ist für mich im Moment dann so ein Glücksgefühl, weil ich denke, du genießt Vertrauen, weil die erste Überlegung ist: Mama.«

Die meisten Mütter haben eine Veränderung im Verhältnis zu ihren Kindern konstatiert. Voraussetzung für ihr Leben war das gute Verhältnis der Kinder zu ihren Betreuungspersonen, das sie selbst fördern mußten, auch wenn es ihnen nicht immer leichtgefallen ist, und das zwangsläufig auf Kosten der Beziehung zur Mutter geht. Kinder denken und empfinden nicht langfristig, sie haben das engste Verhältnis zu der Person, von der sie erfahren, daß sie für sie zuständig ist, die mit ihnen spielt. Das bedeutet, daß bei den sehr engagiert arbeitenden Frauen das traditionelle Mutter-Kind-Verhältnis aufgelöst ist, und das bedeutet zunächst einmal auch einen realen Verlust für die Frauen. Auch wenn die Kinder schon größer sind, haben sie oft das emotionalere Verhältnis zu ihrem Kindermädchen oder der Oma, die sie aufgezogen haben.

Eine Mutter beschreibt das so: »Unser Mädchen war eine echte Ersatzmutter für die Kinder, sie war auch sehr liebevoll und zärtlich, und die Kinder haben sie heiß und innig geliebt. Mir haben sie immer vorgeworfen, daß ich so wenig zärtlich sei, aber ich bin eben nicht so ein Streicheltyp. Das alles hatten sie aber bei dem Mädchen – zu mir haben sie ein etwas sachlicheres Verhältnis, aber auch ein sehr gutes. Denn auf der anderen Seite bin ich ja auch nicht die, die sie gestraft hat, die etwas verboten hat. Ich war immer da, wenn sie mich gebraucht haben, und mit mir konnten sie ihre Probleme besprechen. Heute ist unser Verhältnis eher kumpelhaft, und wir reden eher miteinander wie Freunde. Aber ich finde das sehr schön.«

Das Verhältnis der Kinder zur Mutter ist also distanzierter, gleichberechtigter und freundschaftlicher geworden. Vielleicht könnte man es am ehesten mit dem eines sehr liebevollen und sich um die Kinder kümmernden Vaters vergleichen. Ob diese neue Qualität in der Beziehung zwischen Müttern und ihren Kindern besser oder schlechter ist als früher, vermag ich nicht zu beurteilen. Die Frauen selbst empfinden es als Gewinn, daß sie mit ihren Kindern auch eine Freundschaft verbindet. Sie haben die traditionelle Mutterrolle nicht übernommen und somit auch nicht das traditionelle Mutter-Kind-Verhältnis erlebt. Statt dessen haben sie sich einen Freiraum geschaffen, die Mutterrolle als »Opferrolle« abgelehnt und bewiesen, daß es geht – und zwar ohne ein Auseinanderbrechen der Familie. Es hat sie Kraft gekostet, und da wundert es wenig, wenn sie kein Verständnis für das »Gejammere« der Hausfrauen aufbringen. Sie haben ihr Leben selbst in die Hand genommen und erwarten das auch von anderen. Sie haben die Verantwortung für ihr Glück und ihre Zufriedenheit nicht delegiert, sondern versucht, es – gegen viele Widerstände – selbst zu verwirklichen. Ihrer persönlichen Lebenserfahrung entspricht die Erkenntnis: Wo ein Wille ist, ist auch ein Weg. Oder anders gesagt: Jede Frau hat heute die Entscheidungsfreiheit, was sie aus ihrem Leben machen will. Den Preis bestimmt allerdings nicht sie selber, sondern den bestimmen die gesellschaftlichen Rahmenbedingungen, in denen sie lebt. Die einzige Einschränkung bei der Entscheidung, berufstätig zu bleiben oder wieder in den Beruf zurückzugehen, sehen die Frauen in der Ablehnung des Mannes gegenüber der Berufstätigkeit der Frau. Sie schätzten die positive Haltung ihres Partners zur Fortsetzung ihrer Berufstätigkeit als entscheidend für ihren Weg ein. An zwei

Fronten zu kämpfen trauten sie sich nicht zu, meinten sie übereinstimmend, und so ist auch ihr Ratschlag: Suchen Sie sorgfältig, bevor Sie sich für einen Mann entscheiden, durchaus ernst gemeint.
Doch auch eine noch so intensive Suche konnte in damaligen – und kann in heutigen – Zeiten erfolglos verlaufen, denn noch sind die »neuen« Männer nicht in Sicht, die Unbequemlichkeiten zu Hause, vermehrte Aufgaben im Haushalt und in der Kindererziehung und vor allen Dingen eine nach dem eigenen Terminkalender lebende Frau in Kauf nehmen – und das alles, ohne das tägliche Leben ihrer Partnerin zum Spießrutenlaufen werden zu lassen. Beziehungen kommen da nicht zustande, wo Frauen nicht das Glück haben, auf ähnlich tolerante und persönlich souveräne Männer zu treffen wie die verheirateten »Erfolgs«-Frauen. Kaum ein Mann kann sich damit abfinden, nicht die erste Rolle im Leben einer Frau zu spielen. Sie verbringen sicherlich gern mit einer attraktiven Unternehmerin eine Nacht – aber für das tägliche Leben wünschen sie sich eine ihnen sichere und öfter verfügbare Frau. Auch in der heutigen Zeit ist noch ein großes Selbstbewußtsein bei Männern nötig, um sich mit einer Frau einzulassen, die ihnen mindestens ebenbürtig ist. Die meisten erwarten von ihrer Frau höchstens den Ratschlag, welche Krawatte zu welchem Anzug paßt, aber nicht den dezenten Hinweis auf mögliche Fehlkalkulationen. Und schon im Vorfeld ehelicher Auseinandersetzungen um den täglichen Abwasch signalisieren Frauen ihre spätere Akzeptanz oder Nichtakzeptanz der traditionellen Hausfrauen- und Mutterrolle: Sie sind eher bereit zurückzustehen, nachzugeben, die Meinung des Mannes zu akzeptieren. Wenn sie das nicht tun, haben sie es schwer, einen Partner zu finden.

»Natürlich muß ich in gewisser Weise meinen Erfolg mit dem Privatleben bezahlen. Das ist auch ein Unterschied zwischen Mann und Frau. Ein Mann kann Familie haben und sehr viel geschäftlich unterwegs sein. Die Frau ist zu Hause und versorgt alles, und der Mann kommt ab und zu mal nach Hause. Aber es gibt kaum einen Ehemann, der bereit wäre, in demselben Maß auf die Frau zu verzichten. Es ist doch wirklich so. Da kann eine Beziehung einfach nicht vernünftig laufen. Dann sitzt man eines Tages da – ich bin jetzt in einem gewissen Alter – und denkt: Was passiert, wenn man sechzig oder fünfundsechzig Jahre alt ist. Dann sind meine Kinder verheiratet, und ich bin allein, habe weder Freundin noch Ehemann. Ich habe also keine Angst vorm Älterwerden, keine Angst vor Falten, ich habe nur Angst, irgendwann alt und allein zu sein. Natürlich kann man sich beschäftigen, aber man muß irgendwo einen Menschen haben, wenn man beruflich nicht mehr gefordert ist, mit dem man zusammensein kann.
Ich kann auch nur sehr schwer einen Freundeskreis aufbauen. Ich werde eingeladen und muß absagen: Geschäftstermin. Drei Wochen später werde ich wieder eingeladen, sage zu und rufe am Vortag an: Ich muß verreisen. Das passiert ein paarmal, und dann ruft keiner mehr an. Genau wie mit einem Freund. Da müssen Sie auch ewig absagen und sagen: Heute abend gehe ich mit Herrn sowieso essen, morgen abend mit Herrn sowieso. Das verstehen viele nicht. Da heißt es immer: Wer ist denn nun wichtiger? Und ich muß erschreckt feststellen, daß die Geschäftsessen wichtiger sind als ein Essen mit einem Freund. Das Gefühlsleben kommt zwangsläufig zu kurz, wenn man sich selber so in einen Kreislauf begeben hat, aus dem man zeitweise nicht ausbrechen kann.

Es kommt eines hinzu: Man ist so viel allein und auch gezwungen, viele Probleme allein zu lösen, daß man nach einiger Zeit auch niemanden braucht. Die Gefahr ist natürlich, daß man innerlich einsam wird. Sie verlieren die Fähigkeit, sich anderen Leuten mitzuteilen, weil Sie ohnehin wissen, Sie sind nicht auf den Rat eines anderen angewiesen, sondern Sie machen das alles mit sich selber aus. Da haben Sie nicht mehr die Fähigkeit, sich in einer Zweierbeziehung zu öffnen. Das ist natürlich auch ein Nachteil der ganzen Geschichte.«

Aber auch wenn einige Frauen ihr Alleinsein bedauern, so war es doch niemals Anlaß, ihr Leben oder ihr Verhalten Männern gegenüber zu ändern, selbst wenn wohlmeinende Verwandte solche Ratschläge gaben.

»Vor die Wahl gestellt, Kinder oder Beruf, habe ich mich immer für den Beruf entschieden. Ich bin heute sehr dafür, daß die jungen Kolleginnen, die Kinder haben, weiter arbeiten können und Halbtagsstellen bekommen, und empfinde sehr, daß wir einen Schritt weiter sind, wenn wir das verbinden können. Als ich heiratete, war ich schon Mitte Vierzig, mein Mann Mitte Fünfzig, beide standen wir mitten im Beruf, da war es selbstverständlich, die Hausarbeit zu teilen. Aber ich hätte in der Beziehung auch nie Zugeständnisse gemacht. Ich habe mich auch früher nie ›dumm‹ gestellt, wie mir Tanten rieten, damit ich heiraten könne. Das habe ich nie getan. Ich finde, man darf sich nicht auf eine Weiblichkeit einlassen, die eigentlich Unterwerfung bedeutet. Also insofern standen meine Prioritäten immer fest. Ich wußte auch, wenn ich jetzt ständig zum Friseur renne und auf meine Kleidung achte, Schuhe, Strümpfe, alles passend, dann wird es mein Leben sehr ausfüllen, und ich kann nicht mehr so arbeiten, wie ich möchte.«

Beziehungen scheitern da, wo Männer die Entwicklung ihrer Frauen zu erfolgreichen »Karrierefrauen« nicht verkraften, wo ihr eigenes Selbstverständnis und ihre Identität dadurch elementar angegriffen wird. Es bedeutet eine Revolution im Leben eines Mannes, sollte er seine bisherige Lebensweise, seine Wertvorstellungen, seine Selbsteinschätzung revidieren müssen. Männer haben kein Rückzugsfeld in der Familie – wenn sie beruflich scheitern, sind sie in ihrer ganzen Person als Versager gebrandmarkt. Karriere und Erfolg haben deshalb für viele Männer einen ganz anderen Stellenwert als für die erfolgreichen Frauen. Es ist verständlich, daß es ein schmerzhafter Prozeß ist zu erkennen, daß die eigene Frau gleich viel oder sogar mehr leistet – wenn man ihre Aufgaben in der Familie noch hinzuzählen will. Wenn die Hierarchie in einer Beziehung konstitutiver Bestandteil war – zumindest für den Mann –, kann es zum Bruch kommen, wenn die Frauen nicht mehr bereit sind zurückzustecken.
»Ich bin total männerlos aufgewachsen. Mein Vater starb sehr früh, ich hatte keinen Onkel, keinen Großvater, keinen einzigen Mann in meiner Umgebung. Als ich meinen Mann kennenlernte, war ich noch verhältnismäßig jung, mein Mann war eine sehr starke Persönlichkeit und hat mich quasi im Sturm erobert. Er war für mich alles in einer Person: Ehemann, Vater, und dem habe ich bedingungslos gehorcht, auch als Ehefrau am Anfang. Da habe ich all das nachgeholt, was ein Kind in einer normalen Familie erlebt. Als ich dann anfing erwachsen zu werden und dachte: Das ist doch dein Ehemann und nicht dein Vater – und neben ihm reifte und eine eigene Persönlichkeit entwickelte, da war er nicht mehr kooperationsfähig. Das ging nicht mehr. Aus dem Grund ist auch unsere Ehe gescheitert.

Hinzu kam, daß wir die Kompetenzen in der Firma aufgeteilt hatten und mein Teil wesentlich erfolgreicher war als seiner. Im nachhinein möchte ich betonen, daß es auch Glück und Zufall war – aber das ist natürlich etwas, was ein Mann, der gewohnt ist, allein erfolgreich zu sein, sehr schwer verkraften kann.

Viele Frauen stecken zurück in so einer Situation. Sie sagen: Meine Ehe ist mir wichtiger. Wie kommt man dazu, so einen Bruch in Kauf zu nehmen?

Das war ein persönliches Aufreiben, was sich immer mehr steigerte, und ab einem gewissen Punkt bin ich kompromißlos. Wenn ich feststelle, irgend etwas geht an meine Substanz, dann bin ich rasch bereit, den totalen Schnitt zu machen. Wir hatten zwei Kinder, da überlegt man sich schon einiges. Aber ich war ziemlich sicher, wenn ich meine berufliche Karriere aufgeben und nur noch Hausfrau und Mutter sein würde, daß sich dann vorübergehend einiges normalisieren würde, aber auf die Dauer wäre es immer noch ein Zerreiben der beiden Partner gewesen. Ich habe gedacht, besser jetzt Schluß machen, je schneller, desto besser.«

Wie viele Frauen sind wohl in so einer Situation bereit, auf ihren Standpunkt und ihren Beruf zu verzichten?

Wie sieht es nun in den Beziehungen selbst aus? Von außen scheint es zunächst, als sei die traditionelle Rollenverteilung auf den Kopf gestellt: Die Frauen verdienen meist mehr, haben die exponiertere Stellung, und die Männer engagieren sich mehr als andere in der Kindererziehung und helfen im Haushalt. Aber hat tatsächlich so etwas wie ein Rollentausch stattgefunden?

Um die Reaktionen der Frauen und Männer besser verstehen zu können, muß man sich die Verhältnisse und die allgemeine Haltung zur Berufstätigkeit der Frau vor zwanzig, dreißig Jahren vor Augen halten. Damals ging kaum eine junge Frau davon aus, ihr ganzes Leben lang berufstätig zu sein, im Gegenteil: Der Beruf wurde in der Mehrheit als Übergangslösung bis zur Ehe und Mutterschaft angesehen. Im Vergleich zu jungen Frauen heute wird deutlich, welch ein Wertewandel sich gerade auf diesem Gebiet vollzogen hat. Unter dem alten Ehegesetz, das noch in den sechziger Jahren Gültigkeit hatte und erst Anfang der siebziger Jahre durch die sozialliberale Koalition geändert wurde, hatte der Mann noch in weiten Teilen Entscheidungsbefugnisse über die Familie. So konnte er seiner Frau zum Beispiel schlicht verbieten, arbeiten zu gehen, und außer Scheidung gab es für die Frau keine rechtliche Möglichkeit, diesem Zustand zu entkommen. Von daher wurde die positive Einstellung des Ehemannes zur wichtigsten Voraussetzung der Berufstätigkeit der verheirateten Frauen. Das Entweder–Oder, die kategorische Einstellung vieler älterer Frauen, nur eines sei möglich, Beruf oder Familie, wird vor diesem Hintergrund verständlicher, denn für einige mag es eine echte Entscheidung gewesen sein. Für die, die allein blieben, existierte kein Anspruch auf privates Glück: Sie hatten die Voraussetzungen für ihr Berufsleben akzeptiert und konnten angesichts der allgemeinen Überzeugung und ihrer täglichen Erfahrung auch keine Alternative erkennen. Waren jedoch die Männer einverstanden mit der Berufstätigkeit der Frau und selbstbewußt genug, sie vor Verwandten, Freunden und Kollegen zu vertreten, so ließen die Frauen dieser Einwilligung nicht auch noch den Kampf um den Kochtopf folgen. Die Aufgaben der Frauen standen unumstößlich fest – und wollten sie »nebenbei« noch etwas anderes machen, so war das ihr Privatvergnügen. Die jungen Frauen in jener Zeit kamen

überhaupt nicht auf die Idee, einen Rollentausch zu wagen oder die Ernährerrolle des Mannes für die Familie in Frage zu stellen. Allein die Tatsache, daß sie arbeiten durften, war ein Privileg, das sie auch als solches begriffen. Und von daher sahen sie es als Selbstverständlichkeit an, daß sie für alle Unannehmlichkeiten, die dieser Tatsache entsprangen, verantwortlich waren. Das bedeutete oft die physische Erschöpfung der Frauen, die für sich selbst keine Ruhepause, kein Wochenende hatten, kein Hobby pflegen, keinen Sport mehr machen konnten. Es ist auch in diesen Familien üblich, daß die Frauen nachts aufstehen, wenn die Kinder krank sind, und daß sie das Weinen im Ohr haben, wenn sie zur Arbeit gehen. Ihnen wird nicht nur die Verantwortung zugeschrieben, sie empfinden sie auch stärker als ihre Männer. Selbst wenn die Väter sich mehr als üblich an der Kindererziehung beteiligen, wenn einige von ihnen sich auch zeitweise mehr als die Mütter um die Kinder kümmerten, so hört doch dieses Kümmern mit Selbstverständlichkeit dann auf, wenn sie mit der Ausbildung fertig sind oder eine neue Aufgabe im Beruf übernehmen wollen. Die Berufstätigkeit des Mannes steht nie zur Disposition – und auch nicht ein Karriereverzicht zugunsten seiner Frau.
Für die Frauen bedeutet dies, einen ständigen täglichen Kompromiß zu finden zwischen ihren eigenen Bedürfnissen und den Bedürfnissen der Familie. Dieser tägliche Kompromiß beinhaltete – neben der Abwägung, was den Kindern an Selbständigkeit zugemutet werden könnte – auch den Balanceakt, die Geduld, Toleranz und das Selbstbewußtsein des Mannes nicht zu sehr zu strapazieren. Dabei geht es nicht um die alltäglichen Unannehmlichkeiten, wie zum Beispiel eine nicht penibel aufgeräumte Wohnung, sondern vor allem um die psychische

Leistung der Frauen, neben dem eigenen Streß auch noch den des Mannes auffangen zu müssen.
In diesem sogenannten zwischenmenschlichen Bereich wird aber noch am ehesten eine gewandelte Einstellung im Verhältnis der Männer zu den Frauen spürbar. Die reale Arbeitsteilung ist zwar traditionell geblieben – aber das persönliche Verhältnis unter den Partnern ist gleichberechtigter geworden. Dies gilt sicherlich für die in diesem Buch berichtenden Frauen, aber nicht für alle interviewten Frauen. Während einige Männer die persönliche Beziehung zu ihrer Frau durchaus partnerschaftlich gestalten – sie haben Achtung vor dem beruflichen Erfolg ihrer Frau, sie ermutigen sie weiterzumachen, sie diskutieren mit ihr über Probleme, wobei die Probleme der Frauen als genauso schwerwiegend begriffen werden wie die eigenen –, so sind andere Männer offenbar nicht in der Lage, die veränderten Grundlagen der Beziehung auch in ihr persönliches Verhältnis zu ihren Frauen aufzunehmen. Dieses scheint vielmehr nach wie vor durch ihre konservative Einstellung Frauen gegenüber bestimmt zu sein. Sie sehen sich weiterhin als Oberhaupt der Familie, das zu bestimmen hat, das im Zweifelsfall recht hat, das gewohnt ist, daß man ihm zuhört, und das von Frauen in erster Linie Attraktivität und Aufmerksamkeit erwartet. Frauen sind für sie noch immer »das andere Geschlecht«, nie würden sie behaupten, sie seien nicht »gleichwertig«, aber »gleich« sind sie eben nicht.
»Ich hatte nicht die Vorstellung, bei der Heirat mit dem Beruf aufzuhören, weil ich immer sagte: Warum, es ist ein Interessengebiet. Wir sprachen gerade kürzlich noch einmal darüber aus Anlaß unserer vierzigjährigen Abiturfeier. Wir sind zwölf Mädchen gewesen, und zwei davon haben eben nicht geheiratet, weil sie einen Beruf ha-

ben. Es war schon in unserer Zeit so: Eine intelligente Frau war immer etwas unangenehm. Für den Kreis von Männern, die vorwärtspreschen, um weiterzukommen, um Karrieren in Angriff zu nehmen, war es unangenehm, eine intelligente Frau zu heiraten, so empfand ich es.«

Woran haben Sie das gemerkt?

»Wenn Sie zum Beispiel in Unterhaltungen mitmischten, wurden Sie immer so betrachtet, und meinem Mann wurde dann immer wieder gesagt: Weißt du eigentlich, was du dir da angetan hast, eine Frau zu heiraten, die einen Beruf hat und interessiert ist? Ich habe ja nie behauptet, daß ich intelligent bin, interessiert ja, aber intelligent? Da sehe ich ganz andere Frauen, die ganz andere Dinge vollbracht haben. Aber zu der damaligen Zeit war es wirklich so: Man sollte lieber sein Licht unter den Scheffel stellen, und es war für einen Mann immer schwieriger, eine Frau zu haben mit eigenem Kopf. Ich habe eigentlich gern so etwas flapsig diskutiert, aber mein Mann sagte immer: Nun hör mal auf. Ich konnte überall eine Diskussion vom Zaun brechen, aber mit der Zeit habe ich das dann gelassen. Eine Frau, die sich einfügte und nur für Küche und Keller da war, war für die Männer wesentlich angenehmer. Ich meine, ich habe diese ganzen Dinge auch getan, ich habe das nicht als etwas Besonderes angesehen. Als Frau bekommt man nun mal Kinder und hat demzufolge auch eine andere Aufgabenstellung als ein Mann, aber mit einem Talent für Organisation kann man alles miteinander verbinden.«

Ihr Mann hat aber Ihre Entscheidung, berufstätig zu bleiben, akzeptiert?

»Ja, das hat er akzeptiert, das hat er natürlich gerne akzeptiert, denn er hatte auf der anderen Seite ein Hobby, das sehr teuer war. Dieses teure Hobby war Fliegen, und er wollte ein Flugzeug besitzen. Aber aus dem, was er beruflich verdiente, eine Familie mit allem Drum und Dran zu versorgen – das akzeptiert er übrigens heute noch nicht –, das war eben nur machbar, wenn ich einige Dinge mitbestritt. Aber die Rede unseres Compagnons war immer die: Muß das sein, muß deine Frau arbeiten? Das hat mich geärgert, aber wirklich getroffen haben mich andere Äußerungen, wie: Sie sehen doch gut aus, das haben Sie doch nicht nötig. Das hat mich getroffen im Selbstwertgefühl, wie man das heute nennt, dieses Unverständnis. Als junge Frau wollen Sie ja auch Klischees gerecht werden, von denen ich heute sagen würde: muß ich ja nicht.«

Welche Klischees meinen Sie?
»Zum Beispiel das der folgsamen Hausfrau und Mutter, das Klischee der Frau, die Küche und Keller zu betreuen hat und das, aber bitte schön, sehr perfekt, das Klischee, eine Mutter hat nur für ihr Kind dazusein – durch diese Klischees wurden Ihnen immer Frustrationen unters Hemd gesteckt. Wenn du nicht so bist, hast du versagt. Wenn dein Mann bei Tisch nicht glücklich ist, hast du falsch gekocht – und die ständige Angst: Er bekommt einen Herzinfarkt. Diese Verantwortung hat doch immer eine Frau; wenn es in der Familie nicht funktioniert, wirtschaftet sie schlecht, oder sie leistet nicht genug.«

Wie wird man mit so einem Konflikt fertig?
»Ich würde sagen, als ich jung war, wurde ich überhaupt nicht damit fertig. Es ist ja auch so, wenn man schon etwas länger verheiratet ist, kommt kein Mann mehr nach

Hause und sagt: Du siehst aber gut aus heute. Oder: Das Essen schmeckt sehr gut heute. Ich kann mich erinnern, wie mein Mann nach Hause kam und sagte: Weißt du, ich habe die Frau sowieso getroffen, die sah aber toll aus, und dann mich anguckte und fragte: Was hast du denn wieder heute gemacht? Da fühlte ich mich schon manchmal schlimm in die Ecke gestellt. Es gab Tage, da bin ich nachts aufgestanden, um ein Referat zu schreiben, morgens das Frühstück, Kind in die Schule, Mann ins Büro, ich in die Praxis, hatte dort vielleicht zehn, fünfzehn Beratungen am Tag und abends eine wichtige Einladung. Dann stand ich vor dem Spiegel und sagte: Ich kann nicht mehr.
Oder zum Beispiel auch Fehlgeburten. Ich wollte ja nicht nur ein Kind, aber dann die Kommentare: Was hast du jetzt wieder angestellt! Warum schonst du dich nicht! Warum mußt du denn arbeiten! Später hat man dann festgestellt, daß ich einen Uterus hatte, der so myomatös war, daß ich auf keinen Fall eine weitere Schwangerschaft hätte austragen können.«

Was war für Sie die Motivation, weiterzumachen?
»Ich habe sehr viel Freude daran empfunden, Menschen zu helfen. Es hat mir wirklich eine unglaubliche Freude bereitet, sie zu beraten und gut zu beraten. Auch später in der Verbandsarbeit habe ich mich für die Ausbildung so eingesetzt, weil ich wußte, wie wichtig es ist, um die Leute gut beraten zu können. Es ist eine andere Welt, in die Sie kommen. Wenn man von Kind und Haushalt und Schwiegereltern und auch der Sorge um den Betrieb des Mannes so bis oben hin zugedeckt war, dann hinauszugehen in die Praxis, das hat mich schon unheimlich gefreut. Oder auch, als ich später auf Reisen für den Verband ge-

gangen bin, durch eine Hotelhalle zu gehen, die Blicke der Männer zu spüren und zu denken: So schlecht bist du ja gar nicht. Man kommt einfach in eine andere Welt. Hinzu kommt natürlich, ich fahre heute einen Porsche, und das ist natürlich keinem recht: So eine alte Frau, was will die mit einem Porsche? Aber verbieten kann es mir keiner.«

Ein besonderes Problem stellt auch die Konkurrenz in diesen Ehen dar. Wenn eine Frau auf einem anderen Gebiet als der Mann erfolgreich ist, kann er es häufig akzeptieren, wenn sie es aber auf dem gleichen Gebiet, womöglich noch im gleichen Beruf ist, hat er Schwierigkeiten, das mit seinem eigenen Selbstbild zu vereinbaren. Von einem Menschen, den er im Grunde seines Herzens vielleicht für nicht ganz so fähig hält, überflügelt zu werden, ist vernichtender, als von einem männlichen Konkurrenten geschlagen zu werden. Um Konflikte zu vermeiden, stellen die Frauen ihren Erfolg meist nicht so heraus. Während es für Männer selbstverständlich ist, sich bei Festen oder ähnlichen Anlässen darüber zu unterhalten, weichen die Frauen eher auf ein anderes Thema aus.

»Rivalitäten habe ich in meiner Ehe, die sind natürlich da. Irgendwo reizen sie mich, muß ich gestehen, auf der anderen Seite ist es sicherlich ein Fehler, vor allem wenn der Ehepartner nicht erkennt, daß sie auch ihre positiven Seiten haben können; dann bekommt es auch dem Familienleben nicht gut. Ich mache zum Beispiel für die Firma hier die Public Relations, gehe als erste zu den Kunden, da ist es ganz klar, daß ich im Vordergrund stehe. Da sagen schon mal die Kunden zu meinem Mann: Wenn Sie Ihre Frau nicht hätten... Er reagiert da immer ganz unwirsch: Ich tu' wohl gar nichts? Das bestreitet ja niemand, daß er auch tüchtig ist, nur arbeitet er eben mehr

im Hintergrund, und dann muß ich das auch wieder geradebiegen.«
Die Männer der meisten interviewten Frauen haben aber diese Probleme nicht oder nicht so ausgeprägt. Sie sind alle selbst erfolgreich, es ist keiner dabei, der einen sehr viel niedrigeren Ausbildungsstand oder eine sehr viel niedrigere Position in seinem Beruf als seine Frau hätte. Sie ruhen in sich und haben genügend Selbstbewußtsein, den Erfolg ihrer Frau nicht als Konkurrenz zu empfinden. Getroffen fühlen sie sich nur, wenn sie in der Öffentlichkeit, die auf solche Paare offenbar nicht eingestellt ist, sich »unter Wert« verkauft fühlen. Die Meinung scheint fest verankert zu sein, daß in einer Beziehung nur ein Partner Erfolg haben kann, was zudem oft gleichgesetzt wird mit der Dominanz in der gesamten Beziehung. Als Pantoffelhelden werden sie zwar deswegen nicht gleich angesehen, aber bei offiziellen Anlässen behandelt, wie sonst nur die Ehefrauen behandelt werden. Das ist an sich logisch, haben sie in der Tat doch nur repräsentative Funktion, aber es ist natürlich persönlich nicht sehr befriedigend, mit nachsichtigem Lächeln hin und her geschoben zu werden, weil niemand genau weiß, wie man sich einem gegenüber verhalten soll. Die Konsequenz ist, daß sich einige Paare auf einen engeren Freundeskreis beschränken, in dem dann die berufliche Stellung des einzelnen keine große Rolle mehr spielt.
»Mein Mann ist der emanzipierteste Mann, den ich kenne. Er ist ein in sich erfolgreicher Mann, der mich insofern auch nie als Konkurrenz begriffen hat. Was natürlich mit meinem In-der-Öffentlichkeit-Stehen uns beide etwas vorsichtig macht, oder wenn Sie so wollen, uns mehr privat zurückziehen läßt, ist die Tatsache, daß unser Umfeld auf so etwas wie uns gar nicht eingestellt ist.

Das ist eigentlich schon bedrückend, daß auch ein erfolgreicher Mann neben einer Frau, die durch Zufall auch mal im Fernsehen auftritt, nun gar nichts mehr gilt. Er wird behandelt, wie sonst die Ehefrauen behandelt werden, er wird kaum etwas gefragt, auf seine Meinung offensichtlich kein Wert gelegt, er kommt fast in eine Art Legitimierungszwang, daß er ja auch etwas zu sagen hat. Daran sehe ich immer, daß die Gesellschaft auf Leute wie uns nicht eingestellt ist. Sie können sich auch nicht vorstellen, daß eine Ehe glücklich bleibt, bei so einer Art Leben, wie wir es führen.«

Beide Partner in so einer Ehe müssen sich ständig für ihre Art zu leben legitimieren, beide müssen sich mit Vorurteilen auseinandersetzen, sei es mit dem, zu »hart« oder zu »unweiblich« zu sein, oder mit dem, zu »weich« und zu »unmännlich« zu sein. Die Geschlechterrollenstereotype sind noch so fest im Bewußtsein vieler Menschen verankert, daß jegliche Abweichung als »unnormal« sanktioniert wird und die verschiedenen Personen an diesen Vorstellungen gemessen werden und nicht an dem, was sie tatsächlich leisten. Der Legitimationszwang macht so eine Partnerschaft nicht gerade leichter, wenn zudem noch beide unter beruflichem Streß leiden und zu Hause einen Ausgleich brauchen.

Die Frauen beurteilen jedoch insgesamt ihre Beziehungen als uneingeschränkt positiv. Sie haben von Anfang an gewußt, daß sie es allein schaffen müssen, und haben sich so Abhängigkeiten erspart, wie sie häufiger in jungen Ehen von heute zu finden sind: Die Anwesenheit des einen Ehepartners zu Hause wird zur Voraussetzung der Berufstätigkeit des anderen. Die Folge ist eine Konkurrenz unter den Ehepartnern um »Zeit für sich«, wer arbeiten gehen »darf«, wer Auslandsreisen und wie viele

und wie lange unternehmen »darf« und wieweit das berufliche Engagement des einzelnen und damit ihre zeitliche Beanspruchung gehen »dürfen«. Heute wird oft ein zäher Kleinkrieg in den Ehen ausgefochten unter dem Motto: Was du kannst, will ich auch können – und zwar möglichst gleichzeitig. Natürlich gibt es auch positive Beispiele – und in einem Interview klingt dies an – von Ehen, in denen beide Partner gemeinsam über ihren Lebensweg entscheiden und dabei einmal der eine, einmal der andere zurückstecken muß. Wenn es Zündstoff gab in jener Zeit, dann ging er von den Männern aus, die sich in ihrer traditionellen Rolle herausgefordert fühlten und sich im Recht glaubten mit ihrer Meinung. Heute setzen viele junge Frauen ihre Männer unter Druck mit dem Anspruch, daß ihnen das gleiche Recht zustehe wie jenen. Mit dem neuen Selbstverständnis der Frauen in der Gesellschaft, mit dem Emporkommen des neuen Leitbildes der ein bißchen berufstätigen Mutter haben sich die Beurteilungsmaßstäbe für »männliches« und »weibliches« Verhalten geändert. Genau wie die »Nur«-Hausfrau von vielen schon als Fossil vergangener Zeiten belächelt wird, gehört es heute zum Image des modernen Mannes, Mithilfe im Haushalt zumindest verbal nicht mehr weit von sich zu weisen und die Berufstätigkeit seiner Frau mit Wohlwollen zu betrachten. Nur »Karrierefrauen« fallen nach wie vor aus dem weiblichen Leitbild heraus.
Die Frauen in diesem Buch fühlen sich aber gerade auf diesem Weg von ihren Männern bestärkt. »Glaubst du, ich schaffe das?« haben sie wohl alle ihre Männer öfter gefragt, und keine weiß, wie sie reagiert hätte, wenn er gesagt hätte: »Nein.« Ich bin sicher, sie hätten es auch anders geschafft, aber die Tatsache, daß ein anderer an sie

geglaubt hat, ist ohne Zweifel die wichtigste Unterstützung gewesen, die sie erfahren konnten. In der Gesamtbetrachtung haben sie Glück gehabt, haben nicht, wie viele andere Frauen, die Grenzen ihrer Kompromiß- und Liebesfähigkeit austesten müssen.

Erfahrungen im Beruf

Wie haben nun die Frauen ihren Arbeitsalltag bewältigt, wie haben sie es geschafft, sich innerhalb eines männerdominierten Arbeitsumfeldes durchzusetzen? Wie haben sie sich die Freude an der Arbeit erhalten angesichts der so oft beschriebenen Vorurteile, Benachteiligungen und unbewußten Brüskierungen? Was bringt sie dazu, als Fazit zu sagen: Wir würden es wieder so machen und, wenn nötig, auch den Preis noch einmal zahlen?
Alle Frauen, mit denen ich gesprochen habe, haben für sich einen Weg gefunden, mit den Vorurteilen umzugehen, ohne zu verbittern oder in Zynismus zu verfallen. Sie haben sie als Begleiterscheinung ihres Arbeitslebens begriffen, als Ausdruck für das Ungewöhnliche ihres Handelns, aber nur ganz selten als persönlichen Angriff gewertet. Als sie sich entschlossen, diesen Weg zu gehen, wußten sie, was auf sie zukam, aber sie haben weder schon im vorhinein resigniert noch jene kämpferische Haltung eingenommen, die nur auf Diskriminierung lauert, um sie dann triumphierend an den Pranger zu stellen. In der Gesamtbewertung treten die Benachteiligungen hinter die Vorzüge des Berufslebens zurück: Sie freuen sich an ihrer Selbständigkeit, darüber, daß sie neue Menschen kennenlernen, daß sie eine tägliche Herausforderung bestehen und daß ihr Leben nie zur Routine wird.
Aber selbst wenn die Vorteile für sie überwiegen, bleibt doch die Frage, wie sie mit den Nachteilen umgegangen sind. Die Nachteile von Frauen im Erwerbsleben sind schon häufig beschrieben worden, aber selten aus männlicher Sicht. Im »manager magazin« wurde 1984 ein Arti-

kel eines amerikanischen Managers nachgedruckt[1], der seine Erfahrungen in der Zusammenarbeit mit Frauen beschreibt. Natürlich hatte er während seines Arbeitslebens in verschiedenen Firmen schon häufiger Frauen als Kolleginnen, aber erst ein außergewöhnliches Experiment des Outward Office schärfte sein Bewußtsein über sein eigenes Verhalten Frauen gegenüber.
Achtzehn Männer und zwei Frauen, alles erfolgreiche Geschäftsleute, der größte Teil geschieden oder allein lebend, hatte sich am Ufer des Rogue River in Oregon versammelt, um an einem einwöchigen Überlebenstraining teilzunehmen. Alles, was die Teilnehmer vorher wußten, war, daß jeder für Kochen, Zeltaufbau, Aufräumen, Proviantbeschaffung und Paddeln mitverantwortlich sein würde und daß allein ihre Zusammenarbeit über Erfolg und Mißerfolg der Fahrt entscheide. Boot Nummer drei war das einzige mit gemischter Besatzung: zwei Männer, zwei Frauen und der Bootsführer vom Outward Office. Jener versorgte »seine« Mannschaft mit Schreckensmeldungen über die Gefährlichkeit des Flusses, so daß sich heimlich Angst in die Gemüter einschlich und die Verantwortung des einzelnen für die Sicherheit aller jedem noch einmal deutlich vor Augen geführt wurde. Die Anweisungen waren im Grunde sehr einfach: jeweils einer im Boot war Steuermann, dessen Befehlen absolut zu gehorchen war. Aber so einfach es auch klang, so kompliziert war offensichtlich die Durchführung, so daß schließlich Boot Nummer drei als einziges in den Stromschnellen kenterte, seine Position verlor und als letztes Boot das Ziel passierte. Was war geschehen? Robert Schrank versuchte im nachhinein die Ereignisse zu analysieren:

[1] Schrank, Robert: »Zwei Frauen und drei Männer in einem Schlauchboot«, in: manager magazin, 10/84, S. 164ff.

»Als ich Steuerperson wurde (der Begriff ›Steuerperson‹ wurde auf Vorschlag der beiden Frauen eingeführt, die ›Steuermann‹ als für sich nicht zutreffend bezeichneten), merkte ich sehr schnell, wie schwierig es ist, ein Schlauchboot zu steuern. Weil Bill und ich aber einige Erfahrung mit Booten hatten, waren wir immerhin mit dem Gedanken vertraut, ein Paddel als Steuer zu verwenden. Helen und Marlene schienen dagegen weder zu verstehen, wie ein Paddel als Steuer benutzt werden kann, noch hatten sie die geringste Erfahrung. Wenn eine der Frauen Steuerperson war, jammerte sie: Ich kann's nicht, ich kann es nicht. Jedesmal klagten sie, weder Bill noch ich würden die Kommandos richtig befolgen, aber wir versuchten immer wieder sie davon zu überzeugen, sie könnten es doch sehr gut.« ... »Aber jedesmal, wenn wir es aussprachen, dachten wir zugleich: Meine Güte, wann gibt sie endlich auf? Immer wenn eine der Frauen Steuerperson war, fand das gleiche Gespräch statt. Bills und meine Versicherungen wurden immer halbherziger.« ... »Im Lauf der Zeit sorgten Bill und ich raffiniert und zielstrebig für eine neue Aufgabenverteilung. Die Teamarbeit wurde verwickelter. Wenn wir eine Zunge erreichten und Helen oder Marlene Steuerperson war, schauten Bill und ich uns an. Mit leichtem Kopfschütteln und Grimassen deuteten wir unsere Übereinstimmung an, daß die Sache nicht gutgehen konnte. Wenn wir das beschlossen hatten, fühlten wir uns berechtigt, unsere eigenen korrigierenden Maßnahmen vorzunehmen, zum Beispiel das Boot mit den vorderen Paddeln zu steuern, was fast unmöglich ist. Im Bug entgegenzusteuern ist alles andere als hilfreich für die eigentliche Steuerperson.«
Aufgrund dieser »Unstimmigkeiten« kenterte schließlich das Boot Nummer drei in den gefährlichsten Stromschnellen des Flusses.

»Was geschah wirklich im Schlauchboot? Erst als ich wieder in den Komfort meines Büros zurückgekehrt war, begann ich zu rekapitulieren, was geschehen war.« ... »Es wurde mir klar, daß ich nicht nur unzufrieden mit einer Frau als Steuerperson gewesen war, sondern daß Bill und ich unbewußt durch unsere Gewohnheiten dazu beitrugen, das Selbstbewußtsein der Frauen zu unterminieren. Wenn einer der beiden Männer die Führung übernommen hatte, war ich erleichtert und arbeitete ihm zu, um ihm Hilfen zu geben, damit er gut führen konnte. Wenn eine der Frauen Steuerperson war, schienen alle meine Aktivitäten darauf gerichtet zu sein, sie schnellstens durch einen Mann zu ersetzen.
Ein verräterischer Teil des Rogue-Experiments war indes nicht so sehr die Machtbeziehung zwischen den Geschlechtern, die ich verstand, wie ich glaubte, sondern wie Bill und ich unbewußt oder automatisch reagierten, um unsere Macht vor einem weiblichen Angriff zu schützen. Als die Fahrt begann, wußte ich, daß ich Schwierigkeiten haben würde, eine Frau als Steuerperson zu akzeptieren; aber mir war nicht klar, daß die Bedrohung für mich so groß sein würde, tatsächlich ihr Versagen zu wünschen. Auf dieser Fahrt tat ich etwas für mich Neues: Ich versuchte aktiv, Helens oder Marlenes Führungsbemühungen zu sabotieren. Unbewußt bauten Bill und ich auf die Selbstzweifel der Frauen und untergruben ihre Führungsrolle. Das Ergebnis unseres Verhaltens war, Helens und Marlenes Zweifel an ihren Führungsqualitäten zu steigern, bis sie schließlich von selbst sagten: Das nächste Mal besteige ich ein Schiff nur noch als Passagier.«
Diese Geschichte zeigt, so glaube ich, beispielhaft, mit welchen Schwierigkeiten Frauen zu kämpfen haben, wenn sie in Spitzenpositionen gelangen wollen: Sie haben

gegen Vorurteile und Ängste der Männer zu kämpfen, sie müssen über ihren eigenen Schatten springen, müssen die Unsicherheit überwinden, die neue Situationen mit sich bringen, müssen ihre Angst überwinden, unweiblich zu erscheinen, und sie müssen – was hier nicht angesprochen wurde – die Doppelbelastung bewältigen, was ihre Arbeitsfähigkeit manchmal bis aufs äußerste strapaziert.
Die Frauen in dem oben beschriebenen Experiment haben in der Konsequenz aufgegeben. Sie waren zum Schluß davon überzeugt, daß sie ein Boot nicht steuern können und daß sie ein solches Experiment nicht noch einmal wagen werden. Aber hatten sie überhaupt eine Chance, das »Spiel« der Männer zu durchschauen? Ich denke, daß es sicherlich sehr schwierig gewesen wäre, sich die »Achtung« der Männer zu erwerben. Deutlich wird an diesem Beispiel, daß die Frauen auf keinen gemeinsamen Lernprozeß hoffen konnten: Die inneren Widerstände der Männer waren so groß, daß sie den Frauen keine wirklichen Hilfen angeboten haben. »Geklappt« hätte die Zusammenarbeit nur dann, wenn die Frauen von vornherein mit der Haltung aufgetreten wären: Wir sind genauso gut wie ihr. Wir haben zwar noch keine Erfahrung, aber wir sind lernfähig; wenn sie an ihren Fehlern nicht verzweifelt wären, sondern sie als Chance gesehen hätten, es das nächste Mal besser zu machen; wenn sie nicht schließlich selbst insgeheim von der besseren Eignung der Männer für diese Arbeit überzeugt gewesen wären.
Mangelndes Selbstvertrauen und Selbstzweifel sind die wesentlichen inneren Hemmnisse von Frauen auf ihrem Weg nach oben. Wenn untersucht wird, wo Frauen sich selbst im Weg stehen, wird als erstes und Grundlegendes mangelndes Selbstvertrauen genannt. Mangelndes

Selbstvertrauen äußert sich in unsicherem Auftreten, leiser Stimme, mangelnder Bereitschaft, Risiken zu übernehmen, und mangelndem Mut, Forderungen zu stellen oder sich um interessantere Aufgaben zu bewerben. Wenn auf den Gründertagen in Berlin auf dem Frauenforum gesagt wurde: »Frauen entsprechen leider häufig den Vorurteilen«, bedeutete das, daß sie in ihrer Unsicherheit wenig Kompetenz ausstrahlen, ihrem Verhandlungspartner dadurch nicht gerade Vertrauen einflößen und seine Vorurteile, daß Frauen »davon doch nichts verstünden«, bestätigen.

Woher dieser Mangel an Selbstvertrauen kommt, darüber gibt es die verschiedensten Theorien. Die populärste unter ihnen ist die These, daß die spezifisch weibliche Sozialisation bei den Mädchen Fähigkeiten fördere, die zwar für ihre späteren Aufgaben als Mutter und Hausfrau, aber weniger oder nur sehr schlecht für den Konkurrenzkampf im Beruf geeignet seien. Aber neuere Untersuchungen melden zumindest Zweifel an, ob wirklich von einer derartig starken Prägung in der Kindheit ausgegangen werden kann. Christiane Schmerl schreibt unter dem Titel »Einige Gedanken zur Sozialisation von Frauen«[1], daß sich die sozialen Fähigkeiten und psychischen Eigenschaften von Männern und Frauen in der heutigen Zeit kaum noch unterscheiden. »Die großangelegte deutsche Jugendstudie von 1981 erbrachte mit einer Quotenstichprobe von über 1000 bundesrepublikanischen Jugendlichen zwischen fünfzehn und vierundzwanzig Jahren keine einschneidenden Geschlechtsunterschiede in den Durchschnittsbiographien. Beispielsweise gehen Mäd-

[1] Schmerl, Christiane: »Einige Gedanken zur Sozialisation von Frauen«, in: Frauen, Psychologische Beiträge zur Arbeits- und Lebenssituation, S. 36, Hrsg.: Mohr/Rummel/Rückert, München, Wien, Baltimore, 1982.

chen etwas früher emotionale Beziehungen ein und ziehen früher von zu Hause aus, während Jungen zwischen fünfzehn und siebzehn eher und ausgiebiger weggehen dürfen als Mädchen und sie bis zum zwanzigsten Lebensjahr zu höherem Anteil ein eigenes Auto fahren; Mädchen helfen mehr beim Hausputz. Sicher typische, aber keine dramatischen Verschiedenheiten, wie die Autoren resümieren, denn in allen anderen Bereichen der umfassend erhobenen biographischen Merkmale zeigten sich keine durchgehenden Unterschiede.«

Wenn es aber zumindest problematisch ist, diesen Mangel an Selbstvertrauen auf Sozialisationsdefizite der Frauen zurückzuführen, so muß es noch einen weiteren Faktor geben, der Frauen verunsichert und sie dadurch so wenig kompetent erscheinen läßt. Zudem sind Frauen in anderen, ihnen vertrauten Situationen, meist überhaupt nicht schüchtern. Ich denke, daß die Unsicherheit auch auf dem Bewußtsein basiert, Fremdkörper in einer festgefügten Ordnung zu sein und Neuland zu betreten. Wenn etwas nicht selbstverständlich ist – und selbstverständlich ist zur Zeit noch immer alles andere, aber nicht, daß eine Frau Erfolg im Beruf hat –, kostet es große Überwindung, so zu tun, »als ob«. Wenn man es gewohnt ist, daß in Vorständen großer Unternehmen oder in Aufsichtsräten nur Männer sitzen, wird jede anwesende Frau automatisch als Sekretärin eingestuft. Sie selbst wird sich als Außenseiterin empfinden, wird – selbst wenn sie versucht, die Nichtbeachtung durch ihre Kollegen zu ignorieren – nur mit schauspielerischer Leistung genauso lokker zum Tisch in der Mitte schreiten wie die Männer, ihre Papiere ausbreiten und lächelnd Platz nehmen. Im »Normalfall« verhalten sich Frauen in einer entsprechenden Situation anders: Sie bleiben schüchtern an der Tür ste-

hen, trauen sich kaum am Tisch Platz zu nehmen, schweigen das erste Mal oder reden so leise, daß man sie schwer versteht. Sie bestätigen damit in fataler Weise die Vorurteile der anwesenden Männer über Frauen, strahlen mit diesem Verhalten eher Inkompetenz als Souveränität aus. In solchen Situationen greifen viele Frauen auf die klassische Frauenrolle als Verhaltensreglement zurück – die wenigsten reagieren für Frauen untypisch, nämlich herausfordernd und selbstbewußt. Das traditionelle Frauenbild mit seinen Tugenden wie Rücksichtnahme, Geduld, Toleranz und Passivität wird zum Maßstab ausgerechnet in solchen Situationen, wo es am wenigsten angebracht ist. Es gehört entweder ein angeborenes hohes Selbstvertrauen oder aber ein Sich-ständig-Bewußtmachen des eigenen Verhaltens dazu, sich nicht so zu verhalten. Für viele Frauen gehört noch einmal soviel Mut dazu, die vertraute Frauenrolle zu verlassen und sich dem Vorwurf der Unweiblichkeit auszusetzen.
Natürlich könnte man sich schnell darauf einigen zu sagen: Wie schön es wäre, wenn die sogenannten weiblichen Tugenden Vorteile im Berufsleben wären, wenn der Umgang miteinander weniger auf Konkurrenz und mehr auf das Miteinander-Arbeiten gerichtet wäre – aber die Realität ist leider eine andere. Die Normen der Arbeitswelt sind von Männern geschaffen worden, die alle weder für Haushalt noch für die Kinder verantwortlich waren und für die die Familie eine angenehme Erholungs- und Rückzugsstätte, aber niemals Aufgabe war. Wer von den Frauen also jetzt und heute Spitzenpositionen erreichen will, muß sich mit diesen Maßstäben auseinandersetzen, muß sich ihnen nicht unterwerfen, aber doch in vielem anpassen.
Die Frauen, die in diesem Buch von ihrem Weg berich-

ten, haben – neben vielen anderen – bewiesen, daß es geht. Jene unabdingbare Voraussetzung aber, die sich viele Frauen erst mühsam erarbeiten müssen, ist ihnen quasi mit in die Wiege gelegt worden: ihr ausgesprochen hohes Selbstvertrauen. Einige Frauen aus meinem Bekanntenkreis, die diese Interviews schon vor der Veröffentlichung lasen, schüttelten nur den Kopf und meinten: »Das glauben wir nicht!« Aber ich bin der Überzeugung, daß alle Frauen in diesem Punkt ehrlich waren. Man ist sicherlich geneigt, wenn man erfolgreich war, in der Rückschau viele Dinge etwas positiver zu werten, als man sie in der konkreten Situation empfunden haben mag. Aber ich glaube, daß die Frauen es ohne dieses Selbstbewußtsein nicht geschafft hätten, sich durchzusetzen. Gerade in einer Zeit – die meisten haben vor rund zwanzig oder dreißig Jahren mit ihrer Berufstätigkeit begonnen –, in der es noch sehr viel ungewöhnlicher war, daß Frauen ganztags arbeiten wollten, gehörte eine große persönliche Unabhängigkeit dazu, sich für diesen Weg zu entscheiden. Frauen mit einem geringer ausgeprägten Selbstbewußtsein hätten es sehr viel schwerer gehabt, hätten vielleicht auch vorzeitig resigniert.

Dieses ihnen gemeinsame hohe Selbstvertrauen ist – neben anderen Voraussetzungen wie Wissen, Begabung und ein großes Engagement – die entscheidende Antwort auf die Frage, wie sie es in der männerdominierten Arbeitswelt geschafft haben, sich durchzusetzen. Es half ihnen über viele Schwierigkeiten hinweg, die Frauen »normalerweise« haben, wenn sie engagiert arbeiten. Auf die Schwierigkeiten, die am häufigsten vorkommen und von Managerinnenberatern als die schwerwiegendsten angesehen werden, will ich näher eingehen.

Frauen haben keine langfristige Karriereplanung und

keine klaren Zielvorstellungen. Selbst erfolgreiche Frauen betonen oft, daß sie »Glück« gehabt hätten, daß Zufälle mitgespielt hätten oder daß ihr Erfolg Resultat einer logischen Entwicklung gewesen sei und weniger Ausdruck ihres zielstrebigen Willens. Dies ist sicherlich zu einem Teil Understatement und zeigt das Bemühen, nicht als »karrieresüchtig« angesehen zu werden. Zum anderen spiegelt diese Einstellung aber auch ein Stück Realität wider, denn die wenigsten Frauen sagen sich am Anfang ihres Berufslebens: Da und da will ich einmal hin! Die meisten streben keine »Position« an, um mehr Geld, Macht oder gar Befehlsgewalt über andere zu erlangen, sondern sie wollen in erster Linie eine interessante und sie ausfüllende Arbeit. Selbst in der Einschätzung ihres Erfolgs zeigt sich, daß »Karrierefrauen« sich sehr viel weniger als Männer als Motor ihrer eigenen Entwicklung empfinden. Im »BetriebsWirtschaftsMagazin« vom Januar 1987[1] wird von einer Umfrage berichtet, die eine Führungskräftetrainerin in ihren Seminaren durchführen ließ. Auf die Frage: »Worauf führen Sie Ihren Erfolg zurück?« antworteten die Männer mit »Ehrgeiz« (78,57%), mit »Bessersein« (47,32%) und mit »Durchsetzungsvermögen« (32,14%). Die Frauen führten in erster Linie »Fleiß« (44,44%), »Glück« (41,66%), »Umgang mit Menschen« (38,88%) und »Fachkenntnisse« (38,88%) an, während die Eigenschaften Ehrgeiz, Durchsetzungsvermögen und Zielstrebigkeit nur rund 11% der Antworten ausmachten. Interessant ist ebenfalls, daß die Männer kein einziges Mal das Glück für ihren Aufstieg verantwortlich machten und Frauen kein einziges Mal anführten, sie seien besser als andere gewesen.

[1] Hernes-Karnahl, Beate: »Macho-Manager auf dem Rückzug«, in: BetriebsWirtschaftsMagazin 1/87, S. 18.

Diese Antworten sind extrem typisch für »männliche« und »weibliche« Selbsteinschätzung. Selbst das gängige Vorurteil, Frauen müßten doppelt so gut sein wie Männer, um dieselbe Position zu erringen, ist offensichtlich nicht als Pluspunkt im Bewußtsein der Frauen verankert. Diese Antworten könnten aber neben der Bescheidenheit der Frauen auch ihre Erfahrung widerspiegeln, daß Ehrgeiz für Frauen kein Garant ist, um Erfolg zu haben, daß für den Erfolg der Frauen heute eben nicht nur sie selbst verantwortlich sind, sondern vielleicht ebenso verständnisvolle Vorgesetzte und kooperationswillige Kollegen.

Klare Zielvorstellungen und langfristige Planungen erleichtern aber den Weg, weil damit die Schritte deutlich werden, die notwendig sind, um dieses Ziel zu erreichen. Zufälle und vor allen Dingen Sackgassen oder, wie Erika Heß es formulierte, »all die so gern an Frauen vergebenen – aber machtlosen – Posten« können so besser eingeschätzt und umgangen werden.

Als zielstrebig in diesem Sinn bezeichnen sich in diesem Buch nur Frau Günther und Frau Pohlenz, und es ist für mich keine Überraschung, daß beide zu den jüngsten Interviewpartnerinnen gehören. Für die jüngeren Frauen ist es – aufgrund des gewandelten Selbstverständnisses der Frauen in unserer Gesellschaft – etwas selbstverständlicher geworden, berufstätig zu sein und vor allem auch Erfolg haben zu *wollen*. Ehrgeizig sind sie alle mehr als andere Frauen, und dies war eine der wichtigsten Voraussetzungen für ihren Erfolg, aber nach »äußerem« Erfolg offen zu streben und sich dazu zu bekennen ist für die »älteren« zumindest ungewohnt.

Notwendig für die Entwicklung von klaren Zielvorstellungen ist allerdings eine genaue Einschätzung der eige-

nen Fähigkeiten und Kenntnisse. Die wenigsten Frauen haben eine korrekte Einschätzung ihres »Werts«, die meisten haben insgeheim das Gefühl, nicht genug zu wissen oder nicht ausreichend genug vorbereitet zu sein. Sich nicht zu gering einzuschätzen ist wichtig, aber ehrlich zu sich selbst zu sein unabdingbar. Die Kenntnis, aber auch das Akzeptieren der eigenen Schwächen und Fähigkeiten ist die Basis für eine realistische Planung.
Allerdings führt der Gedanke, »alles können zu müssen und möglichst überall Bescheid zu wissen«, auch dazu, nicht den Mut aufzubringen, sich für *ein* Ziel oder *ein* Projekt zu entscheiden, aus Angst, irgend etwas zu versäumen. Jede Entscheidung ist natürlich mit Risiko behaftet, denn setzt man auf das falsche Pferd, kann das zu empfindlichen Niederlagen führen. Aber: Je vielseitiger sich eine Frau in einem Bewerbungsgespräch darstellt, desto unschärfer wird ihr Profil. Und: Wer für alles zu gebrauchen ist, ist letztlich für keine Aufgabe gut genug.
Die Frauen in diesem Buch haben sich fast alle sehr früh und eindeutig in dem festgelegt, was sie machen wollten, und vielen hat das »Expertentum« auf einem Gebiet weitere Türen geöffnet.
Eine Journalistin hatte zum Beispiel lange Jahre mit ihren Eltern in China gelebt, bevor sie mit Anfang zwanzig in die Bundesrepublik zurückkehrte. Sie begann in München zu studieren, war aber sehr verunsichert, weil sie vieles in den Vorlesungen nicht verstand, da sie eine andere Ausbildung hatte, und weil sie sich sehr einsam fühlte, allein in einer für sie neuen Kultur. Ich fragte sie, wie sie mit ihren Schwierigkeiten fertig geworden ist.
»Ich suchte nach Sicherheit. Den Vorlesungen konnte ich kaum folgen, weil ich die Zusammenhänge nicht durchschaute. Schließlich bin ich Assistentin am Institut für Po-

litische Wissenschaften geworden. Es gab dort eine China-Abteilung, da habe ich angefangen, über China zu arbeiten. Das war natürlich ein Fundus, den ich besaß. Damals habe ich auch angefangen, über China zu schreiben, in Fachzeitschriften. Das war für mich eine Möglichkeit, journalistisch zu arbeiten und Geld zu verdienen. Ich habe ja nie mein Studium abgeschlossen, ich habe diese Assistentenstelle bekommen ohne Abschluß, nur aufgrund meiner Spezialkenntnisse. Ich habe dann auch angefangen, Bücher über China zu schreiben, und bin damals so etwas wie eine Expertin in der Bundesrepublik für China geworden. Sie müssen dabei bedenken: Wer konnte damals schon nach China fahren? Mir gab es Sicherheit, und es war etwas, womit man Geld verdienen konnte. Das war der Anfang im Journalismus. Ich wollte immer schon Journalistin werden.«
Der Punkt, an dem alle Frauen Schwierigkeiten zugegeben haben, ist der Zwang, sich ständig selbst verkaufen zu müssen, um vorwärtszukommen. Eine typische Annahme vieler Frauen besteht darin zu glauben, sie müßten nur lange genug ihre Aufgaben exzellent erfüllen, um von ihrem Chef irgendwann »entdeckt« zu werden. Das typische männliche Vorurteil über den Weg der Frauen zum Erfolg ist allerdings nicht das Bild der emsigen Biene, sondern das einer attraktiven Dame, die ihren Sex-Appeal als hervorragendste »Leistung« einbringt. Beide Annahmen haben natürlich mit der Realität sehr wenig zu tun. Die Frauen in diesem Buch haben nicht nach der »Cinderella-Theorie« gelebt und darauf gewartet, daß ein menschenkundiger Boß sie fördert und vor allen Dingen *be*fördert, sondern sie haben sich stets für eine neue Position selber beworben. So bewarb sich Frau Flagge auf die PR-Stelle beim Bund Deutscher Architek-

ten, Frau Dickmann um die Moderatorinnenstelle beim Hessischen Fernsehen, Frau Heß um das Amt des Jugendstadtrats in Berlin-Zehlendorf und Frau Günther um eine Position in einem Zeitarbeitunternehmen. Keine der Frauen war sich sicher, daß sie die Stelle bekommen würde, im Gegenteil, bei allen war die Bewerbung mit einem hohen Risiko verbunden. Aber ohne das Risiko einzugehen, hätten sie auch keine neue Aufgabe übernehmen können.

Das Warten und Hoffen stellt sich für viele Frauen nach langen Jahren als bitterer Irrtum heraus. Wer weiterkommen will, muß sich selbst bewerben – die Konkurrenz ist groß, und Männer auf der gleichen Hierarchiestufe, mit dem Ziel weiterzukommen, gibt es genug. Auch wenn eine Untersuchung aus den USA[1] belegt, daß Frauen primär von ihren Chefs gefördert und von ihren Kollegen kritisiert werden – ganz im Gegensatz zu den Männern, die den meisten Rückhalt bei ihren Kollegen genießen und häufiger von ihren Chefs kritisiert werden –, heißt das dennoch nicht, daß die Frau nicht ihren Chef auf sich und ihre Leistungen aufmerksam machen muß. Wie Angelika Pohlenz schon sagte: »Es ist nötig, ab und zu einmal laut ›Hier!‹ zu schreien, um nicht übersehen zu werden.« Und an einem Punkt hat sie recht: Ein Chef, der einen rundum zufriedenen Mitarbeiter in seiner Abteilung hat, spürt auch keine Veranlassung, sich für ihn einzusetzen. Das Signal für das Weiterkommenwollen muß schon vom Mitarbeiter ausgehen. Das kostet Überwindung, jede Frau hat spontan das Gefühl, so etwas sei »ungehörig«, »unpassend« oder »unweiblich«. Sich selbst »anzupreisen« wird oft als peinlich empfunden, während Männer solche

[1] Heller, Trudy: »Women And Men As Leaders«, New York, 1982, S. 142ff.

Forderungen als Selbstverständlichkeit empfinden. Für Männer ist es normal, von Geld zu reden und Gehaltsforderungen zu stellen, während viele Frauen eher nach der Devise zu leben scheinen: Über Geld spricht man nicht! In ihrer Bescheidenheit und Unsicherheit lassen sie sich viel zu oft mit wortreichen Erklärungen über die finanzielle Lage des Betriebes oder ähnlichem abspeisen.
Ein weiteres Grundproblem vieler Frauen ist ihr viel zu großes Vertrauen in potentielle Geschäftspartner. Fast jede erfolgreiche Frau hat diese Erfahrung in ihrem Leben gemacht und daraus gelernt: sich zum Beispiel nicht auf das Wort des jeweiligen Mannes zu verlassen, sondern jede Bedingung des Vertrages auch schriftlich festzuhalten; oder mehrere Angebote für eine Arbeit einzuholen und nicht zu glauben, weil man sich mit dem und dem gut verstehe, unterbreite er auch das günstigste Angebot. Frauen sind häufig der Ansicht, von der Person des Anbieters oder auch von ihrem persönlichen Verhalten, sprich Freundlichkeit, Höflichkeit oder auch ihrem Charme, hänge sehr viel ab. Daß Geschäfte mit Interessen zu tun haben, die häufig genug gegensätzlich sind, ist ein mühsamer Lernprozeß.
Im Grunde sind alle eben beschriebenen Probleme von Frauen auf ihr mangelndes Selbstbewußtsein zurückzuführen: Sie trauen sich keine weitergesteckten Ziele zu, sind mit dem zufrieden, was sie gerade tun oder verdienen, vertrauen ihrer »Menschenkenntnis«, selbsternannten Experten oder »Freunden«, empfinden es als unweiblich, die eigene Leistung zu betonen, sind also insgesamt zu bescheiden und schüchtern.
Ändern wird sich das nur mit der größeren und wachsenden Präsenz von Frauen in Spitzenpositionen der Wirtschaft, Wissenschaft und Politik. Wenn Frauen nicht

mehr nur durch ihr bloßes Frausein auffallen, werden sie sich nicht mehr ständig mit ihrem eigenen, angemessenen Verhalten zu beschäftigen haben. Frauen in Spitzenpositionen können jungen Frauen Beispiel sein, können ihnen Selbstvertrauen geben und das Gefühl nehmen, ein seltenes Exemplar der absonderlichen Spezies »Frau« innerhalb der menschlichen Gattung zu sein. Voraussetzung dafür ist allerdings die Bereitschaft der erfolgreichen und noch nicht erfolgreichen Frauen, zusammenzuarbeiten und ihre Erfahrungen auszutauschen. Denn ein Punkt bei der »mangelnden Planung« sind auch die fehlenden konkreten Vorbilder. Männer haben vielfach Gelegenheit, Karrierewege und Aufstieg von Kollegen zu verfolgen, sie haben fast ausschließlich männliche Vorgesetzte, die ihnen das Gefühl vermitteln, es sei realistisch, ebenfalls so eine Position anzustreben. Frauen müssen sich ihre Wege selber suchen, müssen häufig genug auf weibliche Mitstreiterinnen, die sich gegenseitig im Sinne von »Seilschaften« stützen würden, verzichten. Frauen sind bis heute Einzelkämpferinnen geblieben, und deshalb wollen auch einige erfolgreiche Frauen nichts von Solidarität unter Frauen hören. Für die Frauen dieses Buches gilt dieses nicht, aber einige Frauen, die es »geschafft« haben, sind auch nicht bereit, andere Frauen zu fördern. Ihr eigener Weg hat in ihnen die Überzeugung reifen lassen, daß nur durch Entbehrung, harte Arbeit und Verzicht auf vieles im Privatleben eine Spitzenposition für Frauen erreichbar sei – und wenn sie es geschafft hätten, könnten andere das auch. Leider ist es noch so, daß Frauen sich dann am besten verstehen, wenn ein gemeinsamer Verzicht auf Karriere und ein Leben für Mann und Kinder sie verbindet. Frauen in Spitzenpositionen leben gern in dem Gefühl, die einzige zu sein, die

es geschafft hat – denn diese Überzeugung verleiht ihrem Leben ein wenig Glanz und den Flair des Besonderen.
So sagte eine Direktorin auf die Frage, warum sie so wenig mit Frauen zusammengearbeitet habe und ob es vielleicht auch daran gelegen habe, daß sie selbst Frauen als weniger kompetent erlebt hätte, folgendes: »Ich habe eigentlich die ganze Zeit in einer Männergesellschaft gelebt, meine Freunde waren Männer. Ich hatte nie eine Freundin, von der ich sagen konnte, uns verband der Beruf. Es kommt hinzu, wenn es schon so schwer ist, sich unter Männern durchzusetzen, dann möchte man wenigstens die Ausnahmesituation genießen. Man findet es schön, die einzige Frau in diesen ganzen Konferenzen zu sein. Wenn dann doch eines Tages eine jüngere kommt, die auch noch schön ist und die dann als Frau und als Fachmensch umworben wird, dann empfindet man das als Konkurrenz und ist eifersüchtig.«
Aber gerade unter jüngeren Frauen wächst die Bereitschaft zusammenzuarbeiten, mit dem Grad der Erkenntnis der gemeinsamen Benachteiligung und dem Wissen, daß ein Erfahrungsaustausch für alle beteiligten Frauen nur nützlich sein kann.
Die inneren Hemmnisse, mögen sie die einzelnen Frauen auch noch soviel Überwindung kosten, sind aber im Gegensatz zu den äußeren von jeder Frau unmittelbar zu beeinflussen und zu ändern. Als wenig oder kaum veränderbar erleben viele Frauen die Vorurteile und Benachteiligungen, denen sie im Berufsleben ausgesetzt sind. Selbstverständlich ist es möglich, einen Vorgesetzten von den eigenen Qualitäten und dem eigenen ernsthaften Arbeitswillen zu überzeugen, aber der Zwang, sich überall dort, wo man hinkommt, neu zu legitimieren und sich zu beweisen, hört niemals auf.

Jede Frau kennt den berühmten Witz von jenem Besucher eines erfolgreichen Versicherungsunternehmens, der in der Chefetage, ohne anzuklopfen, eine Tür aufreißt, zwei Damen am Schreibtisch erblickt und fragt: »Ist hier denn niemand?«
Die automatische Identifizierung der Frauen als Sekretärinnen und damit als »niemand« Wichtiges spiegelt zunächst einmal die schlichte Erfahrung jenes Besuchers mit Frauen wider: Sie begegnen ihm in der Mehrzahl als Hausfrauen, Mütter oder, wenn sie berufstätig sind, als Inhaberinnen der unteren Positionen. Zum Vorurteil wird es dann, wenn er meint, dies müsse so sein – aus was für Gründen auch immer –, und vor allen Dingen, dies müsse auch so bleiben.
Die Meinung von Männern über Frauen ist ein kompliziertes Kapitel, denn diese Meinung speist sich nicht nur aus persönlichen Erfahrungen oder denen von Freunden und Bekannten, sondern ist ein Konglomerat diffusen Wissens, dessen Quellen nur im günstigsten Fall in seriösen, wissenschaftlichen Untersuchungen zu finden sind. Die meisten Männer sind in frappierender Selbstverständlichkeit der Überzeugung, daß sie im Mittelpunkt des Lebens von Frauen stehen, und zwar nicht nur als Ehemann oder Freund, sondern als Mann schlechthin. Bei berufstätigen Frauen wird dann sehr schnell die fehlende – oder fehlerhafte, weil nicht ins gängige Rollenklischee passende – Beziehung zum Mann als Ursache für Unzufriedenheit oder Streß angenommen. Selbst wenn die Frau völlig normal, fröhlich und ausgeglichen zu sein scheint, vermuten die meisten eine verborgene Unzufriedenheit, wenn sie allein lebt.
Aber so kraß wie folgende Direktorin haben es nur die wenigsten Frauen erlebt: »Ich weiß noch, wie ein Kollege

mir den Ratschlag gab, ich müßte mich endlich einmal richtig erholen: ›Am besten fahren Sie nach Rom und vernaschen drei Italiener täglich.‹ Das kommt aus tiefster Überzeugung, aus einem chauvinistischen Selbstbewußtsein. Sie fragen sich: Wie kommt die zu so einer Meinung, warum macht die das alles überhaupt? – und kommen zu dem Schluß: Die braucht einen Mann. Auch wenn man sich über irgend etwas beschwert oder unzufrieden ist, ganz tief innen sind noch sehr viele Männer überzeugt: Die braucht einen Mann.«

Das Bild, das Männer von Frauen im Kopf haben, ist auch eine Ursache für die Klischeevorstellungen, die sie mit weiblichen Vorgesetzten verbinden. Entweder werden in erster Linie ihre weiblichen Eigenschaften gesehen und bewertet und damit ihre Persönlichkeit und ihre Rolle in der Abteilung karikiert, oder es wird ihnen in dem anderen Extrem jede weibliche Eigenschaft abgesprochen. So wecken bestimmte Verhaltensweisen die Karikatur der »Mutter«, jene Vorgesetzte, die grundsätzlich jedem ihre selbstgebackenen Kekse anbietet, sich für jeden in der Abteilung umfassend verantwortlich fühlt – kurz, die ihre Mitarbeiter mit sanftem Terror umgibt; andere werden als Sexobjekt oder als »Weibchen« betrachtet, die mit ihren körperlichen Reizen den Aufstieg schaffen und die sonst so starken Männer in ihren schwachen Punkten treffen; oder sie gelten generell als zu schwach, obwohl sie es durch geschickte Strategien zu verbergen trachten:

Sie sind die Vorgesetzten mit dem Gleichberechtigungswahn, die ihre Untergebenen als Kollegen behandeln und sich natürlich überhaupt nicht durchsetzen können. Auf der anderen Seite treffen wir die »Eiserne Lady«, die kein Maß mehr in ihrer Härte und ihrem Durchsetzungswillen kennt, und die Arbeitswütige, die, ständig am Rande des Zusammenbruchs, bis spät in die Nacht Akten studiert.

Diese Typisierungen spiegeln die Versuche der Männer wider, etwas Ungewohntes in den Griff zu bekommen: Entweder genügen die Frauen nicht den Anforderungen, weil sie zu sehr Frau sind, oder sie setzen sich vielleicht durch, aber dann sind sie schon fast keine Frauen mehr.

Eine Unternehmerin schildert das so: »Sie dürfen sich keine Fehler erlauben, besonders dann, wenn Sie als Unternehmerin noch in einem Alter sind, das diesseits der sechzig ist, und wenn sie kein maskuliner Typ sind. Schlechthin stellen sich die Herren vor, daß eine erfolgreiche Geschäftsfrau älter und irgendwo ein Mannweib sein muß. Und wenn sie jetzt einer Person gegenüberstehen, die nicht so aussieht, dann sind die Männer verunsichert und versuchen dann natürlich, die Verunsicherung zu kompensieren – durch Skepsis, Ablehnung, Ironie. Es ist immer ein Kampf, wer jetzt die stärkeren Nerven hat und wer das größere Durchsetzungsvermögen besitzt.«

Man sieht, es ist nicht einfach, mit Ungewohntem umzugehen, und man kommt nicht um die Tatsache herum, daß die Männer durch das Auftauchen von Frauen in ehemaligen reinen »Männergesellschaften« verunsichert sind: Sie wissen nicht, ob sie auf die Frau oder die Kollegin, die ihnen gegenübertritt, reagieren sollen. Sie fühlen sich in ihrer Macht bedroht und in ihrer Männlichkeit herausgefordert. Robert Schrank hat beschrieben, zu welchen Verhaltensweisen das führen kann. Wovor Männer Angst haben oder wodurch sie sich gestört fühlen, wird in einem amerikanischen Ratgeber für die »ehrgeizige Frau« nach einer Umfrage unter Managern aufgelistet[1]:

- Sie fürchten eine Verringerung ihrer Autorität durch den Zwang, sich als »Gentleman« zu verhalten.
- Aus der Konkurrenz zwischen Ehepartnern um den besseren Job könnten Konflikte resultieren.
- Es sei eine Bedrohung des männlichen Selbstbildes.
- Es könnten neue Forderungen an Ehemänner und Väter gestellt werden.
- Das unkomplizierte Männerzusammensein sei gefährdet, man könne zum Beispiel keine Witze mehr erzählen, man könne sich nicht mehr so geben, wie man sich fühlt.
- Man sei vielleicht auch noch verantwortlich für die Frau, zum Beispiel im gesellschaftlichen Rahmen.
- Es erfordert neues Verhalten untereinander und die Hinterfragung der traditionellen männlichen Rolle.
- Man könnte männliche Klientel verlieren.
- Es bestehe die Gefahr, daß Emotionen bei rationalen Entscheidungen mitspielen könnten.
- Frauen könnten nur Frauen fördern.
- Frauen seien nicht ernsthaft bei der Sache, insbesondere wenn sie verheiratet sind und Familie haben.
- Insgesamt wird die Konkurrenz um gute Arbeitsplätze größer.

Neben der berechtigten Angst vor neuartiger und vermehrter Konkurrenz dominieren bei den Antworten eindeutig die Angst vor der Veränderung der männlichen Rolle und »Atmosphärisches«. Beides sollte nicht unterschätzt werden, greift es doch in das persönliche Wohlbefinden jedes einzelnen, und gerade nach jenem wird eine besonders große Sehnsucht empfunden, wenn es gestört wird.

[1] Higginson, Margaret V.; Quick, Thomas, L.: »The Ambitious Woman's Guide to a Successful Career«, Amacom, New York, 1980, S. 9.

Es gibt auch noch einige »Herren der alten Schule«, für die es zum Beispiel unvorstellbar ist, einer Wirtschaftsprüferin ihre geheimsten Zahlen zu offenbaren. Ihnen wird dann der männliche Kollege geschickt, mit dem sich viele Sachen »von Mann zu Mann« regeln lassen. Aber die meisten Männer reagieren spontan nicht so kraß, sondern sehr viel dezenter, und einigen von ihnen mag ihr Verhalten auch als überhaupt nicht diskriminierend, sondern als Frauen gegenüber höchst normal erscheinen.

- Sie unterbrechen Frauen häufiger als Männer
- Sie wiederholen noch einmal, was diese gesagt haben, als ob es niemand verstanden hätte
- Sie sind ständig damit beschäftigt, ihnen Feuer zu geben, ihnen in den Mantel zu helfen, den Stuhl zurechtzurücken etc.
- Sie unterhalten sich mit anderen, wenn eine Frau spricht, oder demonstrieren offen ihre Langeweile
- Sie ignorieren, was eine Frau gerade gesagt hat
- Sie entschuldigen sich bei ihr ständig für die anderen anwesenden Männer (er wisse schon, daß sie so rauhe Sitten nicht gewohnt sei)
- Sie bedeuten anderen Männern, daß sie einen tollen Witz erzählen könnten, wenn nur die Frau nicht anwesend wäre
- Sie flirten mit jeder Frau – auch wenn sie sie nicht attraktiv finden – und sind der Überzeugung, daß es für sie ein Kompliment sei
- Sie betrachten jede Frau als »Mädchen« oder »Tochter«, die väterliche Ratschläge braucht
- Sie kommentieren ihre Bemerkungen mit: typisch Frau![1]

Einen Vater, Gentleman, Casanova, »wahren« Männern

[1] a.a.O., S. 11.

– allen können wir begegnen, bloß dem schlichten Kollegen nicht. Natürlich sind dies alles Verhaltensweisen, die Frauen irritieren und stören. Es gibt sicher auch viele Frauen, die es noch Überwindung kostet, das Ansinnen, Kaffee zu kochen oder einen Knopf anzunähen, mit Selbstverständlichkeit abzulehnen, aber nach einiger Übung schafft das jede Frau. Daß eine Ablehnung solcher Ansinnen nicht nur auf Befremden, sondern auch auf Verständnis stoßen kann, zeigt folgendes Beispiel:
»Nur ein einziges Mal habe ich es erlebt, daß ein Kollege zu mir sagte, ich sollc ihm einen Knopf annähen. Da habe ich gesagt: ›Sie waren doch bei der Bundeswehr, haben Sie das da nicht gelernt?‹ Am nächsten Tag hat er zu mir gesagt, daß ich recht hätte und auch so reagieren müsse, sonst wäre ich ja allmählich der Knopfannäher der ganzen Abteilung. Man erlebt auch Gedankenlosigkeiten, so wurde es zum Beispiel als Selbstverständlichkeit angesehen, daß ich, als einzige Frau, die Protokolle mitzuschreiben und zu tippen hätte. Ich glaube aber nicht, daß das eine bewußte Diskriminierung war, denn auf der anderen Seite war mein Chef ja sehr daran interessiert, mich zu fördern. Sie denken an bestimmten Punkten nicht weiter nach, aber nachdem ich es angesprochen hatte, mußten meine Kollegen ebenfalls die Protokolle schreiben.«
Eine Direktorin hatte zwar nicht mit Anforderungen zu kämpfen, wie sie an eine Hausfrau gestellt werden, mußte sich aber dagegen wehren, als heimliche Geliebte ihrer Vorgesetzten gehandelt zu werden: »Ich muß sagen, am Anfang hatte ich immer Herzklopfen, immer wieder, und für jeden Gesprächspartner, der nicht dieses gewisse Lächeln in den Mundwinkeln sitzen hatte, war ich dankbar, und den sah ich quasi als meinen Freund an. Am Anfang war es ganz schlimm, weil ich selber immer

unsicher war. Als junge, attraktive Frau auf so einem Posten, da sehen Sie den Leuten an, was sie denken. Und jeder denkt dasselbe.
Wo bekommt man die Haltung her: Was ihr jetzt alle über mich denkt, das ist mir egal, ich verkaufe hier meine Sache?
Zunächst einmal müssen Sie gut vorbereitet sein. Ich habe mir angewöhnt, vor den Verhandlungen die Unterlagen ganz genau zu lesen, habe sie ins Englische übersetzt – denn oft fanden die Verhandlungen auf englisch statt –, damit ich ganz intensiv in die Materie hineinkam, und ich habe mir noch zusätzliche Lektüre über dieses Gebiet besorgt. Nichts ist schlimmer, als wenn Sie unvorbereitet in einer Verhandlung sind.
Zum zweiten ist es eine ganz intensive Auseinandersetzung mit der eigenen Person. Man kann sich antrainieren, daß man offensiv auf die Menschen zugeht. Der Erfolg eines Verhandlungspartners ist ja der, daß er sehr rasch die Situation einschätzen, daß er sich auf sie einstellen kann, daß er seine Verhandlungspartner einschätzen kann. Und das kann man trainieren. Je schneller und je sicherer man die Situation beherrscht und weiß, welch Geistes Kind die Verhandlungspartner sind, desto schneller kann man sich darauf einstellen, und das gibt unheimliche Sicherheit. Man darf keine Schwäche in der Ausstrahlung haben, Unsicherheit, das ist tödlich. Man kommt aus dem Gestotter nicht heraus, wird rot, man weiß zwar ganz genau Bescheid, aber dann fällt einem der und der Ausdruck nicht ein... das muß man bekämpfen. Und meine Erfahrung ist, man kann es bekämpfen. Mit jeder Verhandlung wird man sicherer.«
Solange sich aber die Vorurteile und Diskriminierungen auf den Bereich der zwischenmenschlichen Kontakte be-

schränken, sind die meisten Frauen ihnen gegenüber sehr tolerant. Es stört sie zwar, sie sind beileibe nicht glücklich darüber, aber sie nehmen es noch als lästige Begleiterscheinung des Berufslebens hin. Wirklich getroffen sind sie da, wo ihre Leistung unterschätzt, falsch wahrgenommen oder wo ihnen eine gleiche Leistung, wie ihre männlichen Kollegen sie bringen, von vornherein gar nicht zugetraut wird.

Es gibt drei Vorwürfe, die sie besonders ärgern, weil es solche sind, die direkt mit der Bewertung ihrer Leistung und ihrem Wunsch weiterzukommen, zusammenhängen: der Vorwurf »Frauen sind zu emotional«, der Vorwurf »Frauen nehmen die Arbeit ja doch nicht so ernst wie Männer« und der Vorwurf »Das hat sie nur geschafft, weil sie eine Frau ist«.

Es gab nur eine Frau unter den zwanzig Frauen, die ich interviewt habe, die zunächst auf einen sogenannten Frauenposten im Vorstand berufen worden ist. »Ich bin ja als Frau in den Vorstand gewählt worden, weil die einzige Frau ausschied, als Alibi-Frau sozusagen. Ich habe zunächst auch ›nur‹ Frauenarbeit gemacht, d. h., ich hatte das Frauenressort zu betreuen, aber ich habe bald auch noch Organisations- und Satzungsfragen hinzubekommen, was also dafür spricht, daß man seinen Arbeitsbereich durchaus erweitern kann. Man wird natürlich beobachtet, und da mußte man schon sehr gut sein, man mußte sich sehr bemühen, keine großen Fehler zu mahen. Das ist die Voraussetzung. Aber ich glaube, wenn man solide seine Arbeit macht, reift auch die Anerkennung. Den Satz ›Neue Besen kehren gut‹, den halte ich zum Beispiel für falsch. Es ist wichtig, erst einmal zuzuhören, nicht gleich den Kollegen zu sagen, was sie alles falsch machen, sondern zunächst da, wo man selbst gefordert ist, zu versuchen, besonders gut zu sein.«

Auch wenn also Posten extra für Frauen geschaffen werden, bedeutet das nicht, daß sie sich einen »Ausruhplatz geangelt« hätten: In ihrer Arbeit sind sie genauso gefordert wie alle anderen. Daß nicht von allen Männern eine Firmenpolitik begrüßt wird, die auch Frauen fördert, ist zwar nachzuvollziehen, aber natürlich kein Grund, deren Leistung abzuwerten. Dieses »Weil sie eine Frau ist« hat aber noch eine andere Komponente, nämlich die schon oben beschriebene »Geliebtentheorie«. Weil der Chef ein Auge auf sie geworfen hat, kann sie jetzt dies und jenes machen, weil sie so schöne Beine hat, kann sie sich alles erlauben – gerade in Konkurrenzsituationen werden Gerüchte von den männlichen Kollegen lanciert, um den Ruf der »Aufsteigerin« zu gefährden. Dagegen vorzugehen ist sehr schwierig, denn je lauter man dementiert, desto mehr kommt der Verdacht auf: Da muß doch etwas dran sein. Im Grunde bleibt nur die Alternative, mit möglichst großem Gleichmut solche Anwürfe zu ignorieren.
Hinter dem Vorwurf »Frauen nehmen die Arbeit ja doch nicht so ernst wie Männer« steckt natürlich die Erfahrung vieler Personalchefs, daß die meisten Frauen den Beruf gegenüber der Familie als zweitrangig ansehen. Von daher müssen Frauen, die das anders sehen, ihre Haltung stets und ständig beweisen. Es wird leicht unterstellt, wenn nur der »richtige« Mann käme oder wenn sie erst schwanger wäre, höre der Arbeitseifer von selber auf. Das sei ja auch nur »natürlich«. Wenn Frauen bereits verheiratet sind und Kinder haben, wird ständig vermutet, sie seien mit ihren Gedanken ganz woanders und man könne sie nicht in gleicher Weise belasten wie Männer. Dieses Vorurteil nährt sich auch aus sich selbst heraus, denn selbst die gleichen Äußerungen von Männern und

Frauen werden vor dem unterschiedlichen Hintergrund auch unterschiedlich bewertet. So berichtete eine Managerin in dem Buch »Women and Men as Leaders«[1] von einer Kollegin, der angekreidet wurde, daß sie eine Einladung zum Essen ausschlug, weil sie zu ihren Kindern nach Hause müsse. Ein männlicher Kollege, der dieselbe Entschuldigung vorbrachte, hatte nicht gleich mit der Vermutung zu kämpfen, daß dies nun wieder ein Beweis sei, wie wenig interessiert er an diesem Projekt sei.
Eine andere Frau erntete von einem Freund, nachdem sie ihm mitgeteilt hatte, daß sie trotz ihrer Kinder freiberuflich als Journalistin weiterarbeiten wolle, die Bemerkung, es solle ja jetzt auch schon Küchen mit eingebauter Töpferscheibe geben.
Solange die Mehrheit der Frauen sich für die Priorität der Familie entscheidet, wird der Beweis, es ernst zu meinen, den Frauen aufgezwungen. Den Beweis, daß sie die Aufgabe, die sie übernehmen wollen, meistern werden, müssen sie sowieso bringen. Angst davor, daß die Widerstände einfach noch zu groß seien, daß vielleicht die Zeit noch nicht »reif« sei für Frauen in Spitzenpositionen und daß sie es aus diesem Grund nicht schaffen könnten, hatten mehrere Frauen. Wie sagte Frau Güllenstern so treffend: »Wenn ich nicht in dem Jahr, in dem ich als Stellvertreter des Bürgermeisters fungierte, bewiesen hätte, daß ich das kann, weiß ich nicht, ob ich aufgestellt worden wäre.« Und in Konkurrenzsituationen kann es schon einmal passieren, daß auch junge Männer ihre Kolleginnen fragen, was sie hier überhaupt wollten. Wäre es zu Hause denn nicht schöner?
Der letzte schwerwiegende Vorwurf, der Frauen oft ge-

[1] Heller, Trudy, a.a.O., S. 32.

macht wird, ist die Unterstellung, sie reagierten zu emotional. Wie sehr dieser Vorwurf trifft und das Verhalten der Frauen beeinflußt, zeigt schon, daß alle, ohne Ausnahme, betonten, auf keinen Fall dürfe man zu emotional erscheinen. Weinen in der Öffentlichkeit wurde als das schlimmste Vergehen gebrandmarkt, das man sich als Frau leisten könne. Natürlich ist es verletzend, als »hysterisch« bezeichnet zu werden, und selbstverständlich sind Gefühle schlechte Ratgeber – davon berichtete ich ja schon unter dem Stichwort »Vertrauensseligkeit«. Aber warum ist es sonst für Frauen so schlimm, emotional zu reagieren? Weil Frauen sofort unterstellt wird, ihr Verstand setze dann völlig aus? Auch Männer reagieren emotional, wenn sie aggressiv werden und »losbrüllen« – aber das sind offenbar erlaubte Gefühle, bei ihnen scheint niemand außer Kontrolle zu geraten, und wenn doch der Verdacht aufkommen sollte, so wird es verständnisvoll belächelt. Wenn Frauen losbrüllen, werden sie als frustrierte Emanzen verspottet, wenn sie weinen, in ihrer Hilflosigkeit verachtet. Hilflosigkeit ist das letzte, was man zeigen darf, ein Synonym für Versagen. Die männlichen Formen der Ohnmachtsbewältigung sind gesellschaftlich sanktioniert: ein Bier, ein Klarer, und die Welt schaut schon viel freundlicher aus. Die Normen, an denen alle in der Geschäftswelt gemessen werden, sind eben die Normen der Männlichkeit – die Frauen sind das »andere« Geschlecht, das mehr von »Intuition« als von »Ratio« geprägt sei. Das ist der Alltag der Frauen, die engagiert arbeiten wollen, sie haben immer gegen die Schreckgespenster anzukämpfen, die Generationen von Männern und Frauen über das absonderliche Geschlecht der Frau geschrieben, untersucht und veröffentlicht haben.

Wie haben die Frauen nun auf die Vorurteile reagiert? Im Prinzip, so ist mir aufgefallen, äußerst beherrscht. In Teilen ist es sicherlich eine Generationsfrage. Junge Frauen von heute begreifen Diskriminierung als gesellschaftliches und nicht mehr als individuelles Phänomen und sind von daher eher bereit, dagegen anzugehen. Sie fühlen sich heute durch beleidigende Äußerungen in Seminaren oder im Kollegenkreis eher als Repräsentantin ihres Geschlechts getroffen und reagieren entsprechend. Früher bezogen viele Frauen diese Bemerkungen gar nicht auf sich: Das Bewußtsein der gemeinsamen Unterdrückung der Frauen war noch nicht gereift.

Eine Richterin erzählt: »Natürlich waren wir ein Bereich, wo es sehr viel weniger Mädchen gab als zum Beispiel im Lehrerstudium, es war auch immer ein bißchen was Besonderes, aber eigentlich habe ich es nicht so empfunden. Obwohl es natürlich noch die alten Professoren gab, die nur ›Meine Herren‹ sagten, und es gab auch Bemerkungen, daß Frauen nicht abstrakt denken könnten, aber es war schon im Abklingen begriffen, und ich hab' es auch nie auf mich bezogen. Ich war eigentlich nicht so wahnsinnig selbstbewußt, auch das ganze Studium war für mich subjektiv nicht so einfach. Ich habe wohl von vornherein versucht, einen eigenen Weg zu gehen, von daher kam die gewisse Selbstverständlichkeit, daß man mit bestimmten Bedingungen, z. B. einem männlich orientierten Studium, auch fertig wurde. Ich habe mich davon nicht so beeinflussen lassen und war mir eigentlich darüber klar, daß ich, wenn ich etwas will, zunächst einmal die Bedingungen, so wie sie sind, akzeptieren muß, um sie später verändern zu können. Sonst mußte ich mich schon durchbeißen, ich habe sehr viel gearbeitet.«

Die Frauen gingen zunächst einmal davon aus, bei gleicher Leistung auch gleich behandelt zu werden, und bei dem Eindringen in männliche Domänen wurden Vorurteile als selbstverständliche, wenn auch unangenehme Begleiterscheinungen begriffen. Diese Haltung hat Vorteile, aber auch Nachteile. Die Vorteile liegen auf der Hand: Zum einen verringert sich der persönliche Ärger deutlich, zum anderen bleibt die Hoffnung erhalten, die Kollegen oder Geschäftspartner durch persönlichen Einsatz von der eigenen Gleichwertigkeit überzeugen zu können. Daß dieses den Frauen in diesem Buch zum großen Teil gelungen ist, davon zeugt schon ihre Position. Sie betonen alle, es sei notwendig, sachlich und ruhig zu bleiben, denn nichts wecke mehr Aversionen als eine »keifende« Frau, die überall nur noch Fallstricke wittert. Gemäß ihrer Überzeugung haben sie sich auch verhalten: ruhig und sachlich, sich vielleicht innerlich zusammennehmend und sich überwindend – aber für sie zählte nur das Ergebnis.

»Bei dem ersten Kontaktgespräch mit dem Kunden hieß es: Schicken Sie mir lieber Ihren Mann. Da habe ich nur gesagt: Der Mann in der Firma bin ich. Aber dann wurde mir natürlich auf den Zahn gefühlt, ob ich auch wirklich Bescheid weiß. Das ist natürlich die Voraussetzung, daß Sie gut informiert sind, ich habe mich da nie aufs Glatteis führen lassen. Unsicherheiten darf man nicht zeigen, das ist fatal, und ich habe nur, wenn es ganz extrem wurde und ich das Gefühl hatte, das weiß kein normaler Techniker, einen Experten vorgeschoben. Aber wenn Sie sich da Respekt verschafften, wurden Sie auch akzeptiert. Ich habe nie auf schutzbedürftiges Weib hingearbeitet oder war so naßforsch, sondern sachlich und selbstverständlich. Ich hatte meinen Plan und habe es so gemacht.«

Die Nachteile einer solchen Haltung werden erst mit der

Zeit sichtbar: Wenn den Frauen bewußt wird, daß sie vielleicht einzelne Personen überzeugen können, daß aber der Legitimationszwang niemals aufhört, solange sie ein für Frauen noch ungewöhnliches Leben führen. Daß sie im Grunde gegen Beleidigungen und Gerüchte machtlos sind, daß sie als Vertreterin »der« Frauen getroffen werden, daß die Interessen ihrer Konkurrenten stärker sind als jede persönliche Überzeugungskraft – das kann auch zu Verbitterung führen. Aber selbst wenn sie an einigen Punkten resigniert haben – in der Gesamtbetrachtung ihres Berufslebens überwiegt in der Wertung nicht der Ärger, sondern die Freude an der Arbeit und der täglich neuen Herausforderung.

»Dieser Beruf, den ich mache, übt eine derartige Faszination aus, weil Sie unterwegs sind, weil Sie immer neue interessante Menschen kennenlernen. Es ist ein Beruf, bei dem man ununterbrochen lernt, wo man immer noch am Anfang steht, wo von Ihrer Person so viel abhängt. Ich habe jetzt meine Geschäftspartner dazu gebracht, in China zu investieren, und ich werde nach China gehen, um zu sondieren, was man da machen kann. Ich habe auch nicht irgendwo eine Zahl aufgeschrieben, und wenn mein Bankkonto diese Zahl aufweist, dann höre ich auf. Ich könnte nicht sagen, jetzt habe ich genug Geld, jetzt fahre ich nach Hawaii und bleibe da in der Sonne liegen. Diese tägliche Forderung an sich selber – immer wieder kommt ein neues Projekt, das mich fasziniert. Es ist auch ein unbeschreiblich befriedigendes Gefühl, wenn Sie umherfahren und sehen: Diese Anlage habe ich gebaut, das steht da aufgrund meiner Initiative. Das macht Spaß.«

Natürlich reagieren Männer auch nicht unabhängig von der Person, die ihnen gegenübersteht, auf ihre Kollegin. Das Ausmaß und die Art der Vorurteile hängen mit von dem Typ ab, den die entsprechende Frau repräsentiert. Je sachlicher und neutraler sich eine Frau verhält, desto eher traut man ihr etwas zu, je attraktiver sie ist, desto mehr muß sie mit Vorurteilen kämpfen. Das Denkmodell der Männer ist ein sehr einfaches und eingeschränktes: Je attraktiver eine Frau ist, desto dümmer muß sie sein – und um so größer ist auch die Verunsicherung der Männer. Attraktivität ist aber – gerade im Berufsleben – nicht ein »angeborenes« Attribut von Frauen, das von dem geraden Wuchs ihrer Nase oder anderen körperlichen Vorzügen abhängen mag, sondern Attraktivität ist in erster Linie ein Attribut, das von dem Selbstverständnis der Frauen als Frauen abhängt, von ihrer Bereitschaft, sich auch in der männerdominierten Arbeitswelt nicht völlig zu verleugnen. Aber eine Identität als Frau in der Geschäftswelt zu entwickeln ist nicht einfach. Nicht umsonst fürchten die meisten Frauen den Verlust ihrer »Weiblichkeit«, wenn sie sich den Normen des Berufslebens zu sehr anpassen.

Für die Frauen, die im Beruf an exponierter Stelle stehen – oder dahin wollen –, heißt das aber, sich stets und ständig des eigenen Verhaltens bewußt zu sein. Die bewußte Rollenplanung ist ein wichtiger Bestandteil der gesamten Karriereplanung. Die Devise in den meisten Ratgebern lautet: Vom Verhalten her möglichst alles Weibliche oder das, was dafür angesehen wird, zu eliminieren; von der Erscheinung her unauffällig-elegant, durchaus im Rock, denn ein »Nachäffen« der Männer wird als peinlich empfunden. »Man soll über das reden, was ich sage, nicht über das, was ich anhabe«, resümierte eine Politikerin ihre Haltung zur Kleiderfrage. Die äußere Erscheinung der Frauen wird von den Managerinberaterinnen so ernst genommen, daß ihr in den meisten Ratgebern ein eigenes

Kapitel gewidmet ist. Sie signalisiert Souveränität, Erfolg, Sachlichkeit – oder aber auch Demut, Hilflosigkeit und wenig Geschmack: Schon im März sollte frau sich frühlingshaft kleiden, auch wenn draußen noch der letzte Schnee liegen sollte, denn die frischen Farben signalisieren Zukunft. Kleidete sie sich im September allerdings immer noch so, entwickelten sich bei ihren Gesprächspartnern nur negative Assoziationen, nämlich solche an die Vergangenheit. Normalerweise als Ausdruck individueller Persönlichkeit verstanden, wird Kleidung hier zum Aushängeschild eines angestrebten Images, das durch entsprechende »Persönlichkeitskosmetik« noch ergänzt werden muß.

Genau an diesem Punkt beginnen die Schwierigkeiten der meisten Frauen: Wie weit können sie sie selbst bleiben, wie weit müssen sie sich verleugnen, inwieweit verändern sie sich in diesem Prozeß – und wollen sie diese Veränderung? Was heißt überhaupt: Sich selber treu zu bleiben?

»Sie müssen Erfolg ausstrahlen, Sicherheit, Souveränität, sonst traut Ihnen niemand etwas zu. Frauen müssen hier ganz intensiv an sich arbeiten, müssen sich anders darstellen, als sie eigentlich empfinden in der Situation.«

Muß man sich dann ständig selbst verleugnen?

»Das ist eine Doppelfunktion, im Prinzip muß man sich schon verleugnen, aber mit der Zeit verändert man sich ja auch. Sie können nicht einfach sagen, jetzt schließe ich mein Büro, jetzt drehe ich die andere Persönlichkeit an. Das geht nicht. Ich bin von meiner Veranlagung her alles andere als ein harter Geschäftstyp. Das muß man sich aber aneignen. Demzufolge ist es so, daß man privat härter wird und diese typischen Weibchentendenzen ablegt. In meinem Privatleben bin ich ungeduldig, nicht sehr kompromißfreudig und versuche wahrscheinlich, zumindest wird es mir vorgeworfen, zu dominieren. Und ich vermute, daß es damit zusammenhängt, daß man sich im Berufsleben etwas angeeignet hat, was nicht unbedingt mit der ursprünglichen Persönlichkeit identisch ist.«

Stört es Sie denn?
»Noch nicht. Es wird mich vielleicht stören, wenn ich älter bin, wenn es schwieriger wird, persönliche Beziehungen aufzubauen.«
Frauen sehen sich zwei entgegengesetzten Anforderungen gegenüber: Im Privatbereich sollen sie liebevoll, nachgiebig und geduldig auf die Bedürfnisse anderer eingehen können, im Berufsleben sollen sie der harte Verhandlungspartner mit hohem Durchsetzungsvermögen sein. Das erfordert einen Balanceakt, der nicht immer einfach ist. Frau zu sein bedeutet eben noch immer, Männern den Vortritt zu lassen, ihnen zuzuhören, für sie dazusein, sie mitunter zu bewundern – aber ihnen auf gar keinen Fall kompetente Ratschläge zu geben. Wenn eine Frau dann allerdings nach offiziellem Geschäftsschluß beim informellen Beisammensein auf ihr »hartes« Image verzichtet, gerät sie meist sofort in »unerwünschte« Situationen.
»Das ganze natürliche Benehmen untereinander ist nicht mehr gegeben. Das ist ein Phänomen, das mir auch noch nicht so klar ist. Was mich immer sehr ärgert und wo ich wirklich rüde werden kann, das sind bestimmte Situationen nach Geschäftsessen. Sie wohnen im Hotel, haben tagsüber die Verhandlungen zu führen, und dann kommt irgend jemand von der Geschäftsleitung und sagt: Darf

ich Sie heute abend zum Essen einladen? Das ist bei einem Mann normal. Wenn Sie aber jetzt eine Frau sind, dann muß man schon sehr zögern, ob man ja sagen kann. Ich sage mal ja. Dann gehen wir essen, anschließend vielleicht noch in eine Disco, und irgendwann kommt das eindeutige Angebot. Das passiert sehr oft und ist etwas, was mich maßlos ärgert. In Hamburg ist es auch völlig normal, mit Geschäftspartnern einen Sankt-Pauli-Bummel zu machen. Wenn man mich dazu einladen würde, würde ich eine sehr unfreundliche Antwort geben, obwohl es vielleicht ohne jeden Hintergedanken war. Da liegen eben die Schwierigkeiten. Man sagt immer, man soll sich ganz natürlich verhalten, egal ob männlich oder weiblich, aber in solchen Fällen ist es eben nicht mehr egal.«
Haben sich Frauen auf ein sehr sachliches Verhalten gegenüber Männern eingelassen, fühlen sie sich trotzdem durch die Art der Männer verletzt, ihre Weiblichkeit zu »übersehen«.
»Es hat diese Einstellung gegeben: Die weiß was, die kann was, ist aber keine richtige Frau. Ich habe immer wieder erfahren, daß die Männer sagten: Wenn eine zu uns gehört, dann ist sie eigentlich ein Mann. Besser als Männer zu sein, etwas schneller als sie zu begreifen, das hat sie verunsichert. In den sechziger Jahren habe ich das immer wieder erfahren, daß man eigentlich zu entscheiden hatte, ob man beruflich erfolgreich oder eine Frau sein wollte.«

Woran haben Sie das gemerkt?
»Das spürt man. Erstens, nicht umworben zu sein, keine Liebhaber zu haben; vielleicht welche zu haben, aber nicht die, die man will. Beim Tanzen nicht aufgefordert

zu werden. Oder auch: Andere Frauen werden anders behandelt. Wenn ich jetzt bei Svende Merian oder Verena Stefan lese, wie furchtbar das sei, so angeguckt zu werden, denke ich: Hätte mich doch damals einer so angeguckt! Andere Frauen bekamen auch mal einen Blumenstrauß. Als ich Direktorin geworden war, kam ein Abteilungsleiter zu mir mit einem riesigen Blumenstrauß. Ich hatte mir mit seinem Projekt sehr viel Mühe gegeben und dachte: Das ist aber wirklich nett. Doch er fragte nur: Kann ich den Blumenstrauß hier kurz ablegen, ich bin anschließend eingeladen. Das fand ich typisch.

Ich beschäftige mich seit einiger Zeit mit dem Feminismus, und ich bin sehr hin- und hergerissen. Mich fasziniert die Formel: Das Private ist das Politische. Dahinter steckt ja der Anspruch auf privates Glück. Das war ein Anspruch, den ich nicht gehabt habe, weil ich dachte, der ist zu hoch. Meine Erwartungen im beruflichen Bereich sind weit übertroffen worden, aber im persönlichen Bereich – Glück –, da hatte ich das Gefühl, da ist nicht viel drin.«

Den Frauen wird zugemutet, Unvereinbares miteinander zu vereinbaren: ihre Geschlechtsrolle zu überwinden und gleichzeitig beizubehalten, die von Männern geschaffenen Normen des Berufslebens sich anzueignen, aber sie gleichzeitig nicht zu übernehmen, Weibliches aus ihrem Verhalten zu eliminieren, aber gleichzeitig ihre Weiblichkeit nicht zu verleugnen. Den Widerspruch zwischen beiden Geschlechterrollen sollen sie in ihrer Person auslöschen, sollen beides zugleich sein, vielleicht noch praktisch getrennt fürs Arbeits- und Privatleben. Das ist unmöglich. Solange die Attribute »männlich« und »weiblich« noch so eng mit den unterschiedlichen Aufgaben verknüpft werden, die beiden in dieser Gesellschaft zugewiesen werden, so lange wird es immer sehr einfach sein, Frauen, die einen neuen Weg wagen, in dem einen oder anderen Bereich Defizite nachzuweisen. Jeder weiß, wie verletzbar jemand ist, der Neuland betritt und sich außerhalb der von der Mehrheit akzeptierten Normen stellt. Wenn Frauen sagen, sie hätten den Eindruck gehabt, sich entscheiden zu müssen zwischen ihrem Frausein und beruflichem Erfolg, dann bedeutet es nichts anderes, als daß sie sich zwischen einem traditionellen Frauenleben und ihren eigenen Bedürfnissen entscheiden mußten. Wenn Frausein bedeutet, auf all die Eigenschaften zu verzichten, die heute den beruflichen Erfolg garantieren, dann ist Frausein nicht nur ein Geschlechtsmerkmal, sondern bedeutet eben eine bestimmte Lebensweise.

Es ist die Frage, ob Frauen sich auf eine Attraktivität einlassen sollten – oder ihr nachtrauern sollten –, die darauf beruht, wesentliche Potenzen der Frau zu verleugnen. Attraktivität kann nur dann konträr zu Selbstbewußtsein und Selbständigkeit gesehen werden, wenn in den Geschlechterbeziehungen von vornherein eine Hierarchie impliziert wird. Die verheirateten Frauen unter meinen Interviewpartnerinnen hatten das Glück, auf Männer zu treffen, die – wenn auch jenseits aller konkreten Aufhebung der Arbeitsteilung – diese persönliche Hierarchie in ihrer Beziehung zur Frau nicht akzeptierten oder nicht nötig hatten.

Ich glaube, daß es sich lohnt, sich für ein neues Selbstverständnis von Frauen einzusetzen, das Selbstbewußtsein und Selbständigkeit mit Attraktivität verbindet. Jegliche Hilflosigkeit, Bewunderung der Männer, ein Sich-selbst-Zurückstellen als Bestandteil der »Weiblichkeit« sollten wir hinter uns lassen als Zeichen einer vergangenen Zeit,

in der Weiblichkeit noch mit Unterwerfung identifiziert werden konnte. Ein neues Verständnis bräuchte Hingabe, Zuwendung, Aufmerksamkeit durchaus nicht auszuschließen, nur wären sie dann nicht mehr einzuforderndes Charaktermerkmal der Frau, sondern Ausdruck von Freundschaft und Liebe.
Auf der anderen Seite müssen Frauen auch lernen, daß Durchsetzungsvermögen und Härte nicht unbedingt Synonyme für Egoismus, Ellbogenkraft und Kompromißlosigkeit sein müssen, sondern genausogut für Selbstbewußtsein, Überzeugungskraft, klare Standpunkte und die Fähigkeit, Mitarbeiter mit Verständnis, aber auch deutlichen Forderungen nach Leistung führen zu können. Durchsetzungsfähigkeit und Härte bedeuten nichts anderes, als zu lernen, seine eigenen Interessen zu kennen und in Verhandlungen und natürlich auch in den den Verhandlungen folgenden Vertragsabschlüssen zu vertreten. Das ist sicherlich nicht einfach, aber daß Frauen lernen, ihre eigenen Interessen zu vertreten, ist eine alte Forderung der Frauenbewegung, und im privaten Bereich tun das auch viele Frauen bereits. Im Beruf dagegen gilt es immer noch als unweiblich und unschicklich – nur deswegen, weil Frauen noch immer nicht hierher gehören (sollen)?
Frauen, die beruflich weiterkommen wollen, betreten heute noch immer Neuland, und das bedeutet, daß sie für sich einen Modus vivendi finden müssen. Das ist nicht einfach in einem Bereich, wo sie mit so vielen Erwartungen und Forderungen konfrontiert werden. Aber leider ist keine Änderung in Sicht: Die Zerreißprobe für Frauen wird bestehen bleiben, denn eine einschneidende Änderung der Geschlechterrollen zeichnet sich auch für die nächste Zukunft nicht ab. Dies wird dann möglich sein,

wenn es für Frauen selbstverständlich geworden ist, engagiert zu arbeiten, wenn die Kategorien »männlich« und »weiblich« nicht mehr Synonyme für bestimmte Lebensplanung und -auffassung sind, wenn endlich auch Männer sich den bisher weiblichen Bereich erschließen, kurz: wenn kühnste Utopien Wirklichkeit geworden sind. Dann würde sich auch das Berufsleben selbst verändern, würden vielleicht Arbeitsformen und -zeiten geschaffen, die eine bessere Vereinbarung von Familie und Beruf ermöglichen. Attraktivität wäre dann Ausdruck individueller Persönlichkeit, frei von Attributen, die die Übernahme bestimmter Aufgaben nahelegen. Solange auch die Attraktivität von Männern mit ihrem Erfolg steigt, solange die Mehrheit der Frauen sich zu den traditionellen Lebensformen bekennt, wird sich für die Frauen, die anders leben wollen, nichts ändern.

Aber ebenso sicher wird sich nichts ändern, wenn nicht auch die Männer bereit sind, ihre Lebensperspektiven zu überdenken. Denn noch ist es so: Frauen dürfen sich emanzipieren und in männliche Domänen eindringen, aber Männer, die die traditionelle Hausfrauenrolle übernehmen, werden von ihren Artgenossen insgeheim nur belächelt. Merkwürdigerweise – und obwohl alle Frauen seines Bekanntenkreises betonen, wie mutig und toll sie sein Verhalten finden würden – sinkt seine Attraktivität rapide ab: Er ist kein Flirtpartner mehr, sondern nur noch der Nette von nebenan, mit dem man über Kindererziehung und Möhreneintopf redet. Weibliche Babys bekommen von modernen Müttern auch hellblaue Strampelhöschen angezogen, aber einen kleinen Jungen in Rosa habe ich noch nie gesehen. Vor dem Hintergrund der uneingeschränkten Präferenz der Männer für den Beruf, vor ihrer Freiheit von der Verantwortung für Haus-

halt und Kinder, vor ihrem Image als »hart« und »durchsetzungsfähig« sind Männer als Manager auch eher in der Lage, Rollenstereotype aufzubrechen. Sie können »humaner«, »kooperativer« werden, ohne daß diese Eigenschaften an ihrem Image als »starker Boß« etwas ändern würden. Umgekehrt gelingt Frauen dies selten. Die Bewertung ihrer Durchsetzungsfähigkeit erfolgt vor dem Hintergrund der Einschätzung von Frauen als emotionaler und weicher als Männer und wird von daher eher als Unsicherheit – sie versucht sie zu überspielen – interpretiert, oder eine solche Frau wird im anderen Extrem als »eiserne Lady« gesehen.
Bringen Frauen denn nun tatsächlich einen neuen Führungsstil ein, schaffen sie andere Arbeitsatmosphären als Männer? Jeder kennt mindestens ein Gegenbeispiel: Jene Chefin, die mit Haaren auf den Zähnen, unsolidarisch Frauen gegenüber und unpersönlich, eher eine ungeliebte Karikatur männlicher Vorgesetzter denn eine neue Hoffnung ist. Aber alle Frauen in diesem Buch schätzen sich selbst als kooperativer, flexibler, nicht so starr an einmal festgelegten Normen orientiert ein wie die Männer. Sowohl deutsche als auch amerikanische Untersuchungen über die »Frau in Führungspositionen« stützen diese Einschätzung. »Besonders dann, wenn sie Führungsaufgaben innehaben, versuchen sie, diese Aufgabe anders zu erfüllen als ihre Kollegen.« ... »Frauen in diesen Positionen bemühen sich um eine befriedigende Kooperation mit den Mitarbeitern, geben ihnen Raum für eigene Initiative und versuchen, Vertrauen zu erwecken. Sie verstehen sich weniger als fordernd, sondern wollen die Mitarbeiter fördern und ihnen mit Rat und Hilfe zur Seite stehen. Sie zeichnen sich durch ein hohes Maß an Selbstkritik aus und ver-

meiden es, ihre Machtposition gegenüber den anderen auszuspielen.«[1]
Eine Unternehmerin schildert das so: »Mitarbeitern gegenüber sollte eine Frau mehr soziales Engagement zeigen als ein Mann. Sie können vieles als Frau auch nicht so überzeugend machen. Mein Mann, zum Beispiel, der brüllt schon mal, das kann ich nicht. Ich mache das mehr kooperativ, ich sage: Jetzt haben wir diesen Auftrag, den müssen wir in der und der Zeit durchziehen, andernfalls ist der Verdienst gleich null. Ihr wißt, wie gern ich Sonderleistungen honoriere, aber sie müssen auch erbracht werden. Das klappt. Mein Mann war vor Jahren einmal wegen einer Bandscheibengeschichte im Krankenhaus, dann zur Kur, es dauerte Wochen, bis er wieder da war, da klappte es auch so. Ich mache es ganz anders als mein Mann, aber es ist der gleiche Erfolg. Voraussetzung ist natürlich, daß man an sich selbst hohe Anforderungen stellt, in Pünktlichkeit etwa – ich bin morgens immer die erste im Büro –, und daß vieles einfach top ist.«
Aber die Frauen sehen sich nicht nur selber so, sondern in einer Umfrage unter den Mitarbeitern jener Frauen wurde das gleiche Bild von ihnen gezeichnet.[2] Nicht immer wurde es von den Mitarbeitern uneingeschränkt als positiv bewertet, denn manche fühlen sich eben nur dann wohl, wenn sie ständige Kontrolle erleben. Aber der angedeutete Unterschied zeigt, daß Frauen mit ihrem eigenen Weg auch durchaus Erfolg haben können.
Als Fazit kann man eigentlich nur die rhetorische Frage stellen: Hat es sich gelohnt, und würden die Frauen ihr

[1] Stiegler, Barbara: »Frauen in untypischen Berufen und Positionen«, in: Frauen, Psychologische Beiträge zur Arbeits- und Lebenssituation, Hrsg.: Mohr/Rummel/Rückert, S. 87.
[2] Heller, Trudy, a.a.O., S. 124ff.

Leben noch einmal so leben? Die Antwort wurde in den Interviews schon deutlich: Die Freude an der Arbeit und an den neuen Möglichkeiten, die ihnen dadurch eröffnet wurden, hat alles andere überwogen, und keine hat es bereut. Der Preis wird vielen als hoch erscheinen: das Risiko, keinen Partner zu finden, die tägliche Legitimation, der Dauerstreß zwischen Familie und Beruf – aber wir sollten eins nicht vergessen: die Freude am eigenen Erfolg, an dem Austesten der eigenen Grenzen und Möglichkeiten und die Resonanz der Menschen, mit denen sie es auch zu tun haben: Studenten, Patienten, Lesern, Kunden – denn im Geschäftsleben existieren ja nicht nur Vorgesetzte und Konkurrenten.

»Ich habe es nie bereut, nie. Es ist einfach etwas sehr Lebendiges, immer wieder etwas Neues zu machen, das hält einen in Schwung. Es ist nie monoton, nie langweilig. Natürlich ist es manchmal auch eine Art Haßliebe, wo ist es das nicht? Aber im Grunde genommen würde ich es nicht anders machen. Wenn ich noch einmal beginnen könnte, würde ich es wieder so machen.«

»Wenn Sie mich nach dem Preis fragen, würde ich sagen: Es ist dieser Schmerz, als Frau nicht anerkannt zu werden, es ist diese Anstrengung, sich immer wieder neu legitimieren zu müssen, und es ist die Erinnerung an unzählige Wochenenden und Nächte, als man arbeitete, während andere zum Tanzen gingen. Es ist wirklich doppelte und dreifache Arbeit, um sich durchzusetzen. Bevor ich in diese Position kam, sind viele Männer in ähnliche Positionen gelangt, von denen ich sagen würde: Sie sind nicht so gut wie ich. Aber ich habe es immer auch als ein großes Glück empfinden können, mich voll auf eine Sache zu konzentrieren. Ich empfinde es bis heute als Glück, an meinem Schreibtisch zu sitzen und meine Arbeit zu machen. Ich würde immer sagen, das ist ein hoher Preis, den man zahlen muß, und ich bin glücklich, wenn Frauen den heute nicht mehr zahlen müssen. Aber wenn denn bezahlt werden mußte, so bin ich bereit gewesen zu zahlen und wäre noch einmal bereit zu zahlen, wenn es nicht anders ginge.«